纪念二里头遗址科学考古 65 周年

仅以此书献给那些在黄土上耕耘文明的考古人

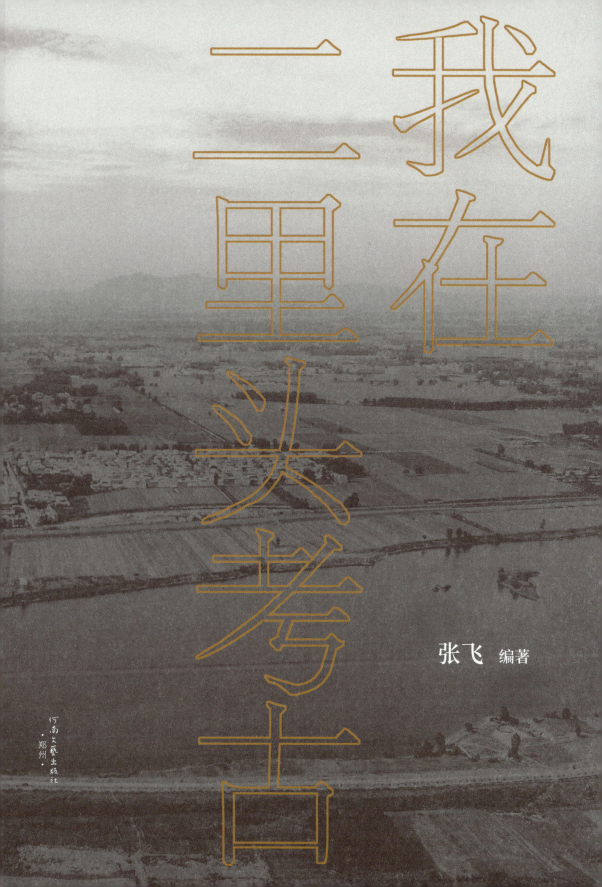

我在二里头考古

张飞 编著

河南文艺出版社
·郑州·

二十多年前的2002年,我在给《手铲释天书:与夏文化探索者的对话》(大象出版社,2001年)写的书评里,有过这样的话:

> 关于夏文化探索的成果,如果有兴趣,我们自可去翻检那数百篇(部)考古报告和专著论文。而这样一群执着于希望的田野上的耕耘者,必定有其不为人知的甘苦,有其丰富的心路历程,这些是我们在谨严而刻板的考古报告与学术论著中所读不到的。

> 作为考古学的后学,从大学时代起,我就痴迷于学术史和考古学家传记,企望能从中感受到鲜活生动的而不是概念化的、一脸严肃的前辈们,汲取进一步前行的营养。这些生动的细节在上个世纪前半叶出版的考古报告中还是可以读到的。此后,我们"业内"的行文格式逐渐变得惜墨如金,且不说心路历程,就是探索和研究过程(其实这从学术的角度讲也是极有价值的)也都省简了。

> 由是我常常有一种"杞忧",即再过一段时间,后人仅凭着我们这一代的出版物来写这一段的发现与研究史或考古人的传记时,许多过程大概要语焉不详,要想追求鲜活生动恐怕更是奢望了。在这样的心境下,捧读还散发着墨香的《手铲释天书》时的那份感动就是不难想象的了。

对考古报告枯燥干巴的吐槽和对考古口述史著作的期盼心情,跃然纸上。但此后,我们考古圈的如是状况,并没有太大的改变。包括我个人领衔主编的大型报告《二里头(1999—2006)》,也还是遵循"考古八股"的范式,这是没有办法的事儿。

随着全民文化素养的提升、文物考古话题的"升温",考古人参与的公众考古活动方兴未艾,适合"轻阅读"的大众学术作品开始出现。但总体上看,仍不尽如人意。学者本位的普及读物,时间久了也会使公众产生"审美疲劳"。考古是一项需要各方通力合作的工作。二里头遗址的考古收获，除我们这些学者外，还要归功于作为队友的技师、民工和来参与临时工作的师生，以及给予我们各种帮助的各界朋友。在长期的田野考古实践中，我深感那些有缘邂逅二里头考古的人——参与和近距离关注我们的"非著名"考古人，其实大有写头。我自己就很想写出鲜活生动的他们，但苦于精力不济，只能止于念想和腹稿。

张飞是我的关门弟子，田野实习和博士学位论文的写作任务相当繁重。没想到数年前在二里头的一两次聊天，会激起他的采访和写作的冲动，更没敢想他能在博士论文答辩之前，先交出了这本访谈录的书稿——要知道，在我们圈内，即便不被认为是"不务正业"，这本书也肯定是不算科研成果的。大概连他自己都没有想到，他的第一本书居然是这样一本"非功利"的作品。但在我看来，这项工作非常有价值、有意义，"非功利"写作成就的是一项大功德。

作为这项工作的导引者和参与筹划者，看张飞访谈稿的框架，我还是有些许成就感的。每位受访者，张飞都先给出一幅受访者"素描"，一两千字内，人物性情栩栩如生，场景情节颇具张力，且带情而写，富于感染力。交代了访谈的时间地点人物后，都有一则关于受访者的简介，可以看作小传，然后才是读起来非常过瘾的访谈实录。

张飞出身农家，质朴聪慧，一到二里头就和技师、民工们打成了一片。大家都很喜欢他，这使得他的采访工作顺利而深入。一本访谈录成功的关键是访谈人要"会问"，这又取决于访谈人对社会学术背景和被访谈人的"发掘"深度、亲和力或曰受访者对他的认可度，后者尤其不能小觑。这方面，张飞显然得天独厚。受访者大多是我的老朋友，但作为第一读者，我读此书，仍有极其浓重的新鲜感。许多事情的原委我不了解或不甚了了，这些内容，是受访者可以跟朋友聊但不大会跟他（们）的师长、"领导"深说的。

口述史有其鲜活生动的优点，当然也有其片面性，受访（亲历）者所言，肯定是个人观感和一家之言，屁股决定脑袋，没有人不"带着偏见看世界"（许知远《十三邀》采访口号），但对众多受访者叙述的"互证"，就能让我们最大限度地逼近历史的真实。从这个意义上讲,相近时空与同一专题下多人访谈录的价值,是单部个人口述史著所无法替代的。我读《手铲释天书》,感觉最为难得的就是不同学者谈及同一件事、同一个议题时所持的不同态度和认知。我曾推崇该书编者"最大限度地保留了笔谈内容与语言风格的真实,更使这本书具有贴近自然的亲和力"。《我在二里头考古》一书也做到了这一点。

这本书受访者的年龄跨度从70多岁到20多岁,话题涉及的时间范围,大致从20世纪70—80年代到21世纪的前20余年,内容上则更为轻松和生活化。这15篇访谈,拼接起了一幅这一时期二里头"生命史"的立体全景图,包括与二里头遗址邂逅的诸多考古人的足迹和心路历程,具有极高的阅读和史料价值。

从录音到整理成文字,从形成初稿到请受访者一一审校,对相关出场人物和重要事件等加注、配图,附以相关的书信、日记和散文,张飞拿出了搞学问的劲儿,这本书倾注了他太多的心血。读者诸君应该能够从中感受到他的真诚、敬业和文采。作为一名考古老兵和公众考古的践行者,我欣慰于在学术和传播两个方面后继有人。希望有更多的年轻同人加入这个行列,向读者讲述更多更好的中国故事。

2024年2月15日

︿︿俯瞰二里头考古遗址公园，井字形大道与宫殿基址一目了然（丁俊豪摄）

4

20世纪上半叶,以顾颉刚[1]先生为代表的"古史辨"派提出中国古史乃是由"层累造成"的,对传说时代的诸多"史实"进行了溯源去伪。在这一思潮下,中国历史上的第一个王朝——夏朝首当其冲地受到了质疑,文献中关于夏代的诸多记载被"破除","夏史本是传说的堆积"的认识在学术界遂产生广泛影响。受此浩荡潮流的冲击,彼时鼎鼎大名的古史学家、考古学家徐旭生[2]先生却执着地相信古代经典包含着上古中国的历史记忆,更强调要到遗址中去做发掘工作,寻出真实的证据给世人瞧瞧。为了一探夏史的虚实,徐先生重新把梳了有关传说时代的历史文献,检索出了他所认为的"真实的历史成分"与"可靠的线索"。最终,徐先生将晋南地区的汾、浍、涑水流域与豫西地区的伊、洛、颍水流域列为夏人活动的关键区域。1959年春季,徐先生以70岁的高龄踏上了寻找"夏墟"的漫漫长途。他原本计划依次调查河南、山西两地,但由于麦收季节不便工作的缘故,山西之行未启便即返京。在豫西考古调查的一个半月里,徐先生发现并考察了王城岗、石羊关、阎寨、谷水河等多处遗址,而这当中就包括后来被多数学者推定为"夏都"的二里头遗址。

当年,徐旭生先生过洛河南岸后,在二里头村南路旁断崖发现了不少灰坑,又在西喂羊庄北面的鱼池附近发现大量陶片以及其他古代遗物,于是他当即推测这一区域在古时必定是一处大都会。调查结束后他撰写并发表了《1959年夏豫

˄ 徐旭生先生,1929年摄

1959年夏豫西调查"夏墟"的初步报告

徐旭生

˄ "夏墟"调查报告

西调查"夏墟"的初步报告》一文,并根据遗址所发现的陶器与石器,推测二里头遗址的年代大约是商代早期。可以说徐旭生先生的"夏墟"调查拉开了以考古学探索夏文化的帷幕,也让二里头遗址从此步入了学者与公众的视野。

在徐旭生先生发现二里头遗址的同年,另一位年轻的考古学家赵芝荃[3]决心循着这一线索继续探索二里头遗址与古史的关系。1959年赵芝荃通过"上书"中国科学院考古所,获得了到二里头发掘的机会。当年秋天,他以二里头考古工作队首任队长的身份开始二里头遗址的第一次田野发掘。此后的40年寒暑,他扎根河洛大地,以极大的热情与不畏艰苦的精神投入二里头遗址的发掘中,并穷毕生心力参与到了二里头文化来源、变革、发展以及性质等一系列重大问题的讨论与研究中。在赵芝荃的手铲下,二里头遗址这部无字天书终于开始了被释读的历程。如今二里头遗址的发掘已历经

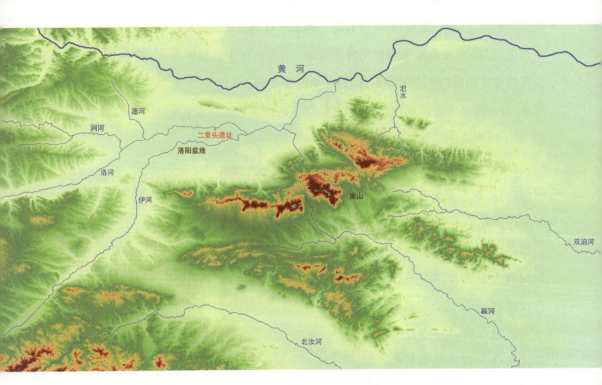

⚞ 二里头遗址位置

60余年,重要发现层出不穷,屡屡刷新学界对于中国原史时代的认识。

二里头遗址现位于豫西洛阳盆地东部,伊、洛河交汇之处。环境考古的研究显示,距今约4000年前后,这一区域曾发生了大洪水事件。彼时的二里头遗址周边似一片汪洋大海,只有部分二级阶地似零星的岛屿突兀于水面之上。到了距今3700年左右的二里头文化时期,洪水退却,二里头遗址所在区域形成了广阔平坦的泛滥平原,洪水留下的淤土堆积为二里头先民的农业发展提供了肥沃土壤。在二里头文化的繁荣与发展期内,二里头遗址北部为统一的冲积平原,南部紧临古伊洛河,而不是如今两河相夹的封闭状况。遗址四周地势十分平坦,又有充足的水资源,拥有广阔的发展空间。在这样得天独厚的地理环境中,二里头先民创造的辉煌灿烂的文化如雨后春笋般生长开来。

二里头遗址(文化)在其200余年的时间内创造了众多"中国之最",包括最早的城市主干道路网络、最早的宫城、最早的中轴线布局的宫室建筑群、最早的国家级祭祀场与祭祀区、最早的青铜器铸造作坊、最早的绿松石器作坊、最早的青铜礼器群、最早的青铜兵器群等。这些中国之最深刻影响了后世王朝的都城规划、宫殿布局、建筑结构、祭祀程序、礼制传统、政治理念以及手工业科技,也深刻影响着今日中国的政治文化,对于二里头遗址(文化)的研究有着极为重要的当代价值。

一　宫坊集群,气象恢宏

1960年二里头工作队在遗址中部进行钻探,出乎意料地发现了一座面积达1万平方米的夯土台基。随即考古队员对这片夯土进行了发掘,但由于夯土面积巨大,当时只对基址的部分区域进行了解剖式发掘,借以管中窥豹。结合钻探与发掘成果,发掘者估计这片夯土台基东西、南北长各约100米,整体呈凸字形,并大胆推测这是一处宫殿基址。此后,经过队员的持续发掘,终于在1973年近乎完整地将之揭露。这便是二里头遗址宫城的1号宫殿基址,它整体呈长方形,只东北部凹进去一角,它的面积超过

1万平方米。基址是由四周廊庑和围墙、主体殿堂、宽阔的庭院、东厨和正门门塾等多个单元组成的四合院式建筑，结构复杂，布局谨严，主次分明。由于1号宫殿基址面积巨大，宽阔的庭院能够容纳上万人的集会，正门是一座高大的、带有门塾的穿堂式大门，因此考古学家推测1号基址可能是举行祭祀的仪式性建筑或是发布政令的"外朝"。1号宫殿基址的体量与布局都是前所未见的，它的横空出世在中国文明史乃至中国城市建筑史上都具有划时代的意义，也由此拉开了二里头都邑宫殿建筑群探索的序幕。

在1号宫殿基址发现之后，考古队又在1977—1978年间揭露了1号宫殿基址东北150米处的2号宫殿基址，年代与1号基址几乎同时。2号宫殿基址夯土台基呈长方形，面积4000余平方米，规模虽不及1号宫殿基址的一半，但规整异常，注重对称布局。

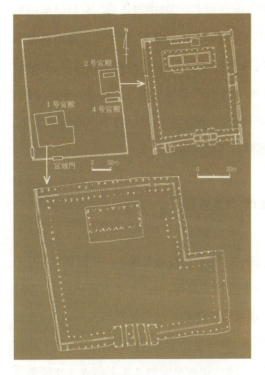

二里头遗址1、2号宫殿及其在宫城中的位置（冈村秀典《中国文明：农业与礼制的考古学》，2020年）

基址东、西、北三面建有夯土围墙，东、南、西三面同样有回廊、主体殿堂，庭院以南的门道由北至南依次排列。从2号宫殿基址的布局以及殿旁可能与祭祀相关的遗迹来看，学者们推测它可能是一座宗庙建筑。

1、2号宫殿基址确认后，考古队又陆续发掘了与之相关的7—9号基址、2号墙以及4、6、11—12号基址。1号宫殿基址与7—9号基址、2号墙共同构成了二里头都邑宫城的西部建筑群，2号宫殿基址与4、6、11—12号基址构成了宫城的东部建筑群。7号基址位于1号基址正南方，1号基址主殿、南大门与7号基址基本处于同一中轴线上。4号基址位于

∧∧1978年，二里头2号宫殿基址发掘现场　　　∧∧当年2号宫殿基址发掘拍照，从地面到头顶高11米

2号基址正南端，与2号基址的主殿、南大门也基本处于同一中轴线上。以1、2号基址为核心的两大建筑群总体年代均属于二里头文化三期，它们共同组成了中国最早的中轴线布局的宫室建筑群，对后世王朝宫殿布局形态影响深远。

近年，在宫殿区东部建筑群又发现了时代早于1、2号基址的3号与5号基址。它们的发现证明二里头文化二期时的都城已经有了重大发展，王朝统治的气象已经凸显。3号与5号基址均为外围无墙、多进院落、院落内有贵族墓葬的宫殿建筑结构，它们将中国多进院落式宫殿建筑的历史推到3700年前。除了宫殿建筑文明史上的地位，3号与5号建筑基址的建筑结构与四周修有墙垣、主殿居中、四合院式的1、2号基址迥然有别，暗示着二里头王朝统治阶层的规划理念、礼制观念或控制模式在二、三期之间发生了重大变革。

除了宫殿类建筑的发现，早在二里头遗址最初发掘时，发掘者就已经意识到了遗址内应当存在铸铜、制骨、制陶、纺织等手工业作坊，但当时仅发现几座陶窑和一处制骨作坊，未发现其他生产地点。直到2003—2004年在对宫城城墙、宫城外围道路进行发掘时，意外在宫城南墙外的另外一条东西向墙垣内发现了一个包含数千块绿松石料的灰坑，发掘者当即推测这一区域可能存在绿松石加工作坊。由于这一重要发现的推动，二里头工作队加快了对二里头遗址手工业考古的探索，20多年来取得了丰硕的成果。

截至目前，已经发现一处围垣手工作坊区以及多处手工业生产地点，获得大量与手工业生产相关的物质遗存。在围垣作坊区的南部和东北部分别发掘出了铸铜作坊与绿松石器作坊，与两者直接相关的原材料、加工工具、生产设施、半成品、成品、废料等均有发现，产业操作链基本完整。二里头遗址的制骨作坊目前发现了两处，1号制骨作坊的具体位置在宫殿区东部4号基址南侧，2号制骨作坊位于遗址Ⅵ区的祭祀区附近，两作坊内发现的大量骨料、骨器、砺石等制骨遗存以及加工场所、水井、灰坑等生产性遗迹，证明了二里头遗址骨器产业的发达。最近，又分别在Ⅸ区与Ⅻ区发现了大量与陶器生产有关的遗存，包括泥料、陶坯、烧流陶片、炉渣等遗物，取土坑、陶窑、水井、生产垃圾堆放场等遗迹。这一系列发现，填补了二里头遗址陶器生产业的空白，使都邑内的手工业体系更加完整。除手工业作坊外，二里头遗址内的其他区域还发现了多处手工生产加工地点，包括宫殿区东部、南部和西部的5处骨器加工地点、4号基址东部及东南的绿松石加工地点等。这些手工业作坊与加工地点的发现向我们直观展示了二里头遗址手工业的庞大与兴盛，它们是二里头王朝强大的经济支柱。

二里头遗址总面积达300万平方米，是当时中国乃至东亚最大的都城遗址。二里头遗址宫殿区内的建筑基址布局严谨、主次分明，结构复杂但却中轴对称，它们形成的宫室制度是二里头贵族们强大号召力与控制力的表现，更是贵族们强化地位、塑造身份、构建阶级秩序极为重要的手段。而在宫殿之外，道路与城墙网络形成的网格将二里头遗址分为不同的功能区，目前可见祭祀区、作坊区、贵族聚居区、墓葬区。如此合理且秩序井然的规划显示了二里头遗址强烈的都市属性，尤其作坊区位于宫殿区正南部、两者共用一条中轴线的设置更表明了，王室贵族对于经济基础与"尖端技术"的严格管控。

祭祀区

贵族墓集中分布区

宫城

贵族墓集中分布区

作坊区

绿松石器作坊

铸铜作坊

☆二里头都邑平面，显示了以宫殿区为核心的多网格布局

二　路网城垣,井然有序

如果说一座座宫殿、一个个手工业作坊是二里头都邑的器官,那么道路与城垣网则是其骨骼框架,它们也是二里头都邑极为重要的组成部分,同样引领风气之先且影响深远。20世纪70年代,考古队员在勘探2号宫殿基址时,在其东侧发现了一条南北向的大路,当时已追探200余米,但因麦田灌溉而中止。20多年后,当第三任考古队长许宏[4]在翻检这些发黄的勘探资料时,发现了这一信息,当即兴奋不已。于是,新世纪伊始的2003年,许宏便带着考古队员循着这一重要线索继续追探当年的大路,最终确认了这条大路的长度在700米以上。不久之后,一条东西向的大道又在考古队的探铲下一跃而出,且跟宫殿东侧的南北向大道垂直交叉。就这样,中国最早的城市主干道的"十字路口"重见天日。

几乎在同一时期,在"作为统治中枢、王室禁地的宫殿区不应是开放的,一般都带有防御设施,形成封闭的空间"这一信念与思路的引导下,考古队员开始尝试寻找二里头都邑的宫城。经过反复分析后,队员们发现2号宫殿基址的东墙外侧紧临南北向大道,大道外仅可见中小型建筑,那么2号宫殿的东墙与东侧大道极有可能是宫城的边界。于是,通过系统勘探与局部发掘相结合,队员们发现2号宫殿的东墙果然向南北笔直地延伸过去,它的东墙便是利用了宫城东墙。在这一收获的基础上,队员们一鼓作气,对宫城周

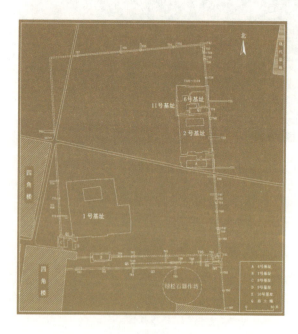

⌃二里头都邑中心区

边进行了持续勘探与发掘。终是"皇天不负有心人",保存完好的二里头都邑宫城东北角被完整揭露,与宫城东墙、北墙基本平行的西墙与南墙也陆续被发现,中国最早的宫城也就此被写入了史册。

二里头遗址中心区的道路系统与宫城有着明确的规划性,这是中国古代城市最重要的特征。就当前的认识而言,二里头遗址是中国最早的、被考古所实证的、具有明确规划性质的都城,中国延续数千年的都城营建制度正是发端于此。更值得一提的是,近年二里头遗址最新的考古勘探与发掘工作,再一次刷新我们的认知。宫城外围主干道西南路口在考古队员的手铲下赫然显露,宫殿区南、北两侧的东西向道路均向东、西两个方向延伸,宫城西侧南北向道路则向北延伸。宫城以西区域围墙的东南角、宫城南墙西段和西墙南段均已被明确,祭祀区以西区域揭露出了南墙与东墙,作坊区围墙的西北角、东侧与北侧围墙也已被发现。上述发现表明二里头遗址总体上应是由道路与城垣组成的、严格规整的"多网格式布局"。这一发现必将引发我们对于中国早期国家都邑布局思想、礼制观念与统治阶层政治理念的新思考。

三　器物万千,意涵深远

除了上述丰富的遗迹现象,二里头遗址出土的器物同样不可胜数。就种类而言,包括陶器、铜器、玉器、石器、漆器、蚌器、骨器等,而其中最具超越性的当数青铜器与玉石器。二里头遗址出土的青铜器,以爵、斝、盉、鼎、铜牌饰、铜铃、战斧、戈、钺等为代表,组成了中国最早的青铜礼器群。玉璧戚、玉圭、玉牙璋、玉钺、玉戈、多孔玉刀等大型片状玉器,与可能用于祭祀的柄形器,共同构成了二里头文化玉质礼器群。二里头遗址出土的绿松石器达到了史前绿松石器制作技术的巅峰,是二里头文化中最具特色的器物。绿松石串珠饰品、绿松石耳饰、绿松石龙、绿松石铜牌饰精美绝伦,尤其后两者更是让我们看到了二里头文化最高等级神灵的本来面貌。

青铜礼乐器是商周王朝青铜文明的核心要素,是王国政治与社会秩序的物化表现。在二里头遗址各类铜器中,铜容器的发现最为引人注目。铜爵、角、斝、盉、鼎等无一不是二里头先民在模仿陶器基础上的创新之举,标志着青铜铸造技术实现了由早先的简单双面范技术到复合范技术的转变。这些铜容器几乎都出土于墓葬,除鼎之外,其余均属酒器范畴,表明商王朝时期以酒礼器为核心的丧葬礼制正是发源于二里头文化时期。此外,需要提及的是,1987年V区的一座墓葬被盗,据现场目击者回忆,被盗器物中有一件器形类似铜斝,但已无法追回。商代早期,墓葬中铜斝、铜爵配比的制度已经基本形成,规格较高的墓葬往往随葬的套数更多。晚商时期,铜斝、铜爵已经完全成为墓葬中相匹配的铜礼器,进而形成了一直沿用至晚商晚期的可以标志等级身份的斝、爵配比制度。如若目击者所言属实,那么铜斝、铜爵配比的礼器制度在二里头文化时期已经形成。著名汉学家艾兰[5]早已指出,从二里头到周代的整个中国青铜文明,无论是礼器还是礼仪都是一脉相承的,二里头文化无疑是中国青铜礼乐文明的源头。

除青铜礼乐器外,二里头遗址所发现的众多玉礼器也是其礼制文明的重要组成部分。二里头遗址所处的洛阳盆地地区,在之前的龙山时代并未有使用大型玉器的传统,而二里头遗址出土的成组大型玉礼器再次领风气之先。就目前的发现来看,玉礼器大体可分为两类,一类是以玉钺、玉璧戚、玉牙璋、玉戈、玉圭、玉刀等为代表的带刃玉礼器,另一类则是小型棒状的玉柄形器。二里头遗址的玉礼器大都出自高等级贵族墓葬,常与青铜礼器、陶礼器、漆器同出,是国家礼仪制度的物质代表。

二里头遗址的玉牙璋作为玉礼器的一种,就其形制的特殊性与影响的广泛性来看,是值得加以细说的。玉牙璋的造型较为复杂,器体窄长而似戈,前

⌃ 二里头出土青铜爵

❀二里头出土玉钺、玉戈　　　　　　　　　　　❀二里头出土白陶器

端有内凹的锋刃,有时锋刃呈叉形,后端的柄部似戈之内,两侧有阑部及扉齿装饰。据考古学家研究,玉牙璋最早出现在海岱地区的大汶口晚期至龙山文化中,在陕北地区的龙山至二里头文化时期的遗址中也有发现。然而,二里头遗址出土玉牙璋在装饰上较龙山时代的同类器更加繁缛,体形巨大,两者之间的源流关系是不辩自明的。著名玉器考古专家邓聪[6]通过对玉牙璋器型、局部特征、装饰及其出土背景进行研究,对二里头文化玉牙璋的波及与影响范围进行勾勒,发现二里头文化的玉牙璋影响遍及中国南方——四川金沙、香港大湾、虎林山等遗址中出土的玉璋均是二里头玉牙璋的复制,其分布范围更远可达越南红河流域。考古学家许宏曾指出:"如果把这些相距甚远的出土地点联系起来看,可知位于其分布中心的二里头遗址应是其扩散的起点或者中介点。"二里头玉牙璋扩散与影响的范围之大,是二里头王国礼制成熟的表现,是东亚地区国家政治制度形成的标志。

　　绿松石器从新石器时代早期的裴李岗文化便已出现,但直到仰韶文化中期,大都是以简单的挂坠为主要器类。龙山文化时期,组合绿松石头饰和嵌片腕饰开始盛行,但总体数量并不多。进入二里头文化时期,绿松石器的数量有了大幅度的增长,器形开始变得更加复杂多样,器物的功用与内涵也愈发深奥莫测。二里头遗址出土绿松石龙形器和绿松石牌饰无疑又是各类绿松石制品中最璀璨夺目的器物,它们所使用的镶

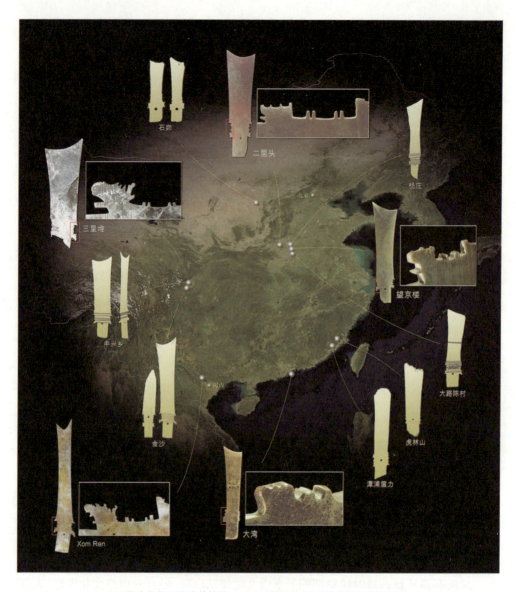

石峁

二里头

扬庄

三星堆

北京

望京楼

中兴乡

河内

大路陈村

金沙

虎林山

漳浦虎力

Xom Ren

大湾

^ 二里头文化玉牙璋的扩散,显示了"最早的中国"的规模(邓聪制图)

嵌和粘贴技术开创了一种全新的艺术表达形式，达到了一种类似马赛克的效果。其制作流程复杂，包括"设计放样、选石配色、核查制形、拼花嵌贴"等多个步骤，绿松石牌饰制作底托时还使用"高、精、尖"的青铜冶铸技术。绿松石矿料分布地点较远，开采不易，鄂、豫、陕交界处的云盖寺矿点，洛南河口矿点都曾是二里头人开采的对象。目前学界基本认可，二里头遗址出土的绿松石龙形器与绿松石牌饰在二里头贵族心目中占据着崇高地位，其所承载的图像必然是二里头先民最为珍视的神灵，可谓"技为神作"。

　　绿松石龙形器身长约65厘米，全器由2000多片各种形状的绿松石片组合而成，每片绿松石的大小仅有0.2—0.9厘米，厚度仅0.1厘米左右。绿松石龙形体长大，巨头蜷尾，龙身曲伏有致，形象生动，色彩绚丽。龙头隆起于由绿松石片粘嵌而成的近梯形托座上，略呈浅浮雕状，为扁圆形巨首，吻部略微突出。以三节实心半圆形的青、白玉柱组成额面中脊和鼻梁，绿松石质蒜头状鼻端硕大醒目。

二里头出土镶嵌绿松石兽面纹铜牌饰

两侧弧切出对称的眼眶轮廓，梭形眼，轮廓线富于动感，以顶面弧凸的圆饼形白玉为睛。龙身近尾部渐变为圆弧隆起，尾尖内蜷，若游动状，跃然欲生。距绿松石龙尾端3厘米余，还有一件由几何形和连续的似勾云纹的图案组合而成的绿松石条形饰，与龙体近于垂直。二者之间有红色漆痕相连，推测与龙身所依附的有机质物体原应为一体。绿松石原来应是粘嵌在木、革之类有机物上，其所依托的有机物已腐朽无存。这一绿松石龙形器体量之大、用工之巨、制作之精，为中国早期龙形象文物所罕

见。二里头遗址处于天下之中、有最早中国之称的洛阳盆地,因此绿松石龙形器被称为"中国龙"。

四　王国诞生,中心初显

在二里头文化之前的新石器时代晚期,中华大地上邦国林立,呈现满天星斗的态势。在长江下游,良渚古城遗址以统一的宗教信仰、强大的经济基础为依托,成为整个良渚文化区的核心。在长江中游,石家河遗址群的核心面积超120万平方米,拥有城墙、环壕,出现了功能区的划分,是该区域复杂社会的代表。北方地区老虎山文化、大汶口文化范围内,多个地区石城林立,暗示着不同的族群之间存在剧烈冲突。区域系统调查显示,龙山文化时期的山东半岛东南部存在两城镇与尧王城两个统治策略不同的政体。然而,到了距今4000—3800年的龙山时代晚期,中华大地开始形成以中原为中心的全新态势,以晋南的陶寺遗址与陕北的石峁遗址为典型代表。而到了距今3800年的龙山最晚阶段,之前的各区域文明中心相继衰落,二里头遗址在中原地区社会动荡、暴力频繁的背景下异军突起,在吸收外来先进文化与自我创新的基础上,借助

"怀柔万邦"的统治策略,成为东亚大陆上最早的广域王权国家。

从宏观聚落形态上来看,二里头文化的近800余处聚落中,面积超过300万平方米的仅有二里头遗址,其余包括有数十万至百余万平方米的区域性中心聚落、10万至30万平方米的次级中心聚落以及众多基层聚落。其中的区域中心多有城墙、夯土建筑及高等级墓葬,它们承担着拱卫首都、资源中转的重要功能。次级中心聚落多处交通要道周边,起到了直接管理基层聚落的作用以及为二里头都邑提供特定手工产品的经济功能,如偃师灰嘴是一处石器生产中心,主要生产石铲,登封南洼是制作白陶的地点之一。此外,二里头王国可能为了获取食盐、铸铜和制造绿松石器的原料等自然资源,向西北、西部和南部扩张,在其周边地区设立军事据点。这些军事据点包括中条山的夏县东下冯、垣曲古城南关、淅川下王岗和秦岭山区的商洛东龙山等。二里头文化时期

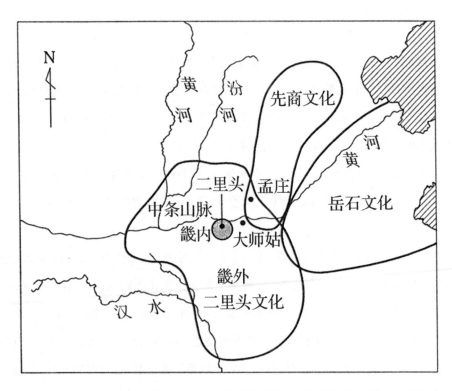

⚄ 二里头文化的扩张与控制模式(宫本一夫《从神话到历史:神话时代　夏王朝》,2014年)

❀❀2019年春，二里头工作队"全家福"，远处是建设中的遗址博物馆

中原地区已经形成了金字塔式的聚落等级结构和众星捧月式的聚落空间分布格局。正如许宏所言："二里头都邑与二里头文化，正处于华夏文明从多元到一体格局初步形成的重要节点上……只有到了此时（二里头文化时期），地处中原腹地的洛阳—郑州地区才成为中原王朝文明的发祥地，中原中心最终形成。"

二里头遗址经过65年的持续发掘和研究，取得了一系列重要发现，有诸多"中国之最"，可以说二里头文化当之无愧地"成为中华文明总进程的核心与引领者"。

行文至此，我们可能会意识到，规模宏大的宫室建筑、井然有序的城垣道路、前所未见的青铜容器、巧夺天工的玉石器，确实一次又一次让我们兴奋，让我们震撼，但这背后似乎缺了些什么。倘若沉下心来思索，或许你我都会发现问题所在——物虽万千，人在何处？几十年来，我们对那些埋在黄土之下的器物给予了太多的关注，而那些陪伴这些器物出土的人却不经意间被忽略，难以留下寥寥数笔。即使如赵芝荃、郑光[7]先生这样的考古学大家，也只是在考古学界留下了些许印记，更遑论那些亲手剔出器物的考古技师，掀开厚重黄土的考古民工，守望保护遗址的普通村民，奔波文保一线的文物干部，因热爱而无偿奉献的博物馆志愿者，从各地奔赴而来、青春飞扬的实习学生……他们默默无闻，是大众眼中的普通人。然而，在二里头学习的日子，恰恰是这些平凡的人带给我最多的感动，如同那些考古发现一样，熠熠生辉。这本书要记录的便是关于他们的故事，想要达到的期愿，是尽可能还原一个完整的考古群像。

书中的"非著名"考古人在各种机缘下与二里头相遇，在考古工作中扮演着不同的角色，对考古工作有着不一样的理解，凡此种种自然是我们最感兴趣的。然而，他们的人生又不仅仅只有考古，他们有自己的少年理想，也有自己的人生无奈。因此，在这本访谈录里，我们也想夹带这些"私货"，那是关于考古之外的芸芸众生相。如果读者诸君在阅读这本小书时，既对二里头遗址及其所代表的中国青铜时代文明产生了新的兴趣，又能为书中的人物所打动、所激励、所抚慰，那将是令我们无比欣慰的事。

2024 年 1 月 5 日于侯马

注释

1. 顾颉刚（1893—1980），江苏苏州人。1920 年毕业于北京大学文科中国哲学门。历任中山、燕京、北京、中央、复旦等大学教授，中央研究院院士。他是"古史辨"学派的创始人，提出"层累地造成的中国古史观"，曾编著《古史辨》八册。他也是中国历史地理学和民俗学的开创者，建立禹贡学会，编辑《民俗周刊》和"民俗学会丛书"。新中国成立后，任中国科学院历史研究所研究员和学术委员。主持标点《资治通鉴》、"二十四史"的工作。代表作有《秦汉的方士和儒生》(原名《汉代学术史略》)、《三皇考》、《史林杂识初编》、《中国历史地图集》(古代史部分)、《吴歌甲集》等。

2. 徐旭生(1888—1976),名炳昶,字旭生,河南南阳人。幼读私塾,后就读北京河南公立豫京学堂。1913年留学法国,于巴黎大学学习哲学。1919年学成归国,曾任北京大学教务长、北京师范大学校长。1927年,担任"中瑞西北科学考察团"中方团长。1932年任职于北平研究院史学研究会(所),先后任编辑、研究员和考古组组长。1937年任中国史学研究所所长。1959年前往河南西部进行"夏墟"考古调查,并发现了著名的二里头遗址。主要研究方向为西方哲学、中国古代神话、周秦考古、夏文化考古。代表作有《中国古史的传说时代》《1959年夏豫西调查"夏墟"的初步报告》《略谈研究夏文化的问题》《禹治洪水考》等。

3. 赵芝荃(1928—2016),北京人。先后就读于辅仁大学、清华大学、北京大学。1955年入职中国科学院考古研究所(后隶属中国社会科学院),曾为考古所研究员。1958年任洛阳发掘队队长,1959—1979年任二里头工作队首任队长,1983—1988年任偃师商城工作队首任队长。主要从事夏商周考古、中国早期国家与王朝文明形成过程的考古学研究。曾主持或参与河南洛阳东周王城、洛阳东干沟、洛阳二里头、偃师商城、新密新砦、永城王油坊等遗址的发掘工作。代表作有《洛阳发掘报告(1955—1960年洛阳涧滨考古发掘资料)》《偃师二里头(1959年—1978年考古发掘报告)》《赵芝荃考古文集》等。因其在二里头遗址考古工作中的突出贡献,2008年被授予"偃师市荣誉市民"称号。

4. 许宏,1963年生,辽宁盖州人。1984年毕业于山东大学历史系考古专业,留校任教。1996年博士毕业于中国社会科学院研究生院,同年入职中国社会科学院考古研究所,曾任夏商周考古研究室主任。现为考古所研究员,中国社会科学院大学教授。1999—2019年任二里头工作队第三任队长。主要从事中国早期城市、早期国家和早期文明的考古学研究,并致力于公众考古。曾主持或参与山东邹平丁公,山西侯马晋都,河南偃师商城、洛阳二里头等遗址的发掘和洛阳盆地中东部区域系统调查工作。代表作有《二里头(1999—2006)》《先秦城邑考古》《溯源中国》等自选集及"解读早期中国"系列丛书。因其在二里头遗址考古工作中的突出贡献,2021年被授予"偃师区荣誉市民"称号。

5. 艾兰(Sarah Allan),1945年生于美国,1974年获加州大学伯克莱分校博士学位。1972—1995年于英国伦敦大学亚非学院(SOAS)任教,1995—2016于美国达慕思大学(Dartmouth College)任特聘教授,现为美国达慕思大学荣休教授、清华大学杰出访问教授。曾任 *Early China*（《古代中国》）主编、Society for the Study of Early China（早期中国学会）主席。主要研究领域为早期中国历史文化，在先秦文献、考古、思想和文化等方面颇有贡献。代表作有《龟之谜：商代神话、祭祀、艺术和宇宙观研究》《世袭与禅让：古代中国的王朝更替传说》《水之道与德之端：中国早期哲学思想的本喻》《早期中国历史、思想与文化》《湮没的思想：出土竹简中的禅让传说与理想政制》等。

6. 邓聪，1953年生，中国香港人。先后就读于香港中文大学、日本东北大学、日本东京大学。1985—2019年先后在香港中文大学人类学系、艺术系及历史系任兼职教授、副教授、教授，2019年至今任山东大学文化遗产研究院特聘教授。2008年被聘为德国考古研究院通讯院士，2007年获越南社会科学院越南社会文化贡献勋章。曾主持或参与澳门黑沙、越南海防省长晴等遗址的发掘工作。主要研究方向为玉石器考古、旧石器时代考古。代表作有《澳门黑沙玉石作坊》《哈民玉器研究》《牙璋与国家起源——牙璋图录及论集》等。

7. 郑光，1940年生，四川南充人。1963年毕业于西北大学，1966年中国科学院考古研究所（后隶属中国社会科学院）研究生毕业，后留所工作，曾为考古所研究员，中国社会科学院研究生院博士生导师。1972年开始参加二里头遗址发掘，1980—1999年任二里头工作队第二任队长。1996年主持"夏商周断代工程"之"二里头遗址分期和夏商分界"专题研究工作。主要研究方向为夏商周考古，在夏商都邑年代、夏商关系、夏商分界等问题的研究中多有创见。代表作有《二里头陶器集粹》《郑亳说商榷》《试论二里头商代早期文化》《试论偃师商城即盘庚之亳殷》《二里头遗址陶器分期初论》等。

郭振亚

一次意外的发现，给了我不一样的五十年

亲历者:郭振亚

采访者:张飞

访谈时间:2021年6月4日夜

访谈地点:圪当头村郭振亚家中

亲历者简介:郭振亚,河南省洛阳市偃师区翟镇镇圪当头村人,1951年7月出生。"文革"后高中毕业。1970年担任生产队会计,1973年任村团支部书记,后任村党支部委员、村农业支部书记。二里头遗址第一件铜爵的发现者。现为洛阳市文物保护员。

郭振亚先生在坶当头村是家喻户晓的人物，不仅因为他曾是村党支部书记，或是村里的楹联撰写者，更因为他是整个村里最了解脚下这片土地的人。他与二里头考古队的四任考古队长都是很好的朋友，对于这片土地上的考古发现如数家珍。

我初次见到郭先生是2020年冬天，在考古队的小院里。那天晚上，恰逢许宏老师从北京回来，郭先生闻知后便拎着两瓶酒来队里找许老师喝酒聊天，当时我正好也在考古队小院，得知面前的这位就是二里头遗址第一件青铜爵的发现者。吃饭时，郭先生与许老师谈起二里头考古队过去几十年间的往事，悲伤的、快乐的、有趣的，总之都是难以忘却的。其间，我最为感动的是郭先生与赵芝荃先生之间的故事。赵先生曾经很想收聪明能干的郭先生为徒，但人各有志，最终未能如愿。四十年后，当赵先生退休后回到北京，两人彼此牵挂、互相关心，反而成为如父子般的亲人。赵先生在写给郭先生的信中，饱含深情地表达了自己对郭先生的喜爱，对偃师这片土地的热爱，甚至一度表示想"落叶归根"。然而，由于身体原因，赵先生的愿望终究未能实现，2016年他带着遗憾离开了这个世界。赵先生再次回到二里头，已是2019年。这一年随着二里头夏都遗址博物馆的建成，他的铜像被安放在了展厅里。直到这时，郭先生才能在每年清明节时，去向赵先生尽一份孝心，诉说一份哀思。

那晚认识郭先生后，我每次去二里头遗址都要与他

☖2022年清明节，郭振亚与赵芝荃先生塑像合影

联系,因为他是这里名副其实的"百事通"。很多来到队里实习的学生都想瞻仰一下二里头考古队的旧队址,好几次都是他主动带大家过去参观的。在楼房林立的坞当头村,旧队址破烂不堪、摇摇欲坠,显得很不合群,却奇迹般地保存了下来。后来我才知道,这座旧房子之所以能留存下来,跟郭先生的呼吁有很大关系。他一直觉得这是那群把青春留在二里头的考古人的最后一点记忆,也是整个村庄不能忘却的一桩过往。作为一个钟情于学术史的人,这些对我都充满了吸引力。

　　郭先生年纪虽大,却总想着为二里头考古队做些什么。他最常做的便是将自己在田间地头、房前屋后捡到的重要文物送到考古队,且分文不取。2022年春天,河南文艺出版社要出版许宏老师的盒装随笔集《许宏的考古"方"》[1],设计师刘运来赶赴二里头遗址寻找灵感,希望在书籍设计中运用二里头文化元素,比如出土的陶片一类。郭先生听闻后,当即表示愿意无偿捐出自己多年捡拾、收藏的陶片,以便让更多读者一睹二里头文化真容。《许宏的考古"方"》最终获得2022年度中国"最美的书",郭先生捐赠的陶片功不可没。郭先生对宣传二里头文化乐此不疲,曾经写过不少科普的小文章,更去了不少学校给学生们做二里头遗址的讲座。在夏季发掘的时候,我两次见到他来到工地,给在工地上发掘的民工和实习学生们送风油精,可谓礼轻情意重。

　　在二里头的日子里,我多次听郭先生谈起考古队曾经的人和事,很多时候内容难免重复,但我每次都认真听完。因为我知道,这些人与事在他的一生中是多么重要,他有多么怀念!他很想让更多人知道这些故事,所以当得知我要对他进行访谈时,他格外高兴。访谈那天晚上,他很激动,几乎把家中收藏的所有纸质资料都拿出来给我看,希望我不要漏掉任何细节。我无比幸运能够倾听这些往事。往事并不如风,总有人愿意把它们记在纸上,也刻在心里。

⋀《许宏的考古"方"》书影

采访者: 郭先生您好,能否先简单介绍一下自己?

郭振亚: 我是土生土长的圪垱头人,一辈子基本没离开过村子。你让我说说我自己,我确实不愿意提及从前的那些伤心事。我的爷爷是长期得不到营养补充,患浮肿病去世的。我是1951年出生的,我们这代人儿时遭遇了三年困难时期,上初中时又赶上了"文革",我能学到什么东西呢?到了我结婚的年龄,实行"只生一个孩子"的计划生育国策……以上这些情况,我不愿意提起,太可怕了。总之,我的人生经历很简单,没做过什么大事。

采访者: 您太谦虚了。我知道您是圪垱头村的乡贤,是很令人尊重的人。

郭振亚: 可能是因为我在村里干了几年村干部,做了一点贡献,大家抬举我吧。

采访者: 您是在什么情况下进入村里的行政班子的?

郭振亚: "文革"期间很多地方有"五七"干校,地方上行下效,成立了五七高中,师生都是临时组合的。我1968年初中毕业之后,去了翟镇的五七高中上学,但是学还没上完,村里崔天祥、郭应须两位支部书记就来动员我回家。他们告诉我,上级有政策,要选好基层干部培养对象,他们看我各方面还不错,就让我回乡挂职,作为培养对象。

△ 1990年,郭振亚游览长城

从1970年开始,我先后担任生产队会计、大队团支部书记、革委会委员、党支部委员等职。我是1973年9月入党。1982年,我们村成立了村党总支,下设农业支部和工业支部,我任农业支部书记兼党总支委员,这一干就是20多年。干了这么些年的村干部,也干了一些事,具体做了哪些事,我不想给自己贴金了,就不说了。

采访者: 那您第一次接触二里头考古队是什么时候?是什么样的机缘使您和考古队有了交往?

郭振亚：20世纪70年代初期，二里头考古队的第一任队长赵芝荃先生便在我们圪当头村南边居住，就是在第十二生产队的郭巨良家里租了个院子，现在那个院子还在。当时的考古队有十几个人，我印象中有赵芝荃、李经汉[2]、方酉生[3]、高天麟[4]、关甲堃[5]、郑光……其中郑光是年纪最小的。那时候我年纪小，经常去考古工地玩儿，看北京来的人究竟在挖什么，所以我接触考古队很早，但那时候不太懂。

采访者：后来您是怎么跟考古队建立深厚感情的？

郭振亚：1973年的时候，我22岁，担任生产队的会计。就在这一年，发生了那件对我人生非常重要的事。当时我们生产队在现在二里头遗址Ⅷ区栽红薯，栽红薯需要在垄沟挖坑，就在这个过程中我发现了一件青铜爵。以我当时的知识水平，我连这个器物的名字都不知道，就是看到一块绿色的硬东西，觉得肯定是个宝贝，一件重要的古董，就用衣服给它包住，赶紧送到了考古队赵芝荃先生手中。赵先生看到这件东西喜出望外，认出这是一件青铜爵，是二里头遗址出土的第一件青铜爵。第二天我把赵先生带到我发现铜爵的地方，他们就开始在那里开方发掘了。经过这件事，我和赵先生就算认识了，再加上我后来是村里的党支部书记，考古队开方挖土需要与我们进行沟通，接触就越来越多。赵先生很喜欢我，问我愿不愿意来考古队做他徒弟。但当时生产大队不让我去考古队，说要培养我当村干部，所以我就错过了进考古队的机会。现

︿ 左图：郭振亚发现的二里头遗址第一件青铜爵（左），在洛阳博物馆展出。右图：2023年7月，郭振亚（中）向洛阳博物馆志愿者孙颂（右）介绍青铜爵发现的经过

在可以说是终生后悔。

采访者：八卦一下，当时考古队有没有给您一些奖励？

郭振亚：给了。赵先生说考古队没什么钱，就给我多记了三天工。三天工在当时是30个工分，可以换一块五毛钱。那时候火柴才两分钱一盒，一块五毛钱不少了，能买好几斤猪肉，我还是很高兴的。

采访者：请您回忆一下，20世纪70年代二里头考古队在圪垱头村的生活条件如何？

郭振亚：当时考古队就住在我们村那个土坯建的院子里，村里有一个叫郭存良的村民给他们做饭，生活条件非常艰苦。考古队的粮食标准是每人每月31斤粮食，在31斤粮食中玉米面、红薯面这类粗粮占一大部分，白面细粮占小部分。当时炊事员也是31斤粮食，是考古队和生产大队合起来提供的。那时候考古队白天去野外进行发掘，晚上回来还要整资料、写文章，体力和脑力消耗都很大，31斤粮食肯定是不够的。村里面为了照顾考古队的这些人，给他们选了一块地，让他们自己种菜改善生活。为了补充营养，考古队的队员们会去老百姓家买一些鸡蛋，然后煮白壳蛋吃。鸡蛋有大有小，为了不弄混，他们用网兜把鸡蛋装起来，自己的在网兜上写上名字，以防别人把自己的个儿大的鸡蛋给吃了。你可以想象那时候生活条件多么艰苦。

采访者：我知道您和二里头考古队的第一任队长赵芝荃先生接触很多，能谈一谈您对赵先生的印象吗？

郭振亚：赵先生是一个学识非常深厚的人，我后来才知道他是北京辅仁大学毕业的，在清华大学、北京大学都学习过，非常不简单。赵先生非常会办事，别人处理不好的事，他很多时候都能处理好。为什么说他非常会办事呢，我给你举个例子。1995年的一天，赵先生用我们大队的拖拉机把二里头遗址出土的陶片运往洛阳周公庙工作站。可是拖拉机行到洛阳市区边上就被交警拦下来了，原因是拖拉机的车斗里既装了陶片，还坐着运陶片的工人，属于客货混装，不仅不能进市区，还要罚款。赵先生从车斗里跳下来，先跟交警道歉，承认客货混装是不对的。紧接着，他说明了这批文物运输的必要性和重要性,若出了安全问题大家都担不起责任。交警听后,看了看赵先生的工作证,认为他所说不假,很快就给拖拉机放行了,一点处罚没有。从这里你就可以看出赵先生是很有办事能力的人,在给予别人尊重的情况下,把自己的事情也办成了。

采访者:我知道您长期关注二里头遗址的发掘和研究。在您看来,赵先生在二里头工作期间比较重要的发现有哪些?

郭振亚:赵先生在二里头遗址工作了20年,除了"四清"运动期间和"文革"时期短暂停止过工作,基本都在进行发掘研究工作,取得了很多

☆二里头工作队第一任队长赵芝荃,1990年摄

成果。我觉得赵先生最大的贡献是发现并且揭露了1号宫殿基址,这是中国最早的四合院建筑。

采访者:赵先生1979年就离开田野考古,去了洛阳工作站整理报告,之后又到偃师商城遗址担任队长。在他离开二里头遗址以后,你们还见过面吗?

郭振亚:还能见到,但次数少了很多,每次见面还是非常亲切。到了1996年,赵先生身体不好,就回北京了,他回北京后我们就不能见面了,只能通信。他给我写过五六封信,我给他回复过六七封信,后来因为种种原因,通信中断了,我们再也没有联系过。

采访者:方便问一下您和赵先生通信的主要内容吗?

郭振亚:就是谈各自的家庭情况,谈当时他在二里头时的工作,谈我们之间的交往和感情,谈他对偃师的感情。他说他曾经不仅想收我为徒弟,还把我当作他的儿子看待,说我是他的亲人。赵先生对偃师的感情太深了,他信中有一句话,我到现在都忘不了,他说"我的工作在偃师,事业在偃师,亲朋好友在偃师,我的心在偃师","偃师是我的第二故乡"。

采访者：赵先生生病以后，您去北京探望过他吗？

郭振亚：我是从赵先生手下的技师郭天平[6]那里得知赵先生生病的消息的，当时我很担心和着急，想着一定要去看望赵先生。赵先生对我很好，我不能忘恩。赵先生得的是一种心血管疾病，恰巧我舅舅是河北省医学科学院心血管病研究室主任，享受国务院政府特殊津贴，我就带着我舅舅去北京给赵先生看病。到了北京以后，我们在北京医院的18楼见到了赵先生，经我舅舅诊断，赵先生当时身体问题不大，舅舅就跟他说了一些需要注意的事项。他很高兴我能去看他，带着我们去他家里参观，我到现在还记得，他住在干面胡同社科院家属楼407房。我们在他家聊了几个小时，还在他家里吃了顿饭。赵先生送了我一本书，就是他主编的《偃师二里头（1959年—1978年考古发掘报告）》[7]，我到现在还珍藏着这本书。我们要走的时候，赵先生特别想跟我们拍个合影，可是赵先生家旁边没有照相馆，那时候也没有手机，就没拍成，真的很遗憾。那是我最后一次见赵先生，此后再也未能见面。

采访者：赵先生去世之后，您一直很怀念他，听说当二里头夏都遗址博物馆建成之后，您每年清明都会去赵先生的铜像前祭拜他，是这样吗？

郭振亚：哦，是的。博物馆的第五展厅有赵芝荃先生的铜像，就像赵先生还在二里头遗址。赵先生的亲人在北京和国外，没办法来这里看他，我也是赵先生的亲人，我有责任在清明节这一天去祭拜一下先生，这是我作为晚辈应该做的。我还动员了和赵先生相识的几个村民，我们一起去博物馆祭拜。祭拜的时候，我让村里的两个小孩站在赵先生铜像两侧，手上拿着赵先生的著作和赵先生写给我的信，然后我们村民一起在赵先生的铜像前鞠躬致敬。一些来参观的高中生和博物馆工作人员都被我们的行为感动了，也跟着我们一起祭拜赵先生，场面很感人。只要我活在世上一天，每年清明节我都会去祭拜赵先生。

采访者：确实很让人动情，我们应该向您学习。下面我们来谈谈二里头考古队的第二任队长郑光先生吧。在您的印象中，郑光先生是怎样的人？

郭振亚：郑光先生是四川人，是著名考古学家郭宝钧[8]先生的研究生，和夏商周考古之父邹衡[9]先生是师兄弟。郑先生毕业之后就被分配到考古所，然后就到了二里头遗址，当时他是赵芝荃先生手下的兵。郑先生也非常敬业，为了工作和学习几乎忘我了。有一年腊月，天气非常寒冷，郑先生就在屋里弄了个煤球炉子取暖。一天晚上外面刮大风，直接把原本通过烟囱排往室外的煤气吹回了室内，郑先生看书学习太痴迷完全没有察觉，不久就煤气中毒倒在了地上。幸亏做饭的老师傅发现得早，把他送到医院，这样才救了他。在我个人看来，郑先生学问很大，也有一些书生意气，他从来不奉承人、吹捧人。他和地方上的老百姓交流很少，在二里头工作的时候总是我行我素。

采访者: 听说郑先生当年也送给您一本书，让您很感动。这件事的原委您还记得吗？

郭振亚: 是的。郑先生迄今就出了那一本书，叫《二里头陶器集粹》[10]，定价800元，在那个年代算是天价了。有一天，我来二里头工作队，看到郑先生桌上有这一本书，我就问郑先生能不能送我一本，郑先生犹豫了一会儿，没有给我，我也就没有强求了。第二天早上，队里的技师王法成突然来找我，送来了那本《二里头陶器集粹》，说是郑先生嘱咐他来送的。我打开一看，里面还夹着一张字条，上面写着"送给圪当头郭振亚先生"。我当时很感动，郑先生居然把他的著作真的送给了我一个普通村民。后来我听说这本书印量很少，很多考古行内的专家都没有，我就更加感动了。

采访者: 您作为一个与考古队接触比较频繁的旁观者，在您看来，郑先生与赵先生在工作特点上有什么区别吗？

郭振亚: 专业方面我不是特别了解，但我知道赵先生在工作中比较灵活，很善于和村民、民工打交道，郑先生稍微差一些。

采访者: 您看了这么多关于二里头文化研究

二里头工作队第二任队长郑光，1990年代摄

方面的书,您觉得郑先生对于二里头遗址的发掘与贡献主要体现在哪些地方?

郭振亚:郑先生挖了很多墓葬,一批非常珍贵的文物就是郑先生挖出来的,比如嵌绿松石的青铜牌饰、大玉刀。郑先生最重要的贡献还应该是在陶器的研究上。他对陶器的研究很细致,通过研究陶器给二里头文化建立了清晰的年代框架。这都是我从书上看到的,不知道说得对不对。

采访者:我觉得您的理解还是比较准确的。下面您能谈谈与二里头考古队的第三任队长许宏老师是如何相识的吗?

郭振亚:1999年,许宏老师来到二里头考古队任第三任队长。由于他刚接触二里头遗址,要加紧补充关于二里头遗址的知识。而对二里头遗址的研究者来说,郑先生的《二里头陶器集粹》是必读书,可队里恰好没有这本书。

这本书特别稀少、特别贵,当时其实是不好买的。队里的技师王法成告诉了许老师我手上有这本书。有一天晚上,许老师在王法成的陪同下来到我家,许老师当时非常客气地说:"郭先生,听说郑先生送了您一本书,能否借我看一看?"我那时正想认识一下北京来的新队长,跟着他继续学习二里头文化,立即把这本书送给了他。我们就这样建立了联系。其实,这本书对他的作用比对我的作用要大得多,我觉得送给他是应该的。许老师很重情义,一直把我送他书的事记在心里,此后他写的新书,或二里头考古队出的新书,他都会送我一本,20多年来我一共收到了1米多高的书。

采访者:您觉得许老师跟二里头考古队前两任队长的相同点、不同点表现在哪些方面?

郭振亚:相同点就是他们都有很强的敬业精神,对学术都非常执着,都热爱我们国家的文化遗产。至于不同点,首先在工作上,我作为一个外行人就能感觉到许老师的视野更加开阔,他来了以后不是挖墓,而是要

《二里头陶器集粹》书影

解决二里头遗址范围与布局的大问题。许老师可以说是高瞻远瞩，看得很远，后来才有了宫城、井字形大道、宫殿建筑群这些重要的发现。其次，在与村民的关系上，许老师与村民的交往更进一步。每次许老师到工地来，民工们都跟他打招呼："许老师，回来了！""回来了"这三个字听起来挺简单的，其实说明村民把许老师当自己人了。还有一个不同点是，许老师喜欢做公众考古，他觉得应该把二里头文化传播到我们老百姓当中去。

采访者：听说您曾经邀请过许老师到村里给村民做讲座，有这回事吗？

郭振亚：对对对，有这回事。2018年5月18日，那天刚好是世界博物馆日，村里的几个干部就想着邀请许老师给村民们讲讲二里头遗址，让村民们了解了解我们脚下的这块土地，许老师非常高兴地答应了。那天下午在我们村委会的会议室里，许老师开了一场二里头遗址的主题讲座，内容非常通俗易懂。会议室100多个座位全部坐满了，过道、门外都站满了人。为了让外面的人也能听清楚，我们还专门架了一个喇叭。你可以想想，许老师的讲座有多么受欢迎。

采访者：圪当头村村东、村西各有一座牌坊，上面各有一副对联，据说是您请许老师撰写的，为什么要这样做？

郭振亚：我作为村里的一名老党员，有责任把我们脚下厚重的文化宣传给村民，所以我就请许老师写了这两副对联。还有一个重要原因，就是响应国家建设社会主义新农村的号召。随着二里头夏都遗址博物馆、二里头考古遗址公园建成，我们周边的环境变好了，游客也多了，我们有必要改善一下村里的环境，增加一点文化气息。许老师的第一副对联是"中原热土有名村村称圪当头，西地良田现宫城城为紫禁

△ 2018年5月，二里头考古队队长许宏在圪当头村委会做主题讲座

⚐ 圪当头村北门牌坊　　　　　　　　　　　　　　⚐ 圪当头村东门牌坊

城"，横批"最早的中国"；第二副对联是"夏风商雨国史无此村不彰明，西耕东读家业有乡里得光大"，横批"安居第一都"。这两副对联非常大气，而且老百姓都能看懂，读起来有很亲切的感觉。你比如说"西地"这两个字，外人可能不知道是什么意思，但村民们都知道，"西地"就是圪当头村西边的农田，我们平时都这么叫。

采访者：我听村民说您平常会采集二里头遗址上的文物，是这样吗？

郭振亚：自从1973年和赵芝荃先生接触以来，我就一直对二里头文化很关注，现在已经到了痴迷的程度。日常生产劳动时或者村民挖墓时发现一些有关二里头文化的器物，比如陶片、骨料、石器、玉器等，我都会把它们收集起来，把其中重要的交给考古队。这些年过去了，我已经给二里头考古队交了不少文物，包括花纹陶片、刻符陶片、小件玉器、石器。我觉得这些东西都是不可再生的，需要把它们保护起来。

采访者：二里头夏都遗址博物馆修建的时候听说您捐献了一批陶片，能讲一讲这件事的来龙去脉吗？

郭振亚：当年修建博物馆的时候，需要在两面墙上镶嵌一些二里头遗址的陶片，好让游客们能够近距离看到二里头遗址陶片的质地与纹饰。博物馆建设方就跑到二里头考古队找许宏老师，希望能从考古队获得一些陶片。但是考古队有规矩，陶片一旦进入考古队就不允许再流出，许老师就没有答应。不过，许老师知道我收集了很多陶片，建议他们来找我。我当时没有把自己收藏的陶片给他们，而是带着他们在二里头遗址周边捡了一袋子。我觉得这也算我对二里头遗址做的另一项贡献。

采访者：私人收藏遗址出土的文物多少还是有些不合适，还是希望郭先生能把更多的文物交给考古队。

郭振亚：嗯，我是这样做的，有重要的文物我都会主动送到考古队，送给现在的赵海涛[11]队长。我一直坚持这样做，和赵队长的关系也很好。

采访者：我知道这些年您一直在积极宣传二里头遗址和二里头文化，您能说一说具体是怎么做的吗？

郭振亚：我曾经到二里头中学、二里头小学、洛阳回民中学、洛阳职业技术学校、翟镇镇政府给学生和党员干部们讲二里头遗址和二里头文化。我还跟许老师上过一些电视节目，比如央视四套的《读书》栏目等，通过这样的方式宣传二里头遗址。另外，我是洛阳市优秀文物保护员，我经常在和村民的交往中向他们宣传文物保护的必要性。

采访者：二里头夏都遗址博物馆、二里头考古遗址公园相继建成，您觉得这将给当地村民带来怎样的影响？

郭振亚：博物馆和公园的建设提升了我们偃师的名气，现在"最早的中国二里头"是偃师区最耀眼的名片之一。博物馆和公园也是村民们休闲娱乐的好地方，大家晚上喝完汤可以去公园里散散步、跳跳舞。博物馆和遗址公园建

⋏ 2022年6月，在二里头夏都遗址博物馆，郭振亚（右）在一面嵌着二里头陶片的泥墙前接受采访

成后,村子周边的环境也发生了变化,垃圾不再乱扔了。现在每年夏天来二里头,人们还会看到白鹭飞翔的美景。将来博物馆周边的配套设施肯定会越来越完善,村民们会得到更多的实惠。

采访者:问您一个比较学术的问题,您了解二里头遗址是否为夏都的争论吗?您怎么看?

郭振亚:我一直关注这个问题,也知道争论得很激烈。我的观点和许老师一样,二里头遗址是姓夏还是姓商,都丝毫不会影响它的重要性。二里头遗址的一系列重大发现已经证明它在世界文明史中的地位,它应该跟希腊、罗马的地位相等。

采访者:最后一个问题,您对二里头考古队今后的工作有什么期望吗?

郭振亚:希望考古队能让文物活起来,让全世界都知道二里头遗址的重要性。

采访者:谢谢郭先生接受我的采访。

郭振亚:我也很荣幸。

附：

赵芝荃致郭振亚信件三封

第一封

振亚：

你们好。我是(19)54年到洛阳,59年入偃师,96年离开工地,在河南共40余年。我的工作在偃师,事业在偃师,亲朋好友在偃师,我的心在偃师。今年元月因糖尿病住北京医院,2月2日也就是春节前两天出院。3月底因脚疾再次住院,4月中要截肢,月底转入安贞医院。6月底右腿血管搭桥,7月末出院。9月因心脏病再住北京医院,11月底才出院。今年是我的住院年,其间思念多多,念念不忘偃师,近年来总想落叶归根,回到我的第二故乡——偃师、偃师、偃师。就在这个时候,收到你充满热情、深厚友谊的来信,如天降鸿福,久旱逢甘霖。振亚,你真是我的亲人,我似乎又回到60年代,回到了偃师,见到了年轻有为的郭振亚。当时我是考古队的队长,你是圪垱(当)头村最聪明的小伙子,我很喜欢你,打算把你收入考古队,成为我的徒弟。是时你有政治头脑,愿意自己闯,从来信中知道你现在已是圪垱(当)头村的头面人物,证明你的思考是正确的,我十分欣赏,完全赞同。是时你如果投入了我的"牢笼",当然也就没有今天的成就。时间过去三四十年了,现在你完全的明白了,明白我是对你多么的器重、爱护,明白了我的心,总以晚辈的心情孝敬我。对此,我是受之无愧,心安理得,你就是我的弟子,你就是我的儿辈。振亚,60年代你没有投入我的"牢笼",在这世纪之交、新千年之始,自投"络(罗)网",成为我的(侄)儿,这是老天爷的安排,我的福份

△第一封信

（分）。振亚，现在我没病了，变成为60年（代）的考古队队长，精神是会变成物质，十分希望继续得到你的孝心。有工夫把你的工作、家庭向我介绍一下，如果有机会，我还想去偃师看见你。

振亚，原宣传部长张福禄、副部长郭绍宇是我的好朋友，博物馆馆长王竹林、文管会的主任樊有升是我的学生，考古队队长许宏也是我的学生，圪垱（当）头村、塔庄村有许多位小字辈，有郭振亚。今年我已74岁，古人云"落叶归根"，我是属于偃师的，因为偃师有郭振亚。振亚，（19）89年我患脑梗，96、98年两次心脏手术，今年6月右腿除血栓手术，身体已不如从前，但心态平顺，精神健康，活到80岁完全有把握，力争到90岁，但要有你的安慰、你的孝敬，我会成功的，再写文章。

我祝你新年快乐，全家幸福，事业有成，前途无量。

家中电话（010）6526××××。

（我很动情，写的很乱。）

（叔）父赵芝荃

2000年12月28日晨9时

第二封

亚侄：

来件收悉。欢迎你来407，并邀请你舅父同来作（做）客。我们一、同辈人，年岁相近；二、一个级别，都是研究员；三、他是治疗心脑血管病专家，我是心脑血管病老患者，他是我的益友良医，等待会面。

你的"全家福"不用加说明，我会认识，你（儿）子高你一头，你女儿长得很好，绕膝者是你的孙儿和孙女。你母亲不显老，你夫人长得年轻，你是一位大人

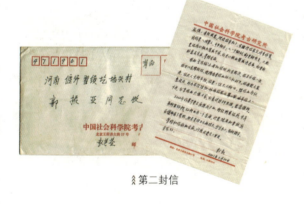

△第二封信

物也。给你的前信曾涉及，我如家住洛阳，将视你家为第二家，每年住上一个月，分享你的天伦之乐。我喜欢这种生活，思念偃师。

2000年我基本是在医院度过的，经过检查治疗，今年有明显好转。好转的另一个原因，就是振亚的来信，我在偃师有了寄托。缺点是体力不能持久，写字还小，有时错字。

等待和你们的会面。许宏就是去二里头。

全家好。

赵叔

2001年2月20日

（此信背面附注：来信寄到家中，一般不去考古所。上次写信可能还在医院，当时有其心，而无力。现在有其心，也开始有力，我力无穷。）

第三封

振亚：

咱们于4月27日分手至今已三周，十分想念。您们这次来京，了却30年的思念，意义重大，令人兴奋。可惜来京时我还在住院，没有任何招待，心里又实在过于（意）不去，很对不住你。特别是这次来京又请来你的舅父张鸿修老大夫，与吾治病，治疗"心病"，我受益颇多，十分感动，有工夫转

达我对张先生的谢意。

出院三周，现在全好，备函致意，

祝你们全家好，万事如意。

赵叔

（2001年）5月19日

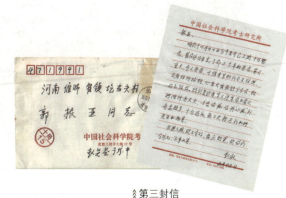

第三封信

徐旭生先生5月16日日记解读点滴[12]

1959年5月16日这一天，徐旭生先生发现了二里头遗址。其中日记中反映了很多信息，如人物、地名、当天的天气以及住宿地点，还有当时县政府下令停挖鱼塘、保护遗址的措施。为进一步厘清二里头遗址发现的真相，笔者将对徐先生1959年5月16日的日记进行解读。日记原文抄录如下：

十六日，早饭后与西生出到文教局，与一同志同出到文化馆，见一专管文物的高同志，看本县出土文物。后由高同志陪同，全体出到南三里余的高庄，寻古亳遗址，除西生在村中坑内得一鼎足外，余无所得（有汉代陶片）。往西走一二十里，未见古代陶片。过洛河南，渐见陶片。至二里头村，饮水（午饭在新寨吃）。后到村南里许，见前由五类分子劳动改造时所挖水塘旁边，殷代早期陶片极多。高同志由闻挖塘时发现古陶片，往视察，遂发现此遗址。塘挖未成，由县下令禁止续挖，保护遗址。村人言，此遗址很大，南北约三里许，东西更宽。村有一青年名赵法在，系高同志学生，得一石斧、一骨针、一汉代尖底罐。以前二件送本所。时已将五点，并闻雷声，北方云起，遂急归。大雨一阵，入村暂避。后太阳已出，但雨未全止，又冒小雨前行。过洛河，直到新寨，路还不难走（时雨完全停）。过新寨后，路极难走。泥黏鞋不能拨，遂脱鞋赤脚踏泥前行。本仅五六里，而天黑，泥大且滑，遂觉无限辽远！八点半到寓。

我对此日记内容的调查和解读如下：

1."酉生"即方酉生,时任徐旭生先生的助手,曾任武汉大学历史系教授。方酉生因此次调查,与二里头遗址结下了不解之缘,后来和二里头考古队首任队长赵芝荃先生长期在二里头遗址工作,也是二里头遗址第一部发掘报告执笔者之一。赵先生曾告诉我,该报告是由他、方酉生和李经汉三人共同完成的。此外,还有一助手,名叫黄石林。因报告署名只写发掘单位,因而封面作者仅有"中国社会科学院考古研究所",而不见个人署名。

2.日记首句中的"十六日"即1959年5月16日。从这一天起,二里头遗址始为世人所知,开启了具有划时代意义的夏朝及夏文化的探索。

3.日记中所说的"高同志",经多方调查证实,名叫高文让,云南人,那个时期他是部队转业的一位有文化的干部,被安排在地方工作,单位是文化馆(最老的公安局东邻)。根据日记中所写徐先生一行先到文教局再到文化馆,说明文化馆当时应是文教局的一个下属机构。高文让当时任文化馆馆长,他的爱人在县棉花厂工作,后高文让全家回原籍云南,具体地址不详。此情况由偃师文化馆韩文新同志的爱人提供,她当时与高文让在一个单位伙上吃饭。

4.高庄是偃师县城正南约一里地的一个村子,实际也是一处古遗址,传为高辛氏所在地。高同志把徐先生一行引领到高庄,方酉生还捡到一鼎足。这说明高文让是管文物的,他早就知道高庄是一处古遗址,然后才带领他们去的。当时像徐旭生这样的大师级人物,还是河南省人大代表到地方考察,地方官员绝不可能派一个不懂行的小兵陪同,一定是安排主管单位的领导陪同,这才符合当时的真相。偃师哪个地方有文物,哪个地方有古遗址,高文让一定是心中有数的。

5.日记中说"往西走一二十里,未见古代陶片。过洛河南,渐见陶片",并且有在二里头村饮水的记述值得考究。当时洛河以北是官道大路,一二十里,也正好到二里头渡口,因而在二里头过河的可能性极大。虽然当时沿线有新寨渡口、喂庄渡口,但根据文字所说过洛河渐见陶片,应是在二里头遗址过河到洛河以南的。

6."午饭在新寨吃":新寨是偃师县城以西的一个村子名称。

7."后到村南里许,见前由五类分子劳动改造时挖的水塘旁边,殷代早期陶片极多",经调查这个水塘是1958年"大跃进"时期"刮五风"的产物,名曰养鱼塘。经在本村调查,圪当头村当时的"青年队"成员郭建堂、郭才右等年轻人都参与过这一工程。与养鱼塘相邻的还有一个"万头养猪场",这些地点实际都属于遗址的组成部分。我曾访问挖塘的当事人,他们告知,塘壁上的陶片确实很多。

8.日记有"见前由五类分子劳动改造时所挖水塘旁边"一句,其中"见前"二字,可以理解为"见到前面",也可以理解为"以前"挖的水塘。不管怎样理解,徐旭生先生见到的一定是个没有人在现场的水塘,那他又是怎么知道这个水塘是"五类分子"挖的呢?这应该是高文让告诉他的,且徐旭生一行也是由高文让引领到这个地方的。高文让是县级主管文物部门的干部,对本地区的遗址分布状况一定做过许多工作。

9."高同志由闻挖塘时发现古陶片,往视察,遂发现此遗址",此句说明徐先生来偃师之前,高文让就已听说这里因挖水塘发现了古代陶片,遂前往踏查。经过向县领导汇报,才有了"塘挖未成,由县下令禁止续挖,保护遗址"。从这段日记的文字中,反映了主管文物的高同志对本职工作的认真负责,对偃师的古遗址是心中有数的。同时也说明偃师县的领导下令停挖鱼塘,文物保护意识是很强的。

10.日记中的"村人言,此遗址很大,南北约三里许,东西更宽",说明徐旭生先生当时调查了当地的老百姓,并进行了详细的询问。

11.从"由闻"至"送本所",系徐旭生先生听高文让介绍汇报当时遗址最早发现的情况。其中提到"村有一青年名赵法在,系高同志学生,得一石斧、一骨针、一汉代尖底罐。以前二件送本所",如果高文让不介绍,徐先生是不会知道这个小青年的名字和他上交文物的事情。关于赵法在其人,我曾在圪当头、四角楼、二里头三个村调查了解赵姓人氏。我了解的都是80多岁以上的老人,结果查无此人,根本就没有叫这个名字的。我相信徐先生日记中记录的这个赵法在一定确有其人,遂进一步扩大调查范围,把目标锁定在遗址东邻的喂羊庄村,终于有了结果。赵法在,1941年生,喂羊庄喂南村人,1958年"大跃进"时期,曾在肥料厂(所谓的肥料厂,其实只是用球磨机将杂骨粉碎后生产出"肥田粉")工作。赵法在去肥料厂工作是经喂羊庄村一个叫张永长介绍的,张当时是肥料厂的领导。那时喂羊庄村和圪当头、四角楼、二里头村都是翟镇公社下辖的行政村。肥料厂的地点就恰巧在二里头遗址1号宫殿西邻。后来肥料厂停办,此地又成了老拖拉机站。

这块地的归属权应为圪当头村所有。赵法在在肥料厂工作时,多数人没有文物意识。出了肥料厂的大门,前后左右随时随地都可以捡到一些古文化遗物,这也是很普遍的事情。同时肥料厂的位置和徐老见到的养鱼塘近在咫尺,仅有几十米远。赵法在完小毕业,且在村中担任过统计员,在那个年代算是有文化的青年人。因此,他捡到文物交给文化馆,应是可信的事实。我和赵法在见过三次面,此人今年81岁,面目白净,看上去很有知识分子的气质。遗憾的是,因2016年患脑梗,留下了记忆力减退的后遗症。我和赵法在先生谈话时,他还说了下面这段话:"时间长了,有些事记不清了,后来我在大口粮店工作时,灰嘴遗址需要人,把我抽去帮过忙。"这说明他对文物工作有一定认识,其水平被文物部门认可才会被抽去帮忙。由此可看出高文让向徐老汇报情况不虚,当是可信的。

12.日记的后一段很是感人,即"时已将五点,并闻雷声,北方云起,遂急归。大雨一阵,入村暂避……又冒小雨前行……过新寨后,路极难走。泥黏鞋不能拔,遂脱鞋赤脚踏泥前行",真实记录了当时因天气变化造成的徐老一行人踏查工作的艰难和辛劳,也成为后来一代一代的考古工作者

↟1950年代的二里头村

⚡2023年2月15日，赵海涛、赵朝琴（赵法在之女）、郭振亚、许宏（左起）相聚

的楷模和学习榜样。另有一点需要说明，徐老一行人去与回的路线行程，有一段是不相同的。去时在高庄顺老官道直到二里头渡口，而回来时则在塔庄村东有一斜路与老官道相交，可直接通往县城。此前凡是在塔庄过河往县城去的夹河滩的田间土路，每逢雨天，泥泞湿滑，鞋上粘泥，很难行走。因此，徐老在日记中才说"本仅五六里，而天黑，泥大且滑，遂觉无限辽远"。高文让熟悉道路情况，他不可能让徐老走到高庄再回县城，走的肯定是这条田间斜路，从"五六里"的距离上看也是符合实际情况的。

13.由日记最后一句"八点半到寓"可知，徐先生一行人走了3个多小时。此"寓"就是县委县政府的招待所，也就是现在的偃师迎宾馆所在地，条件很一般。

徐旭生先生无疑是当代学术界大师级的人物，青年时代在法国学习西洋哲学史，回国后又深入学习中国古代史。他和鲁迅、李四光、刘半农等名人多有交往，又曾任北京师大首任教务长。1959年5月从登封、巩县到偃师，一路进行"夏墟"调查，5月15日到达偃师。像徐先生这样级别的人物，地方政府的官员应该接待安排食宿和行程的，有关职能部门也应直接照头。徐老一行是搞文物调查的，自然有主管文物的高文让馆长陪同调查,这样调查就容易多了,不走弯路。在我看来,如果徐先生不和当地取得联系,没有当地同志的帮助,他是很难找到二里头遗址的。我们偃师有一句俗语——没有家鬼引不来大仙,这便是"家鬼"引来了外边的一位"大仙",最终才有了二里头遗址的重大发现。二里头遗址的发现,徐先生功不可没,名留青史。

而在这一重大发现的当日,徐老日记中出现的两个"小人物",一个是高文让,一个是赵法在,几乎没有人注意到他们。然而,如果没有他们两个人引见和上交文物的爱国之情,二里头遗址是很难被顺利发现的。因此,这两个"小人物"和徐先生相比,虽名不见经传,但贡献不可磨灭。

解读这篇日记的过程其实也和考古一样,我们竭尽全力地厘清当时的情境,最大限度地复原当时的真相,追溯每一个人的所作所为,哪怕他是一个普通人,也要给他应有的"位置"。

2022年9月

注释

1. 许宏:《许宏的考古"方"》,河南文艺出版社,2022年8月。
2. 李经汉(1937—2005),河北深泽人。毕业于北京大学,1962年进入中国科学院考古研究所(后隶属中国社会科学院),1976年调入天津市文物管理处,1984年在天津历史博物馆工作,后任馆长。曾参加河南洛阳王湾、二里头等遗址的发掘工作。代表作有《陕县七里铺遗址内涵再分析》《郑州二里岗期商文化的来源及相关问题的讨论》《关于博物馆科研工作的探索》等。

3.方酉生(1934—2009),浙江建德人。1956年毕业于北京大学。曾在中国科学院考古研究所洛阳发掘队工作,后任武汉大学历史系教授。先后参与河南洛阳二里头、汤阴白营,湖北曾侯乙墓等遗址的发掘工作。主要研究方向为夏商考古、考古学方法论。代表作有《试论汤都西亳——兼论探索夏文化的问题》《论登封告成王城岗遗址为禹都阳城说——兼与〈禹都阳城即濮阳说〉一文商榷》《田野考古方法论》等。

4.高天麟(1937—2023),浙江余姚人。1955年进入中国科学院考古研究所(后隶属中国社会科学院)工作,1956年参加第四届全国考古工作人员训练班,后任考古所第二研究室党支部书记。先后主持或参与陕西西安汉长安城,河南洛阳二里头,山西襄汾陶寺,河南商丘宋国故城等遗址的发掘工作。主要研究方向为早期夏文化研究、豫东黄泛区先秦时期考古。代表作有《黄河流域史前·夏商考古》《黄河流域新石器时代的陶鼓辨析》《关于庙底沟二期文化及相关的几个问题》等。

5.关甲堃,中国社会科学院考古研究所工作人员,曾参加北京琉璃河西周燕国墓地、元大都遗址的发掘工作。

6.郭天平,1953年生,河南偃师人。1972年初中毕业后进入中国社会科学院考古研究所二里头工作队,参与发掘和资料整理工作。1979—1982年配合赵芝荃整理二里头遗址发掘报告。1983年至今在偃师商城工作队,从事考古发掘、钻探、陶器修复、器物绘图等工作。2010年被聘为特级技师,2013年退休。参加过河南临汝煤山、永城王油坊、新密新砦、安阳殷墟等遗址的发掘整理工作。

7.中国社会科学院考古研究所:《偃师二里头(1959年—1978年考古发掘报告)》,中国大百科全书出版社,1999年。

8.郭宝钧(1893—1971),河南南阳人。毕业于北京师范大学。先后在河南省立南阳中学、省教育厅工作。1945年被聘为河南大学考古专业教授,后调入中国科学院考古研究所(后隶属中国社会科学院),任考古所研究员兼北京大学研究生导师,首届中国史学会理事。毕生从事商周考古与青铜器考古的研究。曾主持或参与河南安阳殷墟、浚县卫国墓地,山东章丘城子崖等遗址的发掘工作。代表作有《山彪镇与琉璃阁》《中国的青铜器时代》《商周铜器群综合研究》等。

9.邹衡(1927—2005),湖南澧县人。毕业于北京大学。1955年任教于兰州大学,1956年调任北京大学,后任该校考古文博学院教授、新石器时代—商周教研室主任,中国殷商文化研究会副会长,中国考古学会常务理事。从事商周考古、新石器时代考古研究,对商周考古工作有开拓之功,被誉为"商周考古第一人"。

先后主持了河南洛阳王湾、山西天马—曲村等遗址的发掘工作。代表作有《夏商周考古学论文集》《夏商周考古学论文集（续集）》《天马—曲村（1980—1989）》等。

10.中国社会科学院考古研究所：《二里头陶器集粹》，中国社会科学出版社，1985年。

11.赵海涛，1976年生，河南南阳人。先后毕业于山东大学、中国社会科学院研究生院。2002年入职中国社会科学院考古研究所，为副研究员。2002年开始参加二里头遗址发掘，2021年至今任二里头工作队第四任队长。曾主持或参与河南洛阳二里头、偃师商城，山东平阴周河等遗址的发掘。代表作有《二里头（1999—2006）》《二里头遗址二里头文化四期晚段遗存探析》《二里头都邑聚落形态新识》《营国城郭　井井有序——二里头都邑布局考古的重大进展与意义》等。因其在二里头遗址考古工作中的突出贡献，2024年被授予"偃师区荣誉市民"称号。

12.郭振亚先生作为二里头遗址的守护者，在工作之余撰写了多篇介绍与研究二里头遗址的文章，常言以此自娱。他的文章多以本土视角，写和遗址相关的家乡之物、身边之人，读来别具一番启发。经郭振亚先生同意，选取《徐旭生先生5月16日日记解读点滴》一文收录书中，以飨读者。

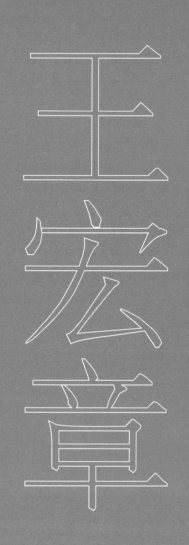

我有一生的事业，也有潇洒的一生

亲历者:王宏章

采访者:张飞

访谈时间:2021年6月6日夜

访谈地点:二里头考古工作队值班室

亲历者简介:王宏章,男,二里头村人,1963年1月出生。1969—1977年在二里头学校完成小学与初中学业,1977—1979年在偃师县第三高级中学完成高中学业。1980—1983年在二里头农机站工作。1984年至今任职于中国社会科学院考古研究所二里头工作队。工作期间参加了河南洛阳二里头、偃师商城、安阳黄张南水北调、郑州站马屯,新疆新源那拉提汉代古墓群等遗址的发掘,并参与中美商丘豫东考古,中、澳、美伊洛河流域考古调查项目。现为中国社会科学院考古研究所特级技师。

早在到二里头之前,我就在相关书籍与电视节目中见过王宏章老师,对他的工作能力有所耳闻。2020年5月我第一次在二里头田野实习,也是在那次实习中我开始正式接触王老师。他在二里头考古队工作已超过30年,是队里的"三朝元老",那张饱经风霜的脸最初便给我留下了一种淡定的"泰山崩于前而色不变"的感觉。

　　第一次田野实习期间,虽然我与王老师不在同一个发掘区,但由于赵海涛老师让我及时记录一下整个工地的重要遗迹或遗物现象,所以我每天都必须到各个发掘区询问发掘进度,因此有了很多与王老师接触的机会。在那几个月的发掘中,王老师的发掘区进展最快,发现了不少路土与夯土墙,这对于解决二里头遗址的布局问题有着重要意义。在各种遗迹中,路土与夯土是最难辨识的,稍不留神就会挖错甚至挖没,寻找这两种遗迹是一项极具挑战性的工作。每次到工地,我和其他实习的学生都要向王老师请教怎么辨识路土与夯土,他每次都会很耐心地手把手教我们。在王老师的教导下,虽然我们仍未练出准确辨识路土与夯土的能力,但碰到疑似的现象,我们都会停下手铲,这样便确保了重要遗迹不被破坏。在发掘的时节里,王老师就像个消防队员,不管哪个发掘区出现了"火情",他都会被叫过去解决问题,他那辆棕色的小摩托整天不知疲倦地在田野中穿梭。

　　2020年冬天,我第二次到二里头遗址进行田野考古发掘。这次的发掘区恰好属于王老师主管，我开始完全在王老师的指导下学习。也是在这次发掘中，我进一步地认识到王老师高超的田野发掘水平。除了准确辨识遗迹、厘清打破关系、准确记录信息，王老师更加难能可贵的地方在于他的大局意识。在发掘中，他的眼睛从来不只看一个探方[1]，而是关注着整个发掘区、整个遗址。这次发

⋀ 2020年，王宏章在工地探方内画地层线

掘的主要任务仍然是寻找对解决整个遗址布局问题来说至关重要的道路与墙体，但发掘实际进展并不顺利，所发现的路与墙大多不成规模或者方向不对。鉴于这种情况，不断布设新的探方进行发掘是唯一的解决办法，而开新方要对整个遗址、本发掘区现有发掘成果、周边勘探结果有通盘认识与思考，才能选择最有可能出现路土、夯土的区域作为布方地点。这项工作多数情况下需要与王老师探讨后再进行，而且常常能以最小的发掘量获得最大的回报。到我的这次发掘实习快要结束的时候，王老师果然找到了两条几十米长的道路，让参与发掘的我无比佩服。

再后来到了室内整理的阶段，王老师在辨识器型、分期断代上的能力同样让人"叹为观止"。在王老师手中，基本没有识别不出的器型、断不了的期别。他常说在识器断代这一基本功上，陶质、陶色、纹饰、形制、工艺都是判断的重要标准，综合多个标准才能做出相对准确的判断。在学校学习的时候，老师也跟我们说过这些，但在二里头的实习使我有了更多摸着实物请教的机会，我算是第一次真切感受到多标准分期断代的实用性与科学性。在整理中，王老师强悍的记忆力也给我留下了深刻的印象，他经常会拿着某个器型告诉我，多少年前某个发掘区的某个灰坑出了同样的器物，连灰坑号

都记得。有时候我会请教他对于某个发掘区某重要遗迹年代的看法，他很快便能回想起该遗迹的发掘经过、堆积情况、与其他遗迹的关系、遗物出土数量等一系列信息。他简直是一台信息存储器。

生活中，王老师是公认的整个二里头考古队里最潇洒的人，没有之一。王老师特别喜欢唱歌，碰到自己喜欢的歌，他会反反复复地唱。队里都记得那年他迷上了刀郎的《2002年的第一场雪》，于是他把这首歌整整唱了一年。我在二里头的这几年，王老师最爱的歌是《可可托海的牧羊人》，每次工地休息或者在露天KTV唱歌的时候，都能听到他深情地演唱这首歌。久而久之，来到队里的实习学生几乎无人不知此歌，并且都能和王老师对唱几句。王老师一旦进入演唱状态，任何外在事务都干扰不了他，面部的表情、身体的动作都会随着歌曲情绪与内容而变化，仿佛他在青春年少的时候也有飘落的黄叶未能珍藏、心爱的姑娘无法挽留。队里面无论是老师还是同学，都称王老师是"二里头歌神"，可谓名副其实。2022年春天我再去二里头的时候，竟发现王老师给自己购置了一套移动卡拉OK设备，他常在傍晚拖着设备到工作队或公园里放声高歌，还会邀请我们学生跟他一起唱歌。住在王老师隔壁的学生经常晚上十一二点还能听到他动情的歌声。

△ 2020年元旦之夜，王宏章（右）放声歌唱，老队长许宏是认真的倾听者

王老师还喜欢看电视，只要他在队里守夜，电视机也会一夜无眠。他最爱看抗战剧，不管是正剧还是神剧，他都看。我每次去他屋里请教问题的时候，他一定在看战争剧。他和我们一样爱追剧，一追起来完全控制不了自己，深夜12点我仍能听到电视的声音实属家常便饭。有

时候我会想，王老师年纪也不小了，怎么还能这么折腾！但转念一想，或许这就是他的人生态度吧，"人生得意须尽欢"。

来工地实习的学生特别喜欢跟王老师一起吃饭，因为他比年轻人还年轻。学生们喜欢吃的，他也喜欢，烧烤、火锅、啤酒都是王老师的所爱，他完全不像一个即将退休的人。饭桌上他会与我们聊起脑中那无穷无尽的故事，那些关于国内外很多著名考古学家的故事，这些考古学家我们或见过，或没见过但名字早已如雷贯耳，或既没见过也没听说过的。由于他是这些人与事的亲历者和参与者，所以讲述起来绘声绘色，有很多细节彩蛋，我们听得亦是津津有味。我记得王老师讲过刘莉老师特别讲究，野外调查时基本不在饭店吃饭，都是自己带馒头或方便面。也听王老师说过华翰维热爱考古，如何努力工作，手绘的草图可达到出版的标准，坐在车上的时候也不间断写工作记录。与王老师聊天，我们完全不用顾忌所谓的师生关系，没有一点代沟。

ⵌ2021年秋，下工后王宏章（右）在工作队小院兴致勃勃地烧烤

2021年夏天的一个晚上，我决定对王老师进行访谈，便去街上买了一堆烤串、几瓶啤酒，把王老师请到我的房间，王老师一边吃喝一边回忆他多彩的过往。我想，对王老师这般潇洒的人进行采访，也应当用一种轻松的方式，而这是彼时彼地我能想到的最贴切的方式。我们所有人都敬佩王老师"择一事尽一生"的坚守，更羡慕他那"朝气蓬勃"的人生。

采访者:王老师,您好。您是什么时候加入二里头考古队的？是什么样的机缘让您选择来考古队工作？

王宏章:从1979年开始,我就一直在农机站工作,日子过得也还凑合。后来我买了一辆旧车,是一辆二手拖拉机,一次,我开拖拉机拉了一车砖,下陡坡的时候,由于拖拉机的刹车是坏的,我就直接从上面滑了下来,撞到了路旁的一个大土堆上,车翻了,整个车厢都被土盖住了。我当时吓得不轻,不过幸好自己没出什么事。那次小事故后,我就不想继续在农机站干了,因为赚不了什么钱,还有危险。刚好这时候考古队招人,我就报名了,没想到就考进来了。当时和我一起被录用的有9个人,到了今天,只有我一个人还留在二里头考古队。

采访者:当时进考古队要考试吗？考试内容是什么？

王宏章:对,是要考试的。考试分两科,一科是语文,一科是专业课。语文是让你写一篇小作文,作文题目是啥我现在已经忘了,反正就是随便写写。至于专业课,要看你报什么岗位,我那时报的是考古摄影,于是便让我拍一两张文物照,看看照片清晰度。

采访者:考试题目是社科院考古所统一命题吗？

王宏章:不是考古所出的题,是郑光先生自己出的题。我们那时候都属于临时工,不属于考古所,都轮不到考古所出题考我们。

采访者:您最开始到考古队主要从事什么工作？

王宏章:一开始就是发掘,跟着杨国忠[2]老师、张国柱[3]老师学发掘。杨老师那时候是工程师,他没有文凭,但他发掘技术很好。除了杨老师,还有徐殿魁[4]、冯承泽[5]以及汉魏队的一个老师,他们都是副研究馆员,都有一技之长,有的后来还成了大家。当时我们那一批技工被分在不同的发掘区工作,主要是Ⅴ区和Ⅵ区。我的运气算是比较好的,刚开始学发掘就挖到了一座铜器墓。

采访者:大家都说您是一位"多面手",发掘、清理、钻探、摄影、修复等一系列考古技能,您都会。这些都是您当年跟杨国忠、张国柱两位先生学的吗？

王宏章：确实是这样，我除了不太喜欢画器物图，因为我坐不住，其他都能干。工作队的水电也是我修理，车子也是我开。发掘最主要是跟着杨国忠先生学习，后期郑光先生也具体指导过，其他很多技能都是我自学的。对了，开汽车是郑光先生安排学习的，考古队运送文物、接送专家要用到汽车，所以让我去学了开汽车。那时候考驾照很麻烦，我前后学了半年。

采访者：除了以上这些技能，您也是辨识陶片的高手。平时拿起一片具有器型的陶片，您就能分型定式、判断期别，这是郑光先生教您的吗？

王宏章：这主要是郑光先生教的。当年整理陶片的时候，他一直和我们一起扒陶片，一片一片看。他边看边讲，我们也随时发问。我们那时刚开始看陶片，很多陶片都认不清，只能靠他解答。再后来，发掘多了，整理多了，自然就有了经验了，辨识陶片便成了基本功之一。不过我们那时候认陶片、分陶片不叫分型定式，就是按照器物的形状进行分类，比如器盖，就是根据器钮分成蘑菇形、平顶形、塔形等。

采访者：听说当时郑光先生的陶器分期特别细致，很复杂，是这样吗？

王宏章：对，就是特别细，很长一段时间我们只能看出大期，期里面的小段看不准。举个例子，比如二里头文化四期分早、中、晚三段，四期中段里面还继续分早、中、晚三小段，其实很多都是很细微的变化，不好把握。这些分期分段普通人根本看不出来，我们也是干了好多年之后才逐渐掌握。

采访者：那您现在觉得划分得那样细科学吗？

↑1988年，著名考古学家张光直在二里头遗址考察，左起：郑光、徐苹芳、张光直、许景元

王宏章: 这怎么说呢? 还是有可取之处吧。比如,有些东西你把它放到二期早段它偏晚,你把它放到二期晚段它偏早,就需要把它放到二期中段。所以说,我个人觉得,一期不多分,分个三段就可以了,它们之间确实有变化,当然一期分成九段实在太多了。后来许宏、海涛在编《二里头(1999—2006)》时所进行的陶器分期,实际上和郑光先生的差别也不是很大,基本上都是在郑先生的标准上做一些小的调整。

采访者: 从1984年加入考古队,您就一直跟着第二任队长郑光先生进行发掘工作,能否回忆一下,当时有哪些重要发现?

王宏章: 我自己觉得特别重大的发现不太多,因为当时我们很少有大规模的发掘,都是为了配合基建的小规模发掘或挖墓,没有多少带有学术目的的主动发掘。不过我们当时发掘出来的东西倒是不少,因为钻探到重要遗物就直接给发掘了,比如我们在Ⅸ区钻探时发现了青铜器,当时就开始进行发掘。那时候没有RTK、没有全站仪,找到了就要准备发掘,不然时间久了便找不准地方了。另外,如果消息走漏,社会上一些闲散人员可能就过来给你挖了或者破坏了。

采访者: 除墓葬之外的其他发现呢?

王宏章: 还有铸铜作坊、制骨作坊的发现,不过发掘铸铜作坊的时候我还不在。制骨作坊最重要的发现就是"万宝坑",这个坑就在我们工作队现在菜园那个位置。"万宝坑"里最主要的器物就是骨料,大概有一卡车,10吨左右吧。除骨料之外,可复原的陶器有一百四五十件,骨器也很多,还有个别绿松石。当时整理陶片的时候,就这一个坑的陶片铺满了考古队的半个院子,很壮观。因为东西多,所以我们私下叫它"万宝坑"。还有一个令我难忘的发现,就是在考古队院子大门旁的一座墓葬,编号是M57,里面发现了铜器,比如铜爵。

采访者: 您现在回忆起20世纪80年代初到90年代末二里头考古的各项工作,觉得有什么不足之处吗?

王宏章: 那肯定有不足之处,最主要就是遗迹拍照太少、遗迹没有坐标定位。除了墓葬,大部分灰坑都没有留下照片。很多重要的遗迹现象很难保留下资料。那时候也不像现在这样有全站仪、RTK对遗迹进行坐标定位,一次发掘结束之后,很难再准确地找到某个遗迹的位置。夏商周断代工程时,为了解决二里头遗址的年代问题,我们准备把以往已发掘的一些重点遗迹揭开,重新卡定年代,但找起来很费劲。不过,这都是时代原因导致的,怪不了考古队。

采访者: 照片太少,是因为胶片缺乏吗?

王宏章: 对,就是因为胶卷太少。那时候一年只有4卷彩胶,做幻灯片的反转片只有2卷。1卷彩胶只能拍12张照片,一年顶多也就不到50张照片吧,所以当年的探方从头到尾都没有一张照片。1995年在洛河堤岸发现了二里头文化时期的车辙,当时的发掘负责人岳洪彬想要给车辙拍照,但是没有胶卷。

采访者: 当时考古队的生活条件如何?

王宏章: 我们这些技工当时都是回家吃饭,就郑光、杨国忠、张国柱他们三人常年在队里吃。那时候吃饭很简单,就是一碗菜、一个汤,加个馍就妥了,肉很少。

采访者: 那您和其他技师在八九十年代的工资水平怎么样?

王宏章: 我们刚来的时候工资是一个月45块钱,这个工资水平一直持续了五六年,1991年左右提到了60块。45块钱在当时相当于普通工人的水平,比考古工地的民工工资高。民工在工地干活是由生产队记工分的,一天一般10个工分,不到1块钱。我们最大的提档是在1999年,工资突然涨到了1200~1500块钱,具体数字我记不清楚了。这是许宏来之后的事。这个工资水平后来又持续了不少年。

采访者: 我有个疑问,为什么记了10个工分不到1块钱,1个工分难道不是1毛钱?这是怎么算的?

王宏章: 不是这样算的。记了10个工分不会给你1块钱,那时候来考古队干活的民工,一般都是村里调皮捣蛋的人,来考古工地也不好好干活,所以生产队一般不会给他足额的钱,大部分情况下给个五六毛钱。

采访者: 听说郑光先生还派您到北京学习,当时主要学习什么技能?

王宏章: 到北京主要是学习洗照片、拍照,就在社科院考古所的照相室。培训我的人一个叫赵铨[6]，一个叫姜言忠[7]，是照相室的主任和副主任。他们那时候在全国很出名，拍照技术厉害着呢！现在已经没有照相室这个机构了，拍照变得越来越容易，自学也可以。

采访者：您与郑光先生相处近20年，能客观评价一下郑先生吗？

王宏章：他这个人啊，怎么说呢？他不喜欢与人交流，只管学术，是个很传统的知识分子。他一直觉得自己很行，基本上是不会求别人的，所以一般考古队发掘涉及包地、赔钱这类事情都是我去弄。他绝大部分情况下是啥事不管，只知道看书、写文章。他在做学问方面很投入、很努力，你去卧室找他，他基本都在看书。他晚上是不睡觉的，看书、写文章累了就趴在桌上睡一会儿，醒来继续看。他床上的被子永远都是方方正正的，没有动过，因为他很少上床睡觉。他读书确实很多，号称"考古所文献第二"，第一是夏鼐[8]，在这方面我很佩服他。

采访者：据说郑光先生对偃师、对二里头的感情很深，退休的时候不愿意离开，是这样吗？

︽二里头工作队小院的这块石头，当年由郑光先生亲自挑选，上面题刻"朝天蜀圭植洛璧，镇中磐石定乾坤"（晓尘摄）

王宏章：是这样的。他在这里工作了这么多年，二里头考古队的小院更是他一手弄出来的，他能愿意离开吗？你别看考古队小院现在不怎么样，当时郑先生可是花了大心思的，他亲自找华南理工学院的专家设计。院子建成之后，他还特意去四川买了一块观赏石放到院子里，就是花坛前面那块形状像"玉圭"的大石头。石头上的对联"朝天蜀圭植洛璧，镇中磐石定乾坤"是他亲撰的，字是找南阳的雕刻师傅刻的。院子里的不少景观都有独特的寓意，具体的我说不清楚。总之,他把这里当成家,想一直住下去。

采访者:郑先生在二里头工作的时候,他的家人经常过来看他吗?

王宏章:很少来,我印象中基本就没有来过。哦,他孩子来过,他夫人没有来过。

采访者:1999年许宏老师来到二里头接任第三任队长,您感觉他的工作思路跟郑光先生有什么不一样?

王宏章:许宏队长主要是为了找城,找宫城。他刚来的时候,就把赵芝荃先生的报告仔细研究了一番,然后开始找遗址的边缘。确定了遗址的边缘地带后,他开始琢磨二里头的布局。反正他有自己的思路,告诉我们怎么干,最终我们一起找到了宫城。宫城找到后,尤其宫城城墙和井字形大路确定后,一件大事就完成了,再后来就开始挖宫城里面了。另外,他要求比较严,那时候我们每个人写的发掘记录必须让他看,他给我们提出建议,我们就必须改。就这样,改掉了很多不规范的地方。他来之前我们的记录写得很随便,很简单,不少东西都没写进记录里。

采访者:发掘时画的图,许宏老师也会仔细检查,对吧?

王宏章:图也是一样的,每一张图他都要仔细检查,不管发掘时画的遗迹现象图,还是丛苗画的器物图。他的博士论文里很多图都是他自己画的,他对图的要求确实严。

采访者:许宏老师在任时有很多重要发现,您个人感觉哪一项发现最为重要?

王宏章:那肯定是宫城的发现,也就是宫城城墙和道路。绿松石龙形器都不算。宫城城墙和道路是他最得意的发现。

采访者:宫城城墙和道路为什么这么重要?

王宏章:因为它最早啊!

采访者:我知道宫城的发现过程很有意思,您能跟我们讲讲吗?

王宏章:这个说起来话长。最开始许宏翻以前的钻探发掘记录,找到了一些宫城道路的线索,然后就领着我们把宫城的东边大路找到了。在找宫城大路时又发现了2号宫殿的东墙,我和淑嫩(二里头工作队技师,详见后文访谈)两个人就开始追2号宫殿的东墙,我往北追,她往南追。我挖得比较快,不久在2号宫殿东墙北部发现了一个圆形的拐角,跟宫殿西北角、西南角的直角不一样。那时候我们很疑惑,为了解决这个问题,我们就布了一个探方,我记得是T34。通过发掘这个探方,发现这个圆形拐角的地方有一个缺口,大概宽2米,缺口的地方全是路土,于是我们明白了,这是一个门道。在这个门道发现后不久,淑嫩在2号宫殿东墙往南的方向也发现了一个门道。这两个门道后来证实就是宫城东墙上的城门,一点不假。其实那个时候,2号宫殿的整体已经出来了,但2号宫殿的东墙还要往北往南延伸,我们便继续往北往南追,一边发掘一边钻探,最终我们发现了宫城的东北角,明白了2号宫殿的东墙其实是借用宫城东墙。这个宫城的东北角是目前保存最好的一个宫城拐角,是直角,其他拐角都被破坏了。找到了宫城东北角,宫城也就找到了。反正这个过程挺复杂的,我也不知道我有没有说清楚,就这样。

采访者:我大致能明白。王老师,我听朝鹏哥(二里头工作队技师,详见后文访谈)说二里头遗址1999—2006年发掘报告的整理过程非常辛苦,非常枯燥,甚至痛苦,您能讲讲当时的整理过程吗?

△2018年5月,许宏、赵海涛、王宏章(左起)在发掘现场讨论遗迹现象

王宏章:主要是朝鹏吃了很多苦,尤其是报告整理的最后阶段,他们都被拉到北京加班加点整理,基本没有休息。那时候赵队要求特别细,器物描述反复改动,还要一点点找错别字、对数字,花了大量的时间。不断有修改的地方,确实让人崩溃。朝鹏在北京待了两三个月,我待了一个月,他那时候很吃苦是肯定的。

采访者:《二里头(1999—

2006)》⁹这部报告确实非常厚重,资料公布详细,各种遗迹遗物描述非常准确,得到了学术界的广泛认可,老师们都功不可没。

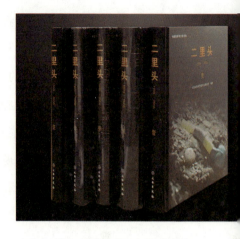

王宏章：确实是费了很大工夫。就拿陶片来说吧,我们整理报告的时候,把以前发掘的所有陶片全部拿出来重新看,一片一片看。梳理各种遗迹之间的打破关系,也十分枯燥,遗迹太多了,让人头痛。

采访者：二里头的工作这么繁重、辛苦,平时队里会组织一些娱乐活动给大家放松一下吗?

王宏章：娱乐活动很少啊,许队和赵队主要工作就是发掘、写作,没组织啥团建活动。许队在的时候带我们出去旅游过几次,华山、王屋山、云台山各去了一次,去日照看过一次大海,几十年就这几次,没啥休闲活动。哦,对了,有一段时间许宏的师弟、台湾的吕世浩¹⁰老师来二里头实习,晚上我们偶尔会打扑克。像唱歌、打球这种活动,队长们都没啥兴趣。

采访者：那确实没什么娱乐活动,真是辛苦。再说回您吧,我听说除了二里头遗址,您还参加过很多其他遗址的调查与发掘工作,哪些经历让你难以忘怀呢?

王宏章：其实也没参加多少。1997年我参加了张光直、荆志淳那个豫东考古调查和发掘¹¹,后来参加了巩义的区域系统调查工作¹²,再就是属于安阳南水北调工程的黄张遗址发掘、郑州站马屯的考古发掘¹³,最后就是新疆那拉提大草原一个墓葬区的发掘。最难忘的就是那次新疆发掘,刚到宾馆,丛苗、淑嫩的背包就让人给偷了,衣服、钱、画图工具啥的都没有了,可以说是非常背了。我们在那里待了两个月左右,白天光照特别强,很晒,晚上宾馆又潮又冷,很不习惯。不过吃得很好,主要是肉,蔬菜就是胡萝卜、洋葱、番茄,没啥其他蔬菜。

采访者：据说二里头发掘用的刮铲就是您在新疆发掘期间发明的,现在全国不少考古工地都在用,是吗?

王宏章:是的。那时候我看见当地人用来锄草的一种工具,有点像锄头,但刃很宽很平,我就想这个发掘时用来刮面肯定不错啊。我就试了试,结果发现刃太厚,刮起来很费力。后来我把前面锄头的部分换成了锯木头用的那种宽锯片,还是厚了点。虽然可以打薄,但锯片太长,成本也挺高。再往后就把前面的锄头换成了菜刀,菜刀的刃够宽够薄,刮起面来非常好使,菜刀还便宜。慢慢地,很多考古工地都开始学习使用这种工具,你们山东大学也在用。现在大家都叫它刮锄——专门用来刮面的锄。

采访者:刮锄确实是神兵利器,应该申请个考古专利。那您去过的这些考古工地,您觉得它们跟二里头遗址相比,复杂程度以及工作方法上有什么不一样吗?

王宏章:就复杂程度来说,我还是觉得二里头遗址最复杂。只要在咱们二里头干过几年的人,到其他考古工地基本都没有问题。二里头遗址的宫殿区打破关系相对简单些,那些普通的生活区,灰坑、路土、墓葬搅在一起,你没有个三五年功力,肯定整不明白。很多来二里头遗址实习的研究生,在工地待了几个月,还是一头雾水。其他的遗址,如果是基建遗址,一般情况下不会太复杂。像我挖过的安阳黄张遗址、郑州站马屯遗址都以墓葬为主,很容易。要说工作方法,我就说实话了,我们二里头的发掘非常细致,别的工地相对而言比较粗。很多遗址的发掘都是用铁锄挖土,一锄都能挖二三十厘米,我们都是用小耙子,3厘米、5厘米地往下挖。当然,可能很重要的原因是很多工地都是基建项目,比较赶时间吧。

❀多种发掘工具,从专用的手铲、耙子到刮锄,都是发掘利器(蔡小川 摄)

采访者:跟您一起来二里头队工作的技师,很多都已经离开二里头队,或是去其他考古工地了,或是彻底不干考古了,您为什么一直坚守在这里?

王宏章:这个怎么说呢,首先,我自己家就是二里头村的,在这里工作离家近,可以照顾家里。其次,他们离开二里头队基本都是因为工资太低,而我的家庭条件相比他们要好一些,所以我那时候觉得挣钱少点就少点吧。再就是，离开的那些人当中，也有觉得考古太累、太枯燥，所以不干了。我还是比较喜欢这个职业的。

采访者：听说曾经有美国人邀请您去国外参加发掘，有这回事吗？

王宏章：嗯，有这回事，不过是个澳大利亚人，我现在连他的名字都忘记了。他当时说让我跟他出国干，长年的那种，不过我说我家里事多，走不开。这个事情后来就没有下文了。他也有可能就是开个玩笑吧。

采访者：您在中美豫东考古项目、洛阳盆地中东部区域系统考古调查项目中，一定接触过不少国外的考古学家，您觉得他们跟我们中国考古学家有什么区别吗？

王宏章：区别还是有的，国外的考古学家比我们还要细致。大概是因为他们对中国的遗址不太熟悉吧，所以他们特别谨慎，生怕挖错。比如偃师灰嘴这个石器生产遗址，外国专家差不多每挖十几毫米就要画图拍照，一个月只挖个十几厘米都正常。这

△ 2000年，洛阳盆地中东部调查队在康北古城，左起：陈星灿、王法成、魏鸣、王宏章、刘莉、Kim Watson、Geoffrey Hewitt、Anne Ford

个遗址每刮一次都会不一样，石片废料特别多，每刮一次都有新发现，所以就要不停地拍照记录，进展非常慢。我就跟他们说，假如我们平时都这样发掘，得花好多好多钱，经费肯定不够。你要知道，1999年以前我们的考古经费一年才3万块钱。

采访者：他们还给您留下了哪些深刻的印象？

王宏章：国外的考古学家比我们会享受，洗脚、按摩是很常见的，干累了或者不想干了就休息，不像我们，不到下雨不会休息。当然，他们很多人工作能力也很强，刘莉[14]就很拼，是个女强人，不过她其实是中国走出去的。还有就是Henry[15]，我对他印象很深，他对中国地图比我们中国人还了解，是真的热爱考古。有时候我们调查到了一个地方，其他人都还没整明白哪里是哪里，他很快就搞清楚了。他可以说中文，说得还不错。

采访者：Henry是一个了不起的考古学家，我听过不少关于他的故事。我们再回到二里头吧，最近10年您感觉二里头遗址的发掘与研究有没有出现一些新的变化？

王宏章：最主要的变化还是来自科技考古的发展，90年代的时候根本没啥科技考古，我们在田野发掘时也很少关注科技考古的材料。现在我们发掘，采集浮选土样、地质土样、植硅体土样都是常有的事。还有了实验室考古，重要的墓葬都拉到实验室清理，不少以前不认识的东西，通过测成分就可以认出来。但我觉得有一点不好，就是很多科技考古的材料拿走了之后，好多年都出不来结果，队长他们都很着急。

采访者：赵队说您在考古发掘中，不但知其然，还知其所以然。也就是说，不但知道怎么挖，还知道为什么要这样挖。这仅仅是工作经验

↟2020年6月，王宏章(中)、王丛苗(左)在发掘勘探现场

吗？还是您有其他的秘诀？

王宏章：这个主要是宫城发掘对我的影响，寻找宫城道路、城墙是个很不容易的事，要思考它的布局，要根据已有的线索去推测地下的遗迹现象，根据自己的推测去布方。从那以后，发掘的时候我就开始有了自己的思考，不是说碰到一个遗迹就挖一个遗迹，而是要考虑它跟周边遗迹的关系。现在我们还在解决二里头遗址布局的问题，我必须多动脑子，要想着怎么能少挖一点探方，又能解决需要解决的问题。少挖点探方不仅能省时，还能省钱。

采访者：您现在正带着"夏文化考古研究"研修班[16]的学员们实习，也接触过不少著名考古学家，您一定知道在中国考古学界引发长期争论、牵动国人心弦的"二里头遗址是不是夏都"这个问题，您怎么看？

王宏章：说是夏可以，说不是夏也可以，谁都不能说服谁。现在也没有文献说二里头就是夏，也没有在二里头发现文字，你说怎么可能有定论？我就是个搞发掘的，我不知道我说得对不对。

采访者：没关系，大家都可以谈夏。在当下，我们能够知道二里头遗址当初是如何辉煌璀璨也许更重要，至于是不是夏，可以留待考古学家们继续探索。

王宏章：是的。不过，二里头村不仅在4000年前那么辉煌，我们村在几十年前也风光过，只是现在没落了。

采访者：怎么说？

王宏章：你可能不知道，我们二里头村在20世纪七八十年代的时候曾经出过王永焕、王中岳两位

≫2021年寒冬，王宏章（右三）和队员们在工地烤火取暖

全国人大代表，那可是轰动了整个洛阳。那时候我们村先是在老支书王永焕的带领下办了一个大型的溶剂化工厂，主要生产各种化工溶剂，尤其是漆料。那个厂原来就在洛河河堤上，离我们去年发掘的地点不远。后来继任的支书王中岳通过招商引资，在村里办了一个中英合资的乳酸菌厂，产品主要供给医院。毫不夸张地说，当时在偃师，我们村的经济是妥妥的第一，除了刘庄村，没有其他村能对我们村的地位造成威胁。由于经济好了，七八十年代之交的时候，我们村盖起了统一的两层楼房，每家只要交两三百块钱就能盖上两三间房子，一半以上的费用都由村里出，现在村里还有当年盖的房子。我们村那时就有敬老院、卫生院，家里基本都装了自来水，村里还有柏油马路。那时候我们村得了省里和国家的很多荣誉，我都记不清了。

采访者：为什么这些工厂会选择到你们村里来？

王宏章：主要还是老支书王永焕比较有远见吧。那时候我们村有一个人在兰州办化工厂，搞得风生水起，老支书就去找他，希望他能够回来为家乡做些贡献，发展家乡经济。虽然那个老板当时已经退休了，但是人脉还在，被老支书的诚意打动，决定给我们村拉投资，建工厂。乳酸菌厂是因为我们村当时经济已经比较好了，王中岳又是全国人大代表，村子的名气很大，自然而然就到我们村了。

采访者：为什么后来这些工厂都倒闭了？

王宏章：主要是人心散了的缘故。1984年我们村开始搞土地承包，那时大家就开始搞自己的事了。说白了就是在那种大环境下，个人主义兴起了，很多人开始自己买漆料，回家自己灌装，工厂就没有什么竞争力了。

采访者：王永焕与王中岳两任支书跟考古队的关系怎么样？

王宏章：老支书王永焕跟郑光先生关系比较好，但是他们之间具体的交往情形我不太了解。王中岳是个好人，名望很大，大家对他评价都很高。他跟考古队关系非常好，很支持文物考古工作。咱们队的基地就是王中岳任支书时盖起来的，我们选好地，他负责跟村民们谈。工作队占地5亩多，当时只花了45000块钱，平均一亩地不到1万块。要是搁现在，一亩地没10万块根本拿不下来。王中岳跟杜金鹏[17]老师的关系也很好,80年代末的时候,他与杜老师共同商讨,向全国人民代表大会提交了一个尽快开发二里头遗址、对遗址进行展示利用的建议。虽然这个建议最后没有被采纳,但这个想法在当时是超前的,是我国最早的考古遗址公园建设方案。

采访者:真是了不起!如果我有机会采访两位老书记就好了,可是斯人已逝,令人遗憾……

王宏章:王中岳已经走了十来年,老支书王永焕走得更早。人总是要死的,能被人记下来就很好了。

采访者:是的,被遗忘才是真正的死亡。我们继续下一个话题,二里头发掘60年的时候,二里头夏都遗址博物馆、考古遗址公园都建成开放了,您觉得遗址博物馆的建成给附近村庄带来了哪些影响?

王宏章:好的地方和不好的地方都有。好的是给村民们提供了一个休闲娱乐的地方,吃完晚饭可以去公园里散散步,唱唱歌,夏天可以到博物馆里乘凉。还有就是,把咱们这个地方的名气提升了,来玩儿的人多了一些。不好的是把村里的房子给扒了,一直没有按期建好,一拖再拖,孩子们结婚都没有房子住。

采访者:王老师,您的孩子王飞现在也在二里头队工作,既是摄像师、测绘员,又是司机,也跟您一样是个"多面手",他是受您的影响吧?

王宏章:他应该是受我影响。他一开始根本不喜欢考古,技校毕业之后就去南方打工了,干一些和计算机有关的工作,干了几年感觉不是很如意,吃了不少苦,我也不想再让他去了。我就让他跟丛苗(二里头工作队技师,详见后文访谈)学画图。但他学了两三天,觉得太枯燥,不愿意干。再后来他就开始学习照相、航拍和测绘。他本身比较内向,不愿意跟人交流,这些东西都是他自己摸索学会的,我也没教他。现在好了,他喜欢上考古了,有时候我们都下班一个多钟头了,他还在野外拍照,或者在工作队里跑三维。他跟我不一样,他爱较真,对照片、测绘要求特别严,总不放心别人干,到头来累的还是他自己。很多时候,有些事情明明上午干不完下午可以继续干,他偏偏要一口气干完,说不通他。

△2024年夏，王宏章（右）和儿子王飞在工地讨论问题

采访者： 王老师，考古队队员们之间的日常相处，是一种怎样的状态呢？

王宏章： 我们这群人之间没有什么矛盾，虽然分工明确，但很多活儿都是一起完成的，互相之间从不会说坏话。我们相处很融洽，都像兄弟姐妹一样。

采访者： 许宏老师出了好几本通俗的考古读物，您平时会读一读吗？

王宏章： 我基本上就是翻一翻，大概了解一下。不过我经常听他的讲座，看他在电视上的访谈。

采访者： 最后，请您给学考古的学生在田野考古方面提一点建议吧，许宏老师说在田野考古上您是当之无愧的"博士生导师"，您的建议对学生们很重要。

王宏章： 也没啥好建议，就是多刮；刮不清楚，就挖不清楚。不要刮出一个坑就盯着它挖，要大面积刮，反复刮，周边情况了解得差不多了，再下手。

采访者： 谢谢王老师这么晚接受我的采访，辛苦了。

王宏章： 这没啥，不客气。

注释

1. 探方：考古人设定的方形工作区，面积多为 4 米×4 米，一般为正南北方向，相邻的探方之间留下 1 米宽的隔梁，用于观察剖面和运送发掘区内的土。

2. 杨国忠(1940—2022)，北京人。1956 年中学毕业后进入中国科学院考古研究所(后隶属中国社会科学院)工作。曾参与河南洛阳二里头，陕西西安半坡、宝鸡北首岭，内蒙古赤峰夏家店等遗址的发掘工作。代表作有《赤峰西水泉红山文化遗址》《1980 年秋河南偃师二里头遗址发掘简报》等。

3. 张国柱(1936—2018)，天津武清人。初中毕业后进入中国科学院考古研究所(后隶属中国社会科学院)工作，后参加全国第四届考古人员训练班和考古所举办的冬季培训班。曾参加河南洛阳二里头、中州路墓葬，三门峡后川墓葬、上村岭虢国墓地等遗址的发掘工作。代表作有《河南偃师二里头遗址发现龙山文化早期遗存》《西安发现唐三彩窑址》等。

4. 徐殿魁(1939—2018)，北京人。1955 年初中毕业后进入中国科学院考古研究所(后隶属中国社会科学院)工作。1976—1982 年任考古所山西队副队长，1990—1992 年任偃师商城领队。曾主持或参与河南洛阳二里头、偃师商城、偃师杏园唐墓、三门峡上村岭虢国墓地，山西夏县东下冯等遗址的发掘工作。代表作有《试论洛阳地区曹魏墓的分期问题》《唐镜分期的考古学探讨》《唐代金银器纹饰内涵与分期》《偃师杏园唐墓》等。

5. 冯承泽，1939 年生，河北宣化人。1956 年中学毕业后进入中国科学院考古研究所(后隶属中国社会科学院)工作。1984—1986 年任考古所洛阳唐城队队长，1989—1993 年为考古所洛阳工作站负责人。曾主持或参与河南洛阳二里头、汉魏故城、东干沟，新疆吉木萨尔北庭高昌回鹘佛寺等遗址的发掘工作。代表作有《北庭高昌回鹘佛寺遗址壁画》《洛阳汉魏故城圆形建筑遗址初探》等。

6. 赵铨(1921—2016)，北京人。1940 年入北京辅仁大学社会学系，同时选修美术系课程。1943 年毕业于齐鲁大学历史系。1950 年进入中国科学院历史语言研究所(后隶属中国社会科学院)任绘图员，后任高级工程师、技术室主任。曾参加河南安阳殷墟、辉县战国墓地等遗址的发掘工作，为考古发掘报告及各种期刊专刊绘图、摄影近 40 年。代表作有《关于器物照相的几个问题》《考古摄影的特点及应用》等。

7. 姜言忠(1936—2012)，黑龙江依兰人。1956 年高中毕业后进入中国科学院考古研究所(后隶属中国社会科学院)工作。从事考古摄影工作 40 年间，为考古文物书刊拍摄大量照片。曾参加河北保定满城汉墓、四川成都凤凰山明墓、广东广州南越王墓等遗址的发掘摄影工作。代表作有《中国美术全集·金银玻璃珐琅器》《殷墟青铜器》等。

8. 夏鼐(1910—1985),浙江温州人。1934年毕业于清华大学历史系,1939年获英国伦敦大学埃及考古学博士学位。1941年归国,先后任职于中央博物院筹备处、中央研究院历史语言研究所。1950年起任职于中国科学院考古研究所(后隶属中国社会科学院),历任研究员、副所长、所长。1982年任中国社会科学院副院长兼考古研究所名誉所长。夏鼐是新中国考古工作的主要指导者和组织者,中国现代考古学的奠基人之一,在埃及考古、历史时期考古、科技考古、田野考古方法、考古学理论等诸多领域均做出重要贡献。曾参与或主持河南安阳殷墟、北京明定陵、湖南长沙马王堆汉墓、埃及艾尔曼特、巴勒斯坦杜布尔等遗址的发掘工作。代表作有《考古学与科技史》《中国文明的起源》《埃及古珠考》等。

9. 中国社会科学院考古研究所:《二里头(1999—2006)》,文物出版社,2014年。

10. 吕世浩,1971年生,北京大学考古学及博物馆学博士,台湾大学历史学博士,曾追随一代大儒爱新觉罗·毓鋆,在传统私塾中学习近20年,打下了深厚的国学基础。后师从宿白、徐苹芳、阮芝生等考古学与历史学大家。现任教于台湾大学历史学系。代表作有《从〈史记〉到〈汉书〉——转折过程与历史意义》。

11. "中国商丘地区早商文明探索",该项目是新中国成立后中美首个联合田野考古项目,由中国社科院考古研究所和美国哈佛大学皮保德博物馆联合实施,中方成员11人,美方成员13人。1990年开始在商丘进行前期考古和地质调查,1994—1997年主要进行发掘工作。项目发掘了山台寺、马庄、潘庙、宋城四个遗址,首次对豫东地区的地貌环境进行了科学探索,建立了豫东地区史前仰韶时代至岳石文化时期的考古学文化序列,发现了宋国故城及宋人墓地。

12. 洛阳盆地中东部区域系统调查,时间为1997—2007年。调查工作由两队分别实施,中澳美伊洛河流域联合考古队调查区域主要为伊洛河北岸的山前地区和伊洛河南岸支流坞罗江、沙河沟、曹河和干沟河以及马涧河、浏涧河等小流域;河南二里头工作队调查范围大体限于盆地东部的偃师地段,西及西北跨洛阳市洛龙区、瀍河区和孟津县的一部分。其间在近1120平方千米的区域内共发现遗址(或地点)456处,采集到大量先秦时期遗物。调查结果在很大程度上还原了这一区域从公元前6000—前200年左右近6000年的社会发展图景,展示了早期中国文明核心区从零星分布的聚落到王朝统治中心的社会发展轨迹。

13. 河南省南水北调中线工程文物抢救保护工作,该项目涉及区域之大,文物分布点的密集程度和价值之高,在河南历史上史无前例。自1994—2005年,河南省组织协调省内外多家文物考古与科研单位,对工程淹没区和总干渠沿线进行了文物调查、复查和确认工作,最终确定工程涉及文物点共330处。此后,文物保护抢救工作正式启动,来自全国50余家文物考古单位参与了这场规模空前的考古发掘工作,抢救了一大批珍贵文物。

14.刘莉,1953年生于北京,1982年毕业于西北大学历史系考古专业,入职陕西省考古研究所。1987—1994年分别于美国天普大学、哈佛大学获得硕士与博士学位。1996—2010年任教澳大利亚拉楚布大学考古系。2010年至今任美国斯坦福大学东亚语言文化系,教授。主要研究方向为聚落考古、早期国家形成与社会复杂化发展、生业经济考古等。代表作有《中国新石器时代:迈向早期国家之路》《中国考古学:旧石器时代晚期到早期青铜时代》《城:夏商时期对自然资源的控制问题》等。

15.华翰维(Henry T.Wright),1943年生,美国著名考古学家。1993年获得美国麦克阿瑟天才奖,1994年当选美国科学院院士,1999年获密歇根大学杰出教授奖,2001年当选为密歇根大学Albert C.Spaulding Collegiate Professor(教授最高荣誉)。主要研究社会复杂化进程以及国家起源理论,是该领域的学术领袖。代表作有 *The Administration of Rural Production in an Early Mesopotamian Town* 和 *Population, Exchange and Early State Formation in Southwestern Iran* 等。

16."夏文化考古研究"研修班,由国家文物局指导,中国社会科学院考古研究所、河南省文物局共同举办。首届研修班于2021年4月28日在二里头开班,共有来自河南、山西、陕西、河北等省的多家考古研究机构和高校研究人员,在二里头考古队的具体安排下,于二里头遗址展开了为期2个月的理论学习和考古实践。

17.杜金鹏,1957年生,山东莱州人。1982年毕业于山东大学历史系考古专业,入职中国社会科学院考古研究所。曾任考古所偃师商城队队长、夏商周考古研究室主任、文化遗产保护研究中心主任。先后主持或参与河南洛阳二里头、偃师商址、安阳殷墟,北京房山琉璃河等遗址的发掘工作。代表作有《偃师商城初探》《夏商周考古学研究》《偃师商城与夏文化分界》等。

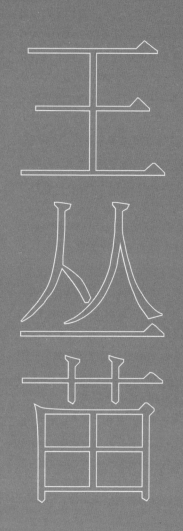

我一点都不聪明，只是单纯努力而已

亲历者:王丛苗

采访者:张飞

访谈时间:2021年6月7日夜

访谈地点:中国社会科学院考古研究所二里头工作队资料整理室

亲历者简介:王丛苗,女,二里头村人,1963年12月出生。1970—1978年在二里头学校完成小学与初中学业,1978—1982年在偃师县第三高级中学完成高中学业。1983年至今任职于中国社会科学院考古研究所二里头工作队。工作期间参加了河南洛阳二里头、郑州站马屯、淅川下王岗、河北临漳邺城,陕西西安丰镐,新疆新源那拉提汉代古墓群,山西临汾陶寺等遗址的发掘与绘图。现为中国社会科学院考古研究所高级技师,河南省人大代表。曾获河南省"最美职工"、"出彩河南人"、"感动中原十大人物"、河南省"三八红旗手"等荣誉称号。

王丛苗老师是我在二里头认识的第一位技师。2019 年 10 月底，我来二里头给即将召开的"二里头科学发掘 60 周年国际学术研讨会"和二里头夏都遗址博物馆开馆仪式做一些会务与布展工作，当时带领我干活的便是丛苗老师。在博物馆布展的过程中，她给我留下了深刻的印象。几百件陶器摆放在地上、展台上，琳琅满目，丛苗老师需要按器型、时代将陶器分门别类地摆好。对当时的我来说，这是一项不可能完成的任务，但对丛苗老师来说，这简直是小菜一碟。她一边报器型与期别，一边让我们把器物摆到合适的位置，短短一个晚上，满满三面墙的陶器矩阵便安放完毕。在场的学生无不对王老师的分期断代能力五体投地，纷纷请教起来。

再次见到丛苗老师是在 2020 年的夏天，也就是我在二里头遗址第一次做田野发掘的时候。那时丛苗老师并没有参与遗址发掘，她主要负责遗址东部的钻探工作，利用钻探的成果为田野发掘提供一些线索。当

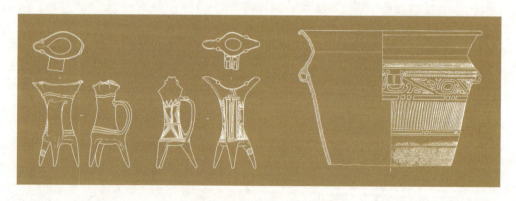

⌃ 二里头出土陶爵与大口尊，王丛苗绘

时我负责发掘总日记的记录工作,需要对遗址内遗迹堆积有一些宏观上的认识,因此常跑到她那里了解钻探的收获。她总是很热情地招呼我坐在小马扎上,然后很耐心、很仔细地告诉我目前钻探的新发现,也会主动教我辨识钻探出的土壤。她很喜欢思考问题,常基于已有的钻探与发掘成果,提出她关于某一区域或整个遗址布局的认识。因为这种难能可贵的品质,许多学生都喜欢找她聊天,向她取经。

2020年的冬天,我第三次来到二里头,这次的主要任务是学习室内整理。整理的主要目的是通过对遗迹中出土的陶片进行器型辨识、分期断代,而实现对遗迹年代的判断。这绝对是一项高难度的工作。正是在这次工作中,我对丛苗老师有了更进一步的认识。在修复之前,绝大多数破碎的陶片已在她脑海中呈现出其原有的模样。丛苗老师是极度谨慎的人,对于不确定的器型与年代,她会反复查阅相关资料,反复与其他老师讨论,最终得出一个相对准确的答案。她总跟我们说她的悟性很低,辨识器型、分期断代的能力都是她在这几十年的绘图工作中总结出来的,一边画一边记,都是死记硬背。她总是这般谦虚,也许是她觉得这样说会给我们的学习增添一些信心吧。

丛苗老师是二里头考古队的绘图高手,也是全国很多考古工地争相聘请的对象。她画图又快又好,二里头遗址近三十年的发掘报告与简报中的器物图基本都出自她手。她很喜欢回忆那段学画图的往事,在那段学习历程中,她吃了很多苦头,当时她总以为是自己没有天赋,才怎么也学不会的。可她是个有韧性的人,面对一次又一次挫折,她都没有放弃。当所有人都下班回家后,她一个人坐在办公室一边绘图一边琢磨技巧。只要有任务她都会接受,以此获得更多的锻炼机会。对于那些在她绘图学习过程中帮助过她的人,她不仅记得每个人的名字和面庞,甚至能清晰地还原他们当时说话

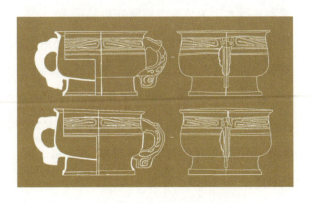

⌃ 洛阳汉魏故城出土西周墓铜簋,王丛苗绘

的神情。每当谈到这些过去的人,她的情绪总会变得有些激动,言语中充满了深情与感激。她是一个很重感情的人。

2021年夏天,我在二里头遗址进行田野发掘,其间由于王宏章老师被调往其他发掘区指导工作,赵海涛队长就把丛苗老师从勘探工地调到了我所在的发掘区域,就这样,我与丛苗老师有了更多的相处时间。在发掘过程中,我们一起对遗迹现象进行讨论,我也时常向她请教一些问题。她在发掘中与在室内整理时一样谨慎,对存疑的遗迹总要反复刮面,反复讨论,有时还要打电话把宏章老师叫来一起讨论。有时候,对丛苗老师的过度谨慎,我会感到有些着急,总觉得这样挖下去进展太慢,偶尔会催她快一点,但她始终坚持自己的工作方式。后来我逐渐理解,这是她几十年来的工作经历使然,她觉得这样做才是最正确的,我们应当给予她充分的尊重。

2022年春,我来到二里头整理我的博士论文资料,又一次给丛苗老师添了麻烦。在整理过程中,我需要对七八千块二里头陶片进行分期断代,当时她正在为即将发表的简报画图,因而成为我主要的求教对象。我几乎每天都会拿着碎陶片向她询问时代、断代标准,她总是不厌其烦地回答我,并且总是客气地说我的问题也让她学习到了很多。除此之外,我还有一批陶器的器型与工艺图需要绘制,由于我的绘图功力不强,所以这些图大部分是在王老师的指导下完成的,有不少还是她直接绘制的。她总说我的这些绘图工作她可以替我画完,不要我一分钱,我只需努力写论文就行。然而,每次看到年近六十的丛苗老师趴在电脑前面,一步一步地学习用 PS、CorelDRAW 处理图片,经常加班到夜里十一二点的样子,我完全不好意思让她代劳。她这样的年纪,还在克服一切困难学习新东西,我有什么理由碰到一点难处就找人代劳呢?

丛苗老师无比热爱她的工作,她的生活中基本没有什么娱乐活动,她绝大部分的乐趣都来自工作,来自工作中对新事物的学习。当我告诉她要对她进行采访时,毫无意外,她选择的时间与地点是深夜、办公室。哦,对了,最近我刚得知她又学习了一项新技能——她通过了驾照考试,要开车了。

采访者： 王老师好，是什么样的机缘让您加入了二里头考古队？

王丛苗： 我本应该1980年高中毕业，但我复读了两年，1982年6月第三次高考时落榜了，那时候我19岁。高中毕业后我非常自卑，因为和我同龄的我们第三村民组的8个女生中只有我一直在上学，虽然上到高中毕业，但就是考不上大学。她们都只上了三年学就回来干农活了，我19岁才出来干活，什么也不会。那时候她们一天能拿到8个工分，而我只能拿5个工分，我特别自卑，每天走路都低着头靠着墙根走。时间到了1983年冬天，那一年我表姐结婚，她之前一直给二里头考古队做饭，结婚的时候就找我顶替她给队里做饭，但只让我顶替她几天，她结完婚还要继续干。我跟她说我什么都不会，做饭做得不好吃，她说你只要会蒸馒头、熬粥就行，别的菜北京来的人会自己做或者教你做，而且考古队的人对吃饭要求不高。她这样说，我就放心了，于是就顶替她干了20天。没想到因为我人比较实诚，居然被考古队的老师留下了，代替我表姐干了整整一个冬天。在这个冬天里，我一边做饭，一边看考古队都干些什么，心里想着能不能学点东西。我那时候上了几年学，在村里算是文化人。我发现，考古队的工作第一步是刷陶片，第二步是往陶片和兽骨上写发掘编号，第三步是给器物画图。当时我就对给器物画图挺感兴趣的，感觉很适合我。于是我找到队长郑光先生，跟他说，每天做完饭我就不回家了，我想在队里学绘图，而且我说我一分钱不要。于是郑先生就让我跟当时的绘图技师王相峰学习绘图，就这样我算是正式开始步入考古行当了。

采访者： 所以您进入二里头考古队最主要的工作就是绘图？

王丛苗： 对，除了做饭，最主要的工作就是绘图。当时考古队里一共有9位老师，杨国忠、张国柱、屈如忠[1]、刘忠伏[2]这几位先生都说我人很好，推荐我留下来。屈如忠老师后来还把我带到河北三台[3]去画图，我很感激他们。

采访者： 这些先生中谁对您的影响最大？

王丛苗： 都影响挺大的，但我最感激的还是杨国忠、屈如忠两位先生。当时郑光先生是考古队的主要负责人，但是他比较严肃，我一跟他说话就战战兢兢的，有什么想法也不敢跟他提。后来，我绘图的水平不断提高，已经到了可以做卡片[4]的程度，是杨先生、屈先生帮我向郑光先生推荐的，让我不要做饭了，专门画图。正是因为他们的推荐，考古队重新找了做饭的人，我开始成为考古队的正式技工。

采访者：您现在已是考古绘图界的顶尖高手了，能说一说您学习绘图的过程吗？

王丛苗：最早的时候就是二里头考古队的上一任绘图技师王相峰教我，但我感觉他那时候比较难相处，而且每次教我东西时都显得很着急，所以很多时候我都不敢请教他。打个很简单的比方吧，当时画陶鬲，我不知道怎么表现陶鬲三个足之间的裆部，但他教到这儿的时候都是匆匆一点，懒得跟我细说原理，我苦恼了好多年。陶鬲裆部的画法还是后来我去了社科院考古所，考古所绘图技术室的主任张孝光[5]老师教我的。我一直认为自己比较笨，所以别人休息我不休息，别人下班回家了，我吃过晚饭会继续回到队里画图。那时候我加班是常有的事，经常干到晚上12点多，自己琢磨，还不要一分钱加班费。就这样，大部分器物我学会画了，并且可以自己制作卡片，会干了自然就被留了下来。

采访者：能谈一谈张孝光老师吗？

王丛苗：我会做卡片以后，郑光先生觉得我需要提高，就把我送到中国社科院考古所培训了3个月，当时一起去的还有宏章、相坤[6]、法成（曾为二里头工作队技师，详见后文访谈）。我到现在都非常感激技术室的张孝光老师，他把很多本事都教给我了，我画的每一张图他都仔细看，然后指出错误在哪里，并认真指导我各种器物的画法。举个例子，有一次我画一个罐子，但因为测量偏差，画高了，他就让我仔细观察那个罐子，问我那个罐子是像南瓜还是像冬瓜，我一下子就明白问题出在哪里了。后来张孝光老师还带我到银川画瓷器，那

︽二里头出土卜骨，王丛苗绘

时候我就相当于他的助手,我画的稿子他可以直接拿过来用。

采访者:您说在考古所绘图室的经历您一生难忘,在那里您学习到很多,也收获了很多感动,能谈一谈这段经历吗?

王丛苗:1987年我去北京社科院考古所,需要我爹妈拿家里的麦子去翟镇的集上换全国粮票,那时候全国粮票特别不好弄,3斤麦子才能换1斤粮票。我父亲觉得划不来,就直接拿钱让我去北京买高价饭票。我到现在都记得,我在北京买高价饭票的时候,小黄老[7]、谢端琚[8]、高天麟、高炜[9]、邵望平[10]这些先生都不让我买,说这么贵划不来,就给我弄了好多北京粮票。我付钱给他们,可他们都不要,说自己家里北京粮票有剩余,轮流给我带就行了。另外,在北京考古所每天中午都需要自己带菜,绘图技术室的张孝光、曹国鉴[11]、冯振慧[12]等几位老师每天带的菜都不一样,他们在没吃之前都要往我碗里夹他们带的菜,让我吃好一点。那时候我每天工资是一块五毛钱,但一份豆腐泡菜就要两毛五分钱,一碗面条要四毛钱,所以我不舍得吃太好,都是他们在接济我。我直到现在也忘不了考古所的这些先生,他们对待我这样一个农村来的孩子那么好。

采访者:您最初来二里头队,主要是跟着郑光先生工作,其间您参加过哪些重要发掘呢?

王丛苗:刚开始我发掘二里头遗址的Ⅵ区,就是普通的小墓。后来挖到了H5的一个角,H5就是所谓的"万宝坑",再后来在"万宝坑"附近挖了一座铜器墓。1993—1994年,为配合"夏文化研讨会",当时我发掘Ⅸ区,发现了几十座墓,印象特别深,我没想到路土的层与层之间居然有墓葬,不明白为什么要把墓葬埋在路上。"夏商周断代工程"时期,我挖的是宫殿区里面,从上到下完整揭露,目的是搞清楚二里头文化一至四期

△ 1987年在北京中国社科院考古所学习,右起:王丛苗、杨燕、王艳军、刘晓珍

的年代。这些都是我认为比较重要的发掘，尤其配合基建发掘的过程中发现铜器墓，那是特别惊喜的。

采访者：您在给二里头文化的陶器进行分期断代方面是专家，请问您是如何学会这一技能的？

王丛苗：这个主要是跟郑光先生学习的，二里头遗址的陶器分期基本是郑先生确定的。当时郑先生会把不同期的陶器分好类，一排一排地摆在架子上，我画的时候就知道画的是哪一期的器物。画图最重要的是表现细节，通过细节的变化展现陶器形态随时间的演变。如果细节表现得不好，郑先生就会让返工重画。就这样，我不断画图，郑先生不断纠正我画图中出现的错误，我的记忆也就不断加强，陶器的分期断代渐渐就学会了。另外，每到整理陶片的时候，郑先生总是亲自参加整理，跟我们一起认陶片，给陶片分期，这对我们的帮助特别大。

采访者：您跟郑光先生一起工作应该有十五六年吧，您觉得郑先生是一个怎样的人？

⋀1992年，二里头考古队的年轻队员，左起：王法成、杜金鹏、张帆、王丛苗、徐安民、魏保京

王丛苗：差不多十五六年，1983年到1999年我一直跟着郑先生。如果让我给郑先生一个客观的评价，一点都不保留的话，我觉得郑先生首先是一个比较正直的人，也是一个比较呆板的知识分子，他不巴结人。其次，郑先生很多时候给人一种"一言堂"的感觉，他认定的东西谁都改变不了。还有，他不怎么跟外界接触，应该说不爱跟人打交道，只是专心读书写文章，他不像许队长一样善于与人沟通。郑先生尽管在发掘建筑方面建树不多，但把陶片分期做得很细致。他对人不够包容，我记得那时候有学生过来实习，他觉得学生干得不好，经常冲学生发脾气。学生们的个性也比较强，经常一气之下就走了。每个人都是不完美的，我们不能要求郑先生方方面面都完美。

采访者：您的田野发掘也主要是郑光先生教的吗？

王丛苗：一开始我只画图，但是郑先生，包括后来的许队都认为我们这些技工要成为"多面手"，大概是因为队里人手不足的缘故吧。正因为队长这样要求，所以我们啥都学，发掘的时候大家都下工地，整理的时候大家一起整理，修复的时候大家也一起上。我最开始发掘探方时，什么都不懂，是郑先生安排张国柱、杨国忠、刘忠伏、屈如忠几位老师具体指导的，他们整天都在工地上。后来许队也帮我提升了很多，让我的发掘更加细致，记录更加全面。

采访者：郑先生那时候也每天都在工地吗？

王丛苗：是的，每天早上上工，郑先生都是走在最前面的，精气神非常足。许队长上任后跟郑先生一样，总是身先士卒。我们在野外调查的时候都走不动了，但许队带头走，不让我们看到一点他疲惫的样子。你想想看，他们这样的城市人，又是学者，他们能有我们身体好吗？但是他们在坚持。郑先生就是这样，每次发掘的时候他在前面，干部们、技工们都在后面跟着，他都这么吃苦，你说我们怎么好意思偷懒。

采访者：听说二里头考古队现在这座小院是郑先生在任时主持修建的，条件在当时社科院的所有工作队中都是首屈一指的，因此还招来了不少所内同人的批评。您知道他当时是怎么考虑的吗？

王丛苗：我刚到考古队的时候，考古队的工作驻地在二里头村村支书王永焕给找的一处民房里,房子到现在还保留着。那个房子总共3处院子,一处院子上下两层共4间房,3处院子就是12间房,最西边的院子是修复室和绘图室,中间的院子是陶片仓库、郑先生与杜金鹏老师的宿舍,东边的院子是张国柱先生的宿舍、资料室、厨房、餐厅。那个地方空间根本不够,资料室和张国柱先生的宿舍是同一间屋子,餐厅还兼用作陶片仓库。条件实在太艰苦,杜老师的房间只有两个小凳子支着两张木板作床,外加一个非常非常破的桌子,床下全是发掘出土的人头骨。郑先生的房间除了床也就一个放资料的柜子、一张破桌子,非常简陋。我这么说,你知道郑先生为什么要建新考古队驻地了吧。

采访者:条件竟如此艰苦。那他们当时的伙食如何?

王丛苗:早上最主贵的就是一个鸡蛋,三分钱还是五分钱记不清了。中午很少吃肉,就是一个菜加面条或米饭。晚上就喝点汤,吃点馒头,也很少有菜。

采访者:你们的工资水平怎么样?

王丛苗:工资水平刚进来的时候是每天一块五,感觉还不少,因为八毛钱就能在生产队买到10个工分。可后来让大家不满意的是,物价上涨了,别的地方都在涨工资,就我们基本不涨。1999年许队来的时候,我们一天的工资才十块零五毛,许队来了之后才有较大幅度的提高。

采访者:您对许宏老师的第一印象是怎么样的?

王丛苗:他一来就是队长,在大伙儿心目中,队长或领导都是高高在上的,所以我们很少近距离接触。我开始对他产生好印象的原因是,他会很公平地处理每一件事,尤其是技工和技工之间的矛盾。其实他还在偃师商城发掘的时候就来过二里头队,那时候他领两个日本人来参观,我领他们去楼上看陶器,那时对他印象就很好,他非常和蔼。

采访者:您当时觉得这个新任许队长的工作风格和郑光先生有什么区别?

王丛苗:在对工作的要求上,他跟郑光先生区别挺大,他要求特别细。比如画一个墓葬,郑先生要求就不是特别严格,只要把人骨、陶器的位置画对就行,人骨的宽窄以及一些细节,郑先生没具体要求。可能是不同时期要求不同吧,当时大多数简报、报告都跟郑先生的要求差不多。但是许老师来了之后,每一张图他都要审查,每一个探方他也都要检查,甚至标点符号、错别字他都要挑出来。他的眼睛非常毒,他不用量我画的人骨架尺寸,就能看出我哪个地方画得有问题,我每次拿尺重新一量,果然都有误差。当时我们压力非常大,因为跟郑先生干了那么多年,已经习惯了原来的工作方法,新要求一下子接受不了。当时在许老师的要求下,我们已经很细地做资料了,但每次都能被挑出问题,很痛苦的。

采访者:许老师和郑先生在工作方法和工作思路上有哪些区别?

王丛苗:这个区别就有点大了。许老师一开始来就想搞清楚二里头遗址的布局,所以主要找建筑、城墙、道路,郑先生当时挖的主要还是墓葬。郑先生在的时候,探方

↑考古队员也追星。2012年夏,日本著名演员中井贵一(前排左三)随NHK摄制组来到二里头,受到考古队员的欢迎。前排左起:王丛苗、许宏、中井贵一、赵静玉、王宏章、郭淑嫩、央视编导,后排左起:郭晨光、王飞

都是5米×5米,许老师来了以后改为10米×10米,因为他要发掘建筑、道路这些遗迹,需要大面积揭露。

采访者:许老师每天会和你们一起在田野发掘吗?

王丛苗:他从1999年来到二里头之后,就每天跟着我们一起发掘,至少在野外待了10年。他上班的时间跟我们完全一样,偶尔会迟到,但最多不会超过5分钟。我记得当时为了搞清楚二里头遗址的范围,他整天和我们一起钻探、记录,第一张二里头遗址范围图就是他自己亲手画的。

采访者:许老师后来主编了《二里头(1999—2006)》这部大型报告,这套书在学术界产生了非常重大的影响。您在这个报告的编写过程中主要承担哪些工作?

王丛苗:这里我要说一下,许老师虽然是主编,但这部报告编写过程的主要负责人是赵队。至于我的工作,现场画图是第一位的,书里所有的器物图基本也是我画的。第二件事是帮着校对稿子,一点一点看,反反复复核对,校对的内容包括错别字、数据、器物文字描述、图表等许多内容。

采访者:我听说为了按时完成报告的编写工作,当时把工作队的所有人都拉到北京去做集中整理工作,能谈一谈那段时光吗?

王丛苗:是的,在北京待了近两个月吧,那段时光我至今还是很难忘的。工作量很大,当时队里面的年轻人感到非常枯燥,非常痛苦,都说这辈子再也不想整理报告了。那时候早上起得特别早,晚上睡得很晚,夜里十一二点回宿舍睡觉是常事。我记得赵队经常凌晨三四点还在发朋友圈,晒大家一起工作的场景,有时候是通宵。除了国庆的时候出去玩儿了一天,从来没有放过假。我们这些"老人"因为经历多了,还能扛得住,年轻人一开始确实受不了那样的工作强度。

采访者:报告整理过程您主要负责绘图,应该已经是得心应手了吧?

王丛苗:没你想象得那么简单。我当时跟张孝光老师学习的时候,对于画陶器,张老师是允许有一至二毫米误差的。到我们整理报告时,赵队从我已经画好的器物卡片里挑出了一大沓不合格卡片,让我重绘。赵队说的那些不合格的图,大部分是那种只有一两毫米误差的。那些日子我越想越生气，心情郁闷到了极点，觉得事儿太多了。不过当把所有图改完之后，我的气就消了。因为赵队告诉我，挑出来的一两毫米误差大多因为我把平的器物口沿画成凹的，或者略凹的画成较凹的了，而这些恰恰是他用作分型的标准。明白这层意思后，我还是挺感动的，很感谢赵队。因为他的严格要求，我的绘图技术又提高了一截。

采访者：除了整理报告的特殊时期，你们平时工作中会有一些娱乐活动，或者说放松身心的活动吗？

王丛苗：说实话，几乎没有。不过，许队在队的二十年里带我们去云台山、华山、白云山、日照这些地方玩儿过，一般就是两天。

采访者：除长期从事二里头遗址的发掘工作之外，您还参加过哪些遗址的考古工作？

王丛苗：参加过很多，包括郑州南水北调工程的站马屯遗址、新疆汉代古墓群、银

△2002年参加洛阳盆地中东部调查，右起：王丛苗、许宏、赵海涛、郭朝杰、郭朝鹏、郭淑嫩

川瓷窑发掘和绘图、洛阳盆地中东部考古调查、河北省考古所的绘图工作、安阳工作站的绘图工作等，还有好多我都记不起来了。其中很多我是发掘和绘图都参与，安阳工作站我前前后后去了6次。

采访者：在这些工作中，您比较难忘的经历是哪几次？

王丛苗：我觉得站马屯遗址的发掘算一次。那是个基建工地，白天发掘任务量特别大，晚上还要加班加点给当时的领队赵春青[13]画新砦遗址报告器物图，非常疲惫。另外，由于这个工地时间非常紧张，发掘得相对比较粗糙，当时内心一直有愧疚感，后面根本不想干了。另外一次就是在新疆发掘汉代古墓群，我们住在宾馆，晚上睡着了以后，东西都被偷了。那是我去的第一天，中午到的，晚上就被偷了，一样东西没留下，我哭得好惨。我最珍贵的东西，跟了我20多年的绘图工具也被偷走了，我跟警察说，钱、衣服这些我都不要，只要能把我的绘图工具找到就行。可是最终还是什么都没找到，这件事情我至今都不能放下。

采访者：您觉得二里头遗址的考古发掘跟其他遗址的发掘工作有什么区别吗？

王丛苗：我个人的感觉是，我去过的这些工地中，还是我们二里头遗址的地层堆积最复杂，遗迹打破关系最复杂，工作难度很大。精细程度上，我也感觉我们二里头遗址的发掘比较细致，最起码在我去过的遗址中是这样的。

采访者：新世纪以来科技考古快速发展，您在二里头遗址的发掘中有这样的感受吗？

王丛苗：有这样的感受。现在我们工地都是三维拍照和制图，非常方便和准确，不像以前都靠手绘。以前郑先生、许老师只要上北京汇报，我就得加班加

△ 2021年，王丛苗在发掘工地刮面

点画图,经常中饭、晚饭都来不及吃。现在不需要这样了,我们有专门的人负责电脑绘图。再一个就是无人机拍照的应用,那简直太方便了,再也不用架梯子了。

采访者: 在进行野外考古发掘、室内整理与绘图之余,您会阅读一些考古方面的专业书籍来补充知识吗?

王丛苗: 当然阅读,许队、赵队写的书我每一本都要读,微信推的很多文章我也会读,重点的东西我会把它抄下来。

采访者: 学术界关于"二里头遗址是不是夏都"这一问题的争论,您作为一个遗址发掘参与者怎么看?

王丛苗: 我确实不敢谈这个问题,我都是看别人怎么说。不过,我还是觉得许老师说得非常好,二里头遗址是不是夏都并不影响它的重要性。当然,作为二里头的村民,二里头遗址要是夏都,能提高我们这个地方的名气,这点也是我的私心。

采访者: 我知道二里头考古队以前技师很多,后来由于种种原因都离开了。您曾经考虑过离开二里头考古队吗?

王丛苗: 他们离开的原因主要是工资太低。说实话,有时候工作不顺我也想过离开二里头,但是一旦冷静下来,就不会这样想了,毕竟在二里头付出太多,有了深深的感情。另外,我的家庭也在这边,主要是孩子在这边,我也不舍得离开。

采访者: 也正因为坚持,您才取得了今天的成就。我知道您现在已经是河南省人大代表了,能谈一谈您是如何取得这一荣誉的吗?

王丛苗: 我感觉这件事对于我来说,就跟天上掉馅饼一样。我以前认为,人大代表都是当官的、搞企业的、做科研的,都对国家做出了很大贡献,像我这样一个普普通通的农民怎么可能成为人大代表?另外,我在考古队干了这么多年,我觉得自己还有很多不足之处,我被选为人大代表可能都是靠大伙儿推荐吧,大伙儿都只看到了我的优点。政审时,偃师市政府的干部、翟镇镇政府的干部,二里头考古队的领导、技师、民工等60多人,大家都说我好话,没有说我不好的。我当时非常感动,感觉这么多年的付出值了。

采访者：当年偃师市只有两个省人大代表的名额，您最开始是如何被关注到的？

王丛苗：应该是因为干活比较勤快，比较乐于助人的缘故吧。不管是村里、乡里还是县里的同志，只要需要去考古工地介绍遗址，无论什么时候，就算已经下班了我都会跑过去给他们做讲解。而且，我对这片遗址、对考古队很有感情，讲解的时候我会带着内心的那份热爱去讲，很能感染大家，大家都很喜欢听。就这样一来二去，大家都记得我了，选人大代表的时候就想到我了。对了，还有一个直接原因，就是偃师电视台要拍一个片子《河洛人家》，由于我作为一个女性在二里头遗址坚持干了30年的考古工作，为二里头遗址做出了一些贡献，很不容易，所以队里推荐我去录制了这个节目。我猜想这应该是我被偃师市政府关注到的一个重要原因吧。

采访者：您作为河南省人大代表的这些年里，提过哪些关于考古工作的议案？

王丛苗：第一年提的议案是关于二里头遗址的保护问题，就是要对村里的挖坑、建房进行严格管理。第二年提的议案里有一条是希望在二里头遗址公园和夏都遗址博物馆进行建设时，要保证村民们得到利益，这是赵队给我的建议。第三年我提的是村民的养老问题，这是我与许队讨论后决定的，这个跟考古工作关系不大。第四年也就是去年，我提的议案是推动二里头遗址申报世界文化遗产。

采访者：您觉得二里头夏都遗址博物馆和遗址公园的建立，给村民们的生活带来了哪些好处？

王丛苗：一方面，博物馆和遗址公园的建立肯定是提高了我们这个地方的名气。另一方面，我们村里的老百姓文化水平都不高，去博物馆和遗址公园参观，可

△2022年，王丛苗（右一）手把手教学生绘图

⌄俯瞰二里头夏都遗址博物馆

以让大家多接触点知识和文化。还有就是，大家休闲的时候也有了一个好去处。

采访者：王老师，您工作这么拼命，照顾家庭的时间是不是不太够？

王丛苗：我除了在二里头考古队上班，还在家里种了四亩多地，平时非常忙。尤其我孩子还小的那些年，我从来没有白天洗过衣服，都是晚上辅导完孩子功课再洗。早上天没亮我就要去田里干活，一直干到快上班的时间，然后去考古队上班。中午我从考古队下班，村里人都从田里回家了，我还要顶着太阳到地里干活。我出差的时候也把孩子带在身边，我干活，孩子就在旁边看书。星期天我加班的时候，就把孩子带到考古队和我一起干活，他们除了在考古队写作业，也会帮队里干一些力所能及的活儿。反正，我会想尽一切办法照顾好孩子，但我绝对不会因为自己家里的事耽误考古队的工作。

采访者：您的家人支持您吗？

王丛苗：我的父亲非常支持我。他是一名赤脚医生，不仅会给人看病，也会给牲畜看病，他是偃师县的人大代表，非常有文化和主见。他觉得，如果我喜欢这项事业就一定要坚持下去，永远不要放弃，而且鼓励我在考古队这种有文化的地方待下去。但我的婆婆很不喜欢我干这项工作，她觉得做这项工作不能好好照顾孩子，她好多次劝我辞职，有时候甚至跟我大吵大闹。有一次下班，我从工地带了一袋陶片回家放在门口，想着吃完饭拿回队里，谁知道我婆婆趁我不注意把一袋陶片直接扔到了垃圾桶里。我问她陶片去哪里了，她说她不知道，后来我在垃圾桶里找到了这袋陶片。我知道她就是烦我干考古，但我一直没有放弃。我在心里赌气，我告诉自己，工作我要干好，孩子我也要教好。

采访者：您的两个孩子都很优秀，您的言传身教很成功。

王丛苗：我的儿子正在读博士，我的女儿在读硕士，他们都让我感到骄傲。他们两个在考古队这个大院里长大，所接触的人都在学习和工作，对他们的影响非常大。他们从小就觉得读书学习是一件很重要的事，很好的事，因为他们的妈妈所尊敬的那些人都是无论多大年纪仍在坚持读书学习的。老话说得好，言传不如身教，他们看多了这些读书人，之后就会受到一些潜移默化的影响，也会更加认真、努力地读书。

采访者：既然受影响这么深，为什么您的两个孩子没有选择学考古？

王丛苗：这可能跟我从小吓唬他们有关吧。他们读书的时候，只要不认真，我就告诉他们不学习的后果就是未来和我一样发掘、画图。他们都觉得我这工作要整天加班，特别累，所以都不想接触考古，从小对考古就有点排斥。

采访者：原来如此。最后，希望您用简短的一句话总结您这30多年的工作感受。

王丛苗：我愿意为二里头遗址付出，我热爱这一行。

采访者：谢谢王老师！

注释

1. 屈如忠（1923—1993），河南安阳人。1930—1940 年代在中央研究院历史语言研究所担任技师，并参与了安阳殷墟遗址最初的发掘工作。1950—1980 年代任职于中国科学院考古研究所（后隶属中国社会科学院）。曾参与河南洛阳二里头，北京房山琉璃河，河北临漳邺城、满城汉墓等遗址的发掘工作。

2. 刘忠伏，1951 年生，北京人。1975 年毕业于北京大学历史系考古专业，同年进入中国科学院考古研究所（后隶属中国社会科学院）夏商周研究室工作，为研究员。曾参与或主持河南洛阳二里头、偃师商城、安阳殷墟、新密新砦、辉县南水北调工程等遗址考古发掘工作。代表作有《河南商丘县坞墙遗址试掘简报》《1984年春偃师尸乡沟商城宫殿遗址发掘简报》《偃师商城的年代与性质》等。

3. 河北三台，指河北省邯郸市临漳县三台村，中国社会科学院考古研究所邺城考古队驻地所在。

4. 卡片，指在整理考古材料的过程中，将出土遗物的图、照片、文字等所有信息都记录在卡片上，以备后期的分期断代、查询和引用。

5. 张孝光，1933 年生，河北固安人。1949 年入读北平艺专，次年转入中央美院绘画系。1953 年毕业后进入中国科学院考古研究所（后隶属中国社会科学院）工作，历任考古所副主任、主任，高级工程师。主要从事室内绘图，40 年间为大量考古报告、专刊绘制插图。代表作有《考古绘图》《报告插图的画法与使用》《殷墟青铜器的装饰艺术》等。

6. 郭相坤，1963 年生，河南偃师人。1977 年初中毕业后进入中国社会科学院考古研究所二里头工作队，主要参加二里头遗址的发掘、整理以及文物修复工作，并协助发掘了河南濮阳西水坡遗址。2003 年受聘为郑州市文物考古研究院考古技师，曾参加河南安阳安钢一期铸铜作坊、郑州商城、郑州娘娘寨，新疆昆仑山流水大队等遗址的发掘工作。

7. 黄石林（1922—2003），江西高安人。武汉大学历史系毕业。中国科学院考古研究所（后隶属中国社会科学院）副研究员，曾参加陕西西安半坡遗址、长安客省庄，山西夏县东下冯等遗址的发掘工作。代表作有《陕西龙山文化遗址出土小麦（秆）》《陶寺遗址乃尧至禹都论》《关于探索夏文化问题》等。黄石林曾是徐旭生先生的助手，相对于考古所三老（徐旭生、郭宝钧、黄文弼）之一的黄文弼先生来讲，辈分略低，因而被同人称作"小黄老"。

8. 谢端琚（1932—2022），福建闽清人。1955 年毕业于厦门大学历史系，同年进入中国科学院考古研究所(后隶属中国社会科学院)。曾任考古所原始社会考古研究室主任、甘青考古队队长。曾主持或参与刘家峡水库区考古调查工作,甘肃秦魏家、姬家川、张家嘴、师赵村,青海柳湾等遗址的发掘工作。主要研究方向为史前考古,为甘青地区史前文化序列的建立和史前社会发展的研究做出了重要贡献。代表作有《试论我国早期土洞墓》《试论齐家文化与陕西龙山文化的关系》《论石岭下类型的文化性质》等。

9. 高炜,1938年生,河北安次人。1962年毕业于北京大学历史系考古专业,同年进入中国科学院考古研究所(后隶属中国社会科学院)。曾任考古所研究员、夏商周考古研究室副主任、山西工作队队长。先后主持或参与山西侯马新田、运城东下冯、临汾陶寺等遗址的发掘工作。主要研究方向为史前考古、夏商考古。代表作有《襄汾陶寺:1978—1985年发掘报告》《龙山时代的礼制》《晋西南与中国古代文明的形成》等。

10. 邵望平(1937—2023),山东济南人。1959年毕业于北京大学历史系考古专业,同年进入中国科学院考古研究所(后隶属中国社会科学院),1990年任研究员,兼中国社会科学院研究生院教授,1997年退休。主要研究方向为史前考古,在中国文明起源与发展、史前文化交流、史前宗教与艺术等领域做出重要贡献。曾参与或主持河南安阳殷墟,湖北郧县青龙泉,山东胶县三里河、烟台、临沂凤凰岭等遗址的发掘工作。代表作有《史前陶鬹初论》《海岱文化与齐鲁文明》《〈禹贡〉"九州"的考古学研究》等。

11. 曹国鉴(1936—2016),安徽歙县人。幼承家学,曾受教于汪慎生、陈半丁、王雪涛等书画大家。1956年进入中国科学院考古研究所(后隶属中国社会科学院)技术室,从事绘图工作。曾参加北京定陵、河南安阳殷墟等遗址的发掘工作,为《殷墟妇好墓》《满城汉墓发掘报告》等考古报告及考古期刊绘制了大量插图。1997年退休后受聘为北京市文史研究馆馆员、中国文物保护基金会专家鉴定组成员。代表作有《曹国鉴花鸟教学》《偃师杏园东汉壁画墓的清理与临摹札记》等。

12. 冯振慧,1938年生,北京人。1956年初中毕业后进入中国科学院考古研究所(后隶属中国社会科学院)工作,在技术室从事绘图工作30多年,为考古所工程师。曾参加陕西西安沣西张家坡、山西芮城东庄村和南礼教等遗址的发掘工作,为《山东王因——新石器时代遗址发掘报告》《大甸子——夏家店下层文化遗址与墓地发掘报告》等考古报告、《考古》《考古学报》《考古学专刊》等期刊绘制大量插图。

13. 赵春青,1964年生,河南泌阳人。1984年毕业于郑州大学历史系考古专业,同年进入洛阳市文物工作队,从事田野发掘工作。1999年博士毕业于北京大学考古系,1999—2001年于北京大学考古系博士后流动站工作。2001年进入中国社会科学院考古研究所,后任考古所研究员、新砦队队长。曾主持或参与河南洛阳含嘉仓粮窖、皂角树、新密新砦等遗址的发掘工作。主要研究方向为史前考古、聚落考古。代表作有《郑洛地区新石器时代聚落的演变》《中原龙山文化王湾类型再分析》《新密新砦:1999—2001年田野考古发掘报告》等。

就这样普普通通，一丝不苟做自己的事

郭淑嫩

亲历者:郭淑嫩

采访者:张飞

访谈时间:2021年6月19日夜

访谈地点:中国社会科学院考古研究所二里头考古工作队资料整理室

亲历者简介:郭淑嫩,女,圪当头村人,1967年1月出生。1974—1981年在圪当头学校完成小学与初中学业,1981—1984年在偃师县第三高级中学完成高中学业。1984年至今任职于中国社会科学院考古研究所二里头工作队。工作期间参加了河南洛阳二里头、偃师商城、郑州站马屯、新疆新源那拉提汉代古墓群的发掘。现为中国社会科学院考古研究所高级技师。

2020年夏天在二里头第一次田野实习,郭淑嫩老师便是我的第一指导人。我早就听说郭老师是二里头队的三位元老之一,因而对她略有畏惧。然而,刚发掘没几天我的畏惧感便完全消失了,她很温柔,完全没有架子。她与工地的民工阿姨们都是几十年的老朋友,她们之间的配合很是默契。每次发掘休息的时候,她总会与工地上的阿姨们唠家常,我就坐在旁边听着。有时候她也会找间隙问我一些家常问题,家里人做什么工作,有没有女朋友,以后工作准备去哪儿,等等。就这样,我跟郭老师逐渐熟悉起来,她虽然在工作中是我的老师,但在很多时候又给我一种老家亲人的感觉。

　　郭老师对待工作极为认真,对待不确定的遗迹总是反复刮来刮去。赵海涛老师经常对我说要向郭老师学习,学习她的一丝不苟与谨慎。在发掘期间,我见识过郭老师用半个月甚至一个月的时间去解决一个遗迹的性质问题。郭老师与王丛苗、王宏章老师一样已经在二里头工作了30余年,对二里头的一切可以说是了然于心,却极为谦虚。她很喜欢与学生们讨论对遗址、遗迹的认识,总是鼓励学生说出自己的见解。她对我们所提出的一切看法都感兴趣,哪怕最终被验证是错误的。我记得有一次发掘到了一口水井,井底有两具儿童骨骼,最开始她认为两孩童可能是不小心掉到井中的,或是水井打破了孩童的墓葬。然而,我仔细观察骨骼的姿势之后,认为这两个孩童应该是被活埋于水井中的,我还在现场模仿了孩童死时的状态。郭老师听后立马改变了她的既有认识,逢人便说我的推论很可靠,给了我很大的鼓舞。还有一次,在工地上发现了一座大型建筑基址,该基址与夯土墙相接,刚开始郭老师推测它应当是门楼一类的设施。可是通过进一步发掘,发现城垣连接基址的位置偏于一角,基址与城垣的布局明显不对称,这让郭老师感到很疑惑。于是乎,只要有学生来到她的发掘区域,她就与他们讨论这座建筑的性质。只要有人提出了看法,她必然认真地听取,然后考虑这样的推测是否合理。无论何时,郭老师从来没有认为自己一定是对的,她所坚持的"百家争鸣"带给了我们很多的自信。

郭老师平时很少聊起她自己的事,很多时候,她是别人故事的倾听者。不管是在野外工作,还是室内整理期间,除非别人挑起一个她很感兴趣的话题,否则她不会轻易发言。我刚到工地的时候,她就主动找我说话,现在想想应该是为了减少我的尴尬以及陌生感。不过,当大家碰到某个不认识或不敢断定的器型时,她是一定要参与到讨论中并提出自己的看法的。也只有在这个时候,你才能看到她固执的一面。尽管她对某器物的年代与其他老师的看法不一致,但只要她觉得是对的,并且能说出判定标准,她一定要说一句"反正我觉得是某期的",然后她还会找一起整理的学生来看,让他们提出自己的看法。

跳舞与踢毽子应该是郭老师最喜欢的业余活动了。第一次跟郭老师做田野发掘的时候,我常能看到她的舞伴到工地找她,或是约定某一时间训练,或是为了参加比赛集训。至于踢毽子,主要是郭老师在室内整理期间的运动,也就是每年的冬

↑ 2020年,郭淑嫩在工地核对遗迹线

🔸2024年春，二里头工作队的菜地

天。由于年轻时工作过于劳累，她的脊椎与腰椎都不是很好，每工作一段时间就要起来活动活动，她说踢毽子不仅可以强身健体，还可以物理取暖。

差点忘记了，郭老师和王丛苗老师都喜欢种菜，二里头工作队小院后面那片菜地是技师们的"福利"，她俩都有一份。在队里的时候，我经常能看到郭老师下工后直奔她心爱的小菜园，不是栽苗锄草就是浇水施肥，又一阵忙碌。她的这片小菜园虽然面积不大，但蔬菜种类繁多，黄瓜、大蒜、苦菜、萝卜啥都有，不仅供给自身，也给队里提供日常用菜。我最深切的感受是，郭老师与队里的其他老师们早已把二里头工作队的这个小院当作了自己的另一个家。这里，有她钟爱的事业，有她好似家人的朋友，还有她亲手打造的小菜园。

采访者：郭老师，是什么样的机缘使您来到了考古队？

郭淑嫩：1984年我高中毕业，毕业之后本来想要复读的，但那时候我父亲已经去世了，家庭条件不好，所以我就放弃高考了。恰好考古队在周边各个村贴小广告，上面写着要招工作人员，而且要求高中文凭，于是我就报名了。报名之后我去参加了考试，当时几十人报考，录取了12个，我是其中一个。

采访者：为什么没有选择其他工作呢？

郭淑嫩：没什么特别的理由，就是毕业了没事干。当时考古队刚好招人，我觉着考古队毕竟是份工作，属于公家单位。我如果不去考古队，最后肯定就是个农民了。

采访者：当时考试的内容还记得吗？

郭淑嫩：就是语文、数学，然后问我们喜欢什么，有什么特长。语文考的啥我忘记了，数学是一些高中数学的基础题，题目好像都是杜金鹏老师出的。

采访者：当时考古队的待遇如何？

郭淑嫩：当时每天一块五毛钱，不过也挺好了。那时候在生产队干活，刚毕业的女学生一天也就七八个工分，10个工分才五毛钱，所以考古队当时的工资还是挺高的。刚进来的时候还比较满意，就是后来工资一直不涨，挺烦人的。

采访者：您刚进考古队的时候主要从事什么工作？

郭淑嫩：我一去就跟着发掘，当时是郑光先生带着我们，他每天都在工地指导我们。另外，我第一次发掘是和一个叫郭相坤的老技师在一个探方，他指导我不少。第一次发掘我至今记得很清楚，是V区，1号宫殿东北角的空地，也就是1号宫殿与2号宫殿之间。

采访者：绘图、拍照也是自己干？

郭淑嫩：绘图是自己来。拍照是郑先生亲自教的，告诉你光圈多少明暗多少，那时候还是带胶卷的老相机，胶卷比较珍贵，一般情况下不允许拍照，需要拍照就去找郑先生，他亲自拍。

采访者：每年发掘结束之后就要转入室内整理，室内整理是谁具体指导您呢？

郭淑嫩：也是郑光先生。室内工作主要是整理陶片，每一筐陶片郑先生都要亲自看、亲自摸，他看的时候，会告诉我们怎么辨认器型，哪一期有什么特征，我们就跟着学。

采访者：郑先生的陶器分期特别细致，应该很难学吧？

郭淑嫩：确实特别细，每一期分12个阶段。我们整天跟着学，记下他的分期标准，自己也总结规律。不过说老实话，对于陶器分期，我们都很迷茫。我那时候就想，陶器都是手工做的，每个人都有自己的制作特征，每件陶器都会有小的变化，真的没有必要分那么细。

采访者：现在二里头文化分成四期的标准是怎么形成的？

郭淑嫩：那是许队来了之后排的，他觉得分得太细不好把握，也没有必要，就改了。不过许队的分期是在郑光先生的分期基础上修改的，底子还是郑光先生在《二里头陶器集粹》里的分期。

采访者：您从1984年来到考古队，此后一直跟着郑光先生发掘，这期间您主要参加了哪些比较重要的发掘？

△2022年冬，二里头工作队小院内的陶片整理

郭淑嫩：我印象比较深的有几次。一次是1986—1987年要建考古队新驻地，我们就在要建房子的地方进行发掘。当时发现了几座比较重要的墓葬，在驻地南门附近发现一座四期时的铜器墓，在现在驻地的菜地里发现了一座陶窑。一次是1994—1995年我在IX区的发掘，发现有路土、灰坑、沟、墓葬、夯土。一些墓葬埋在集中活动区的踩踏面之中，也就是说人埋完之后，活动区

还在继续使用,这让我挺吃惊的。还有就是在Ⅸ区发现了一条沟,沟的一端连着一个大灰坑,坑里有一堆人头骨,大概有几十个。还有一次就是1997年为配合"夏商周断代工程"在宫殿附近进行的发掘,因为这个区域在80年代发现了二里头从早期到晚期的灰坑。因此,郑先生重新发掘了这个区域,想找一些有打破关系的灰坑,搞清楚二里头

△ 1997年,"夏商周断代工程"期间二里头遗址发掘现场

遗址的年代问题。发掘的结果还挺不错,二里头文化一期到四期的地层、灰坑都找到了,都是比较纯的。

采访者:哪次发掘最让您兴奋和难忘?

郭淑嫩:那当然是发现铜器墓了。我自己第一次在Ⅸ区发现一个铜器墓,激动得不行。一剔出来有铜锈,赶紧拿土盖上,然后着急忙慌地跑到杜金鹏老师那里,告诉他出绿东西了,杜老师看着我激动的样子都笑了。后来清理完,发现是个铜铃。

采访者:现在回忆起80年代初到90年代末的发掘,您觉得和今天相比区别大吗?

郭淑嫩:总体来说当时还是比较粗糙的,很多东西跟现在比有很大差距。以前照相、绘图只是针对特别重要的遗迹,不像现在,每个遗迹都要拍照、跑三维、绘图、做资料。那时候遇到灰坑就是简要地绘张图,其他资料基本没有,没有重要遗址轻易不照相。还有就是现在的科技考古,那时候根本没有,不存在采集土样这回事。

采访者:确实有些粗糙了,既有个人原因也有时代原因吧。我们继续下一个问题,大家的工作与生活条件如何?

郭淑嫩:最开始条件很艰苦,在没有建新驻地之前,考古队是租民房的。在二里头村的两户村民家租了8间房子,空间非常小,院子也很小,日常办公、储存文物、做饭、睡觉根本不够用。那时候没有餐厅,四五个老师都是在厨房打完饭回自己屋里吃,或者在外面吃。现在我们每个人都有电脑办公,事实上到90年代队里才有了第一台电脑,跟宝贝一样。郑先生是不允许别人碰电脑的,而且听说电脑又怕热,又怕冷,热了冷了都会爆炸,郑先生就专门给电脑配备了电暖气和空调,人住的地方却啥都没有。我们都没碰过电脑,郑先生专门招了一个学电脑的学生操作电脑。其实当时用电脑主要是打字,没啥难度。

采访者:您和郑光先生在一起工作应该有十五六年,能谈一下郑光先生在您心里是一个怎样的人吗?

郭淑嫩:他是一个比较严厉,比较固执,而且特别节约的人。他在工地成天都穿着工作服,洗得都发白了,不在工地的时候就穿汗褂,都穿烂了还在穿。

采访者:郑先生这么节约,居然舍得花钱建这样一个在当年很先进的工作队驻地?

︿1987年,许宏、郑光、赵芝荃、杜金鹏(左起)在租住的二里头民房前留影

郭淑嫩: 是呀,二里头工作队的驻地在当年社科院各地方队中是比较好的,也因这个事,郑先生遭受了不少非议。他当时应该是想着建个驻地不容易,要建得超前一点,给做学问的人们提供一个好的工作环境。郑先生为这个驻地付出了很多,从与大队交涉到购买土地,从设计结构到买材料,他费了很多心血。他当时还专门在站里设了一间房子做洗照片的暗室,还给几个房间内配了卫生间,据说这个安排招来了所里的批评。但郑先生这样做不是为了自己,有独立卫生间的房间都是给客人住的,他自己从来不住。后来杜老师搬到了楼上一个有独立卫生间的房间,他还很不高兴。

采访者: 听说郑先生做学问很拼命,是这样吗?

郭淑嫩: 嗯,是这样的。郑先生晚上从来不上床睡觉,整晚都坐在桌子前看书,如果太困了,就趴在桌上眯一会儿,他的床成天都是整整齐齐的。我们都感到奇怪的是,他平时不睡觉,但精神很好。反正他人挺操心的,在工地挖的每一个坑他都要看,画的每一条遗迹线他都要看,整理陶片的时候,他从头到尾都跟着一起摸。他一般不回家,一年要在二里头考古队待十多个月。他的老婆和孩子很少过来看他,我只见过他老婆一两次,他儿子倒是来二里头协助拍照过一段时间。

采访者: 您说郑先生比较严厉,比较固执,那他与队里面的其他人以及村民的关系如何?

郭淑嫩: 大家都挺怕他的,村民也挺怕他,郑先生跟村民接触不多。

采访者: 考古发掘会经常涉及青苗赔偿,郑先生会亲自跟村民们交涉吗?

郭淑嫩: 那时候土地还是归大队呢,不归个人,考古队直接跟生产大队沟通就行。

采访者: 郑先生在二里头待了20多年,离开二里头的时候,内心一定有许多不舍吧?

郭淑嫩: 是的。1999年他快要离开偃师的时候,虽然他没有说什么,但我们都知道他心情很不好。有一天他请我们这些技工吃饭,拿了好酒,他自己也喝了酒,他平时基本不喝酒的。不过他还是没说什么话,他就是不喜欢说话,我们也没跟他说什么,我看见他就害怕。我在二里头队上班,跟他的接触主要都是工作上的,他让我干啥我就干啥,私下没有太多接触。

采访者:您经常提到杜金鹏老师,能谈谈您眼中的杜老师吗?

郭淑嫩:杜老师不是一般人,他精明能干,工作做得非常漂亮,啥都会。哦,他还比较幽默。我记得有一次郑先生去洛阳开会,他就笑着跟我们说"阎王出了门,小鬼叫喳喳",意思是我们今天可以放松了,然后他就带着我们去打扑克了。杜老师跟我们感情很深,那年去北京整理报告的时候,杜老师单独请我们这些技工去大饭店吃烤鸭,他回二里头时也会请我们吃饭。我们每次见到杜老师都感觉很亲切,他就像亲人一样。

采访者:1999年,许宏老师作为二里头考古队的第三任队长来到二里头,您开始跟着许老师工作,您觉得这个新队长的工作思路与工作方法同郑先生有什么区别吗?

郭淑嫩:我对许队的第一印象是平易近人,他跟我们说话就像兄弟姐妹一样,没有队长的架子。郑先生在的时候,我们不敢说话,许队来了之后,我们除了聊工作上的事,还会聊笑话,聊一些家长里短。在工作上呢,许队非常严谨、认真,他刚到二里头队,就找我们商量他的发掘思路、发掘目的,平常发掘中出现的问题他都会跟我们交流。

采访者:许老师对你们工作上的要求比以往更严格吗?

郭淑嫩:的确更严格了。许队来二里头队后,也一直跟我们在工地发掘,跟我们一样拿着手铲刮面。每一份发掘记录他都要看,都要修改,错别字都给你挑出来。我们根据他的要求不断修改,直到改成他满意的样子。那几年他把我们的坏毛病都给掰正了,到2003年左右,我们都基本达到了他的要

⌖二里头遗址钻探

求,加上海涛过来辅助工作,他才开始慢慢放手。

采访者:许老师是怎样跟你们阐述他的发掘思路和发掘目标的?

郭淑嫩:许队从以前发掘的资料中找到了一些蛛丝马迹,比如2号宫殿的东墙在南北两端都出头了,他觉得很奇怪,猜想可能是2号宫殿的东墙利用了一段更长的墙。后来的发掘证实了那段更长的墙就是宫城东墙。他在2号宫殿东部钻探出路土,而且又宽又长,他告诉我们这可能是宫城大道。于是,我们按照他的要求开始向南、向北不断发掘、钻探这条路,就发现了井字形大道。这些都是他先想到的,他不是瞎挖,而是总能以最少、最关键的探方解决最重要的问题。总之,他想到啥会跟我们说,我们就会努力帮他去证实。

采访者:许老师接任队长期间,有了一系列重要发现,您觉得最重要、最令你们自豪的是哪一项?

郭淑嫩:应该是最早的宫城和最早的井字形大道,还有解决了二里头遗址的框架问题,发现绿松石龙形器,都是意外的收获。

采访者:这些重要成果后来都汇集到了大型考古报告《二里头(1999—2006)》里,能谈一谈整理这套报告的历程吗?

郭淑嫩:报告集中整理的时间是3年左右,加上之前一边发掘一边整理,用时超过10年。整理得很艰难,那么多图,那么多描述,那么多打破关系要厘清,太让人崩溃了。尤其是后来一直负责制图的静玉(二里头工作队技师,详见后文访谈)回家生孩子了,人手不够,我临时替补去制图,很不熟练。最后一段时间,报告着急出版,时间特别紧张,我们全队人被拉到北京进行集中整理工作。在北京的那段时间,我们没日没夜地干,晚上都干到11点多,有时候干到凌晨两三点,我现在的颈椎病就是那时落下的。我在北京待了40多天,他们几个年轻人待的时间更长。在北京待了那么

△《二里头(1999—2006)》书影

多天,基本没有出去玩儿过,只在十一假期的时候休息两天,去天安门和鸟巢逛了逛。现在想想,整理这套报告真是吃尽了苦。

采访者:这套报告最难整理的部分是哪一块?

郭淑嫩:都挺难的,都很费工夫。遗迹打破关系太多,理着理着就容易出错。陶器太多,分型定式也麻烦得不得了。反正困难太多,一时间说不完。

采访者:单看5大本报告的厚度,我就完全能理解整理报告的艰辛了。既然发掘和整理都这么辛苦,你们平时在考古队会有一些放松或娱乐的方式吗?

郭淑嫩:基本没有,偶尔在整理的间歇踢个毽子,活动一下老胳膊老腿,打打扑克放松一下。连续工作一段时间后,许队和赵队觉得大家辛苦了,会请大家去外面吃顿饭。许队在任的时候,带我们出去旅游过几次,大部分都在洛阳附近旅游,远的地方去过山东日照、陕西华山。

采访者:您除了在二里头遗址发掘,还去过其他遗址,能谈一谈吗?

郭淑嫩:我参加的其他发掘其实不多,去过郑州南水北调项目的考古发掘,去过新疆。在郑州干的时候,由于是基建项目,赶得很紧,中午吃完饭就得加班绘图;晚上也得加班干,清理一些表土和不太重要的遗迹。反正在郑州很累,而且因为要赶进度,发掘质量没有二里头高。2007年在新疆主要是发掘墓葬,很多墓葬都被盗掘了,所以出的东西不多,工作比较轻松。但是我们在新疆的经历比较惨,刚去的时候住在旅社,东西被偷了,手机、钱、绘图工具都被偷了。我和丛苗住在二楼,小偷是从窗户爬进来的,一行人中就偷了我们两个女的。现在回想,我怀疑小偷可能用了迷药,因为我刚去新疆,很不适应,根本睡不着,但被偷的时候居然没有任何感觉。大晚上的时候,我们都睡着了,一点没有察觉,幸好人身安全没有出问题。

采访者:您在二里头考古队已经工作了30多年,跟您一起来队的12位技师很多都因为各种原因离开了考古队,您为什么选择留下?

郭淑嫩:是啊,跟我一批进来的就剩宏章了,其他人都走了。他们离开的主要原因是考古队的工资一直不涨,养活不了家里,还有一个原因是觉得郑先生脾气不好,在队里经常受气。走的人当中有几个选择去民办学校当中小学老师,有几个去工资更高的地方继续干考古了,还有一些人去干别的活儿了。我不走的主要原因是我脾气好,忍耐力强,想着既然选择了就一定要坚持下来。

采访者:除了日常的发掘,您会主动去学习一些考古知识,阅读一些考古方面的书籍吗?

郭淑嫩:不是特别多,但许老师出书了一般都会送我们,我会翻一翻,看一看。看书最多的时候,还是刚来考古队以及后来整理报告的时候,那时需要查看很多资料。我们一般很少仔细去琢磨那些特别学术的研究专著,大部分情况下都是带着问题去查资料。

采访者:洛阳盆地中东部区域系统考古调查是您考古生涯当中一项非常重要的组成部分,能谈谈那次调查吗?

△2002年,参加洛阳盆地中东部调查,右起:郭淑嫩、郭朝鹏、郭朝杰、赵海涛、杨宝生、王丛苗

郭淑嫩:这个项目其实可以分成前后两个阶段,前后阶段的领导单位不同。前一阶段是由考古所河南一队和澳大利亚的刘莉老师等人组成中澳美联合考古队对伊洛河流域进行系统调查,但他们没有在二里头遗址周边开展调查。2000年左右,中澳美合作的调查结束了,许队接了一个研究洛阳盆地聚落的课题[1],开始了第二阶段的调查,范围主要是在洛阳市区以东的盆地中东部。虽然第一阶段工作二里头队也派人协助了,但我们全队齐上阵主要是在第二阶段。当时许队是我们的领队,整天跟着我们一起调查,调查的成员有我、宏章、丛苗、静玉、朝鹏等,全队都去了。那次调查虽然挺累,但还是很快乐的,成果也很丰厚,报告出了四大本。那时候许队特别有干劲,跟年轻小伙子一样,一直走在我们前面,我们都走不动了,他还在跑。有时候到了中午,我们又饿又累,但看到许队还在走,我们都不敢歇。他那时候拿着图纸,一边走一边看,对周边的地形地貌非常了解,我们都很佩服。

采访者:许宏老师来到二里头工作队之后,和周边的村民是怎么一种相处状态?

郭淑嫩:许队跟村民的关系是比较好的,他会跟村民讲解二里头文化的重要性,还给村民开过讲座。许老师很会讲,讲的东西村民能听懂。他还给村里的学校上课,学生们也很喜欢听。许队在村里朋友很多,那些人都喜欢跟他聊天。

采访者:您作为一名女性,长年忙碌,长年辛苦,那您是怎样抽出时间照顾家庭的?

郭淑嫩:其实最亏欠的是孩子。郑先生在二里头的时候,我两个小孩还很小,我根本没时间照看孩子,家里也没人能看孩子,我每天早上5点起床,把饭做好,7点把孩子从床上拉起来,骑个车把他们送到我嫂子家,让她帮忙照看。不管是夏天还是冬天都是这样。冬天冷,孩子们不愿那么早起床,又哭又闹,我也不管,拉上他们就走。很多时候,我看见他们哭成那样,心里也很难受,但我还得按时上班,没办法。那时候我儿子1岁左右,女儿也就4岁的样子,真的很不忍心。

采访者:您的两个孩子都很优秀,后来都上了很好的大学,都读了研究生,他们的教育主要是由他们的父亲承担吗?

郭淑嫩:孩子父亲不怎么管,他也很忙,一般都是我晚上回家后辅导他们做作业。

我的女儿还挺让我省心,关键是我儿子,特别调皮捣蛋,三年级就开始上网吧,晚上吃饭都找不到人,学习成绩直线下降。本来学习挺好的一个孩子,后来学校老师都管不了,把我叫过去谈话,告诉我问题的严重性。从那以后,我每天晚上陪他学习,帮他听写生字,看他读课文,学校的作业完成之后还给他布置一点其他作业,慢慢地他的成绩才好起来。还有一点我觉得挺重要,就是孩子们受到了考古队的影响。村里读书的人不多,但是考古队的老师都是文化人,来实习的学生都是名牌大学的硕士生、博士生,我小孩常常去考古队会间接受到影响。

采访者:二里头夏都遗址博物馆和考古遗址公园建成之后,给周边的社会环境和生态环境都带来了很多好的变化,但我也听到村民们对博物馆和遗址公园的建设有些不满,您怎么看?

郭淑嫩:怎么说呢,博物馆和遗址公园建成之后,我们这个地方的名气确实比以前更大了,二里头遗址的重要性得到了更好的体现。村民们闲的时候有了一个好去处,早上、晚上都可以去遗址公园散散步、跳跳舞,夏天热的时候还可以去博物馆乘个凉,周边也开始变干净了。有些村民觉得不好的原因是看不到任何收益,原先好好的土地,可以种粮食,现在被占了,建了公园、博物馆或是栽上了草。还有,为了建博物馆和遗址公园,把村民的房子给扒了,安置房却迟迟建不起来,一拖再拖。三年过去了,我们一直在外面租房子住。唉!

采访者:新世纪以来,考古学有了很大的变化,科技考古开始蓬勃发展,您在田野发掘的时候感受深吗?

郭淑嫩:有感受。现在我们每一个遗迹都要拍三维,看起来很直观,资料记录非常全面。我们平时在工地,土样采得也比较全,都是很自觉地采样。这些

⚑ 二里头考古遗址公园一角(晓尘摄)

都得益于科技的发展,以后考古信息采集肯定会越来越全面,得到的信息会越来越多。

采访者:二里头遗址的发掘一直在继续,您知道接下来二里头考古要解决的重要问题是什么吗?

郭淑嫩:应该还是框架布局的问题,二里头的框架布局现在还不是很清楚。海涛很想知道二里头遗址是不是分成了多个功能区、多个居住区,有没有形成九宫格式的布局。

采访者:赵海涛老师作为二里头队的第四任队长,您觉得他的工作方法与许宏老师有什么不同?

郭淑嫩:他们两个各有特点。许队做事大开大合,海涛做事小心谨慎。他们的共同特点是脾气都比较好,不怎么发火,对我们比较好。

采访者:听说周边村民特别爱护文物,盖房、挖地的时候发现文物都会上交考古队,是这样吗?

△2022年夏,郭淑嫩(左)和实习学生陈凯(中)、张飞(右)在工地

郭淑嫩:20世纪七八十年代,人的思想比较单纯,看见东西一般都会上交,铜器也都会上交。最近十几年,村民们犁地、打墓的时候发现石器也会上交,但铜器这些年没有上交的,可能是没有发现吧。考古队对于上交文物的人会给一些奖励,但给的钱不多。有一年,村民们打墓时挖出来一个很好的石钺,上交队里后,队里奖了他一条香烟。

采访者:最后一个问题,在您多年的考古工作当中,最难忘的人是谁?

郭淑嫩:最难忘的人我不想说名字,反正是一位考古领队。很多年前,我们去郑州发掘,本来说好的工资,到了之后他变卦了。发掘的时候一直给我们限定时间,让我们必须什么时候挖完,挖不完扣工资。你说地底下的东西,我们咋知道还有多深,怎么可能限期挖完。考古本来应该一层一层地挖,一个坑一个坑地挖,他搞得就跟包产到户一样,让你什么时候挖完就得什么时候挖完,拿大铁锨挖也得挖完。当时我们非常接受不了,后来都不想给他干了。要说最感激的人,就是许队。许队来了之后,队里的气氛好了很多,他把我们当成兄弟姐妹。许队虽然对我们的工作要求比较严格,但批评我们时都会给一个台阶下。他教了我们不少东西,不仅为了考古队能完成任务,也为了我们个人发展。

采访者:谢谢老师这么晚接受我的采访,您辛苦了。

郭淑嫩:不客气,你也辛苦了。

注释

1.2000 年,中国社会科学院重大课题"黄河中下游地区古代生态环境的变迁与人类生活方式及文明演进关系研究(2000—2004)"立项,由时任考古所副所长王巍主持。项目中的"洛阳盆地考古调查与聚落形态研究"作为子课题,交由二里头工作队具体实施。以此子课题的启动为契机,时任二里头工作队队长许宏带领全队成员,开展了洛阳盆地中东部区域系统考古调查第二阶段的工作。

王法成

我属于二里头，它的一切我都关注

亲历者：王法成

采访者：张飞、林思雨

访谈时间：2022年9月19日夜

访谈地点：山东大学青岛校区博物馆107教室（电话访谈）、中国社会科学院考古研究所裴李岗遗址考古发掘工作队

亲历者简介：王法成，河南省洛阳市偃师区翟镇镇四角楼村人，1964年3月出生。小学与初中毕业于四角楼学校，1976—1980年在翟镇高中完成高中学业。1984—1996年、1999—2002年任职于中国社科院考古所二里头队。工作期间先后参加了河南洛阳二里头、偃师商城、偃师灰嘴、郑州大师姑、新郑裴李岗等遗址的发掘。现为中国社科院考古研究所特级技师。

在二里头遗址实习的几年里，我从领队、技师以及工地民工的口中时常听到一个叫"王法成"的名字，却从未见过这位老师。从大家的讲述中我得知，这位王老师曾是二里头考古队的老队员，本领高超，帮助郑光、许宏两位队长完成了很多重要的发掘，更是二里头队队史的参与者与见证者。机缘巧合，我在工地认识了王老师的爱人陈苗娥阿姨，从她那里了解到了更多的关于王法成老师的信息。于是，从确定本书的访谈计划开始，我便有意找机会对王老师进行访谈。可是由于他长年在郑州进行考古工作，实习期间我竟一次也未见到他，访谈工作就此搁浅，继而放弃了。

2022年我回到学校整理访谈录，从其他老师的访谈中多次注意到他。我意识到这位辅助两任二里头考古队长，后来毅然离开二里头队的老技师，一定藏着很多故事。这次我下定决心，一定要访谈到他。我原本准备2022年暑假去郑州裴李岗遗址对王老师进行现场访谈，然而新冠疫情又至，我被封在校园里不得出。正在此时，我偶然得知硕士时的师妹林思雨曾在裴李岗与王老师一起工作了很久，我打电话过去向她了解情况。巧合的是，林师妹早知道王老师是个有故事的人，两年前就对他进行过一次访谈。她知道我要采访王老师，很是支持，将她之前的访谈

∧∧2022年秋，王法成在裴李岗遗址进行土壤采样

记录发给了我，虽只有千余字，却成为我深入了解王老师，进而拟定访谈提纲的重要参考。林师妹在跟我说了一些王老师的情况后提醒我，王老师虽为人和善，但在陌生人面前比较腼腆。此话引起了我深深的担忧。

后来我得知硕士时的同班同学正在裴李岗遗址发掘，指导她的正是王老师，我便打电话继续向她了解王老师的情况，而她告诉我"王老师特别健谈"。从两个同学的口中得到了完全相反的评价，让我有些不知所措。犹豫许久，我最终决定先联系上王老师，打听一下他的意愿，毕竟"绝知此事要躬行"。在王老师爱人陈阿姨的帮助下，我加上他的微信。寒暄几句之后，我便开门见山地提出了访谈一事。他答复可以，但说自己不善言辞，比较内向，可能聊不了太多。闻此言，我又开始担心起来，怕访谈时难免尴尬。

可当正式访谈开始后，我发现我的担心完全是多余的。当谈及当年二里头、偃师商城遗址发掘时的人和事，他记忆的清晰程度让我难以置信。他说话直率，对不少与他共过事的同事都毫不掩饰地做出评价，好恶形于色。而当谈起围绕二里头与偃师商城遗址的重大学术争论时，他更是滔滔不绝地陈述己见。他对夏商分界、二里头遗址性质等问题的了解程度，让我这个考古专业的学生深感惭愧。毫不夸张地说，他是我所见过的最学术的考古技师。在后来与许宏老师的交谈中，许老师表达了同样的看法。或许根本的原因在于，王老师虽然已经离开二里头队整整20年，但他的心中从未放下过二里头遗址。在访谈中，因我对于二里头遗址的了解触到了他最不能割舍的记忆，因此他敞开了心扉，尽抒己意。

访谈结束后，我向王老师索求几张他的生活照与工作照，他告诉我自己从来不拍照，没有照片。不知怎的，我虽然感到有些失望，但转眼便觉得理当如此。从与他的访谈中，我已经感受到，他是一个极为低调的人，唯一感兴趣的只有考古这项事业本身。鉴于此，我只能从已经出版的调查与发掘报告中找一些他的工作照，同时拜托正在裴李岗遗址发掘的同学"偷拍"几张发给我。就这样，我完成了采访王老师的任务，现在回想起来，常有些"自鸣得意"之感。

采访者:王老师,请您简单介绍一下自己。

王法成:我是四角楼村的,就是二里头遗址南边的那个村子。我从小生活在那里,在村子里读完了小学、初中,去翟镇读高中,高中毕业后在家干了几年农活,后来去了考古队。

采访者:您的童年和少年时期生活如何?

王法成:应该说是比较快乐的。我童年时期是"文革"后期,那时我们的生活水平还是挺高的,整个偃师地区,特别是我们夹河滩这一片,经济收入很高。那时候很多地方还吃不饱穿不暖,但我们不愁吃不愁穿。也是因为生活比较好,所以上高中时我比较懒,功课丢得太多。那时候上班一个月能拿三十六七块钱,去生产队干活,一天也能拿一块七八,并不差,所以没有学习的动力。

采访者:我知道七八十年代你们村附近有好几家大型化工厂,经济确实比较发达。

王法成:这些化工厂不在我们村,主要在二里头村和北许村。"文革"后期国家很多的厂矿不干了,他们趁着这股子春风引进了一些厂矿。因为这件事,二里头村还出了两个全国人大代表,这在当时是挺轰动的事。不过我们村也不错,因为离洛河故道近,到处都是芦苇,靠芦苇编席子卖,一年能挣好多钱。当然,不仅我们村这样,洛河故道两边的村子都干这一行。别看现在四角楼村发展得不咋地,当时我们的集体经济真是相当不错。

采访者:后来为什么衰落了?

王法成:其实一开始,我们村每个生产队的直接收入比二里头村、北许村要多,因为我们就临着洛河故道,芦苇地多,编苇席的收入很可观。后来之所以衰落,是因为90年代初地下水位下降,芦苇都旱死了,加上用苇席的人越来越少,没什么市场了,收入便一落千丈。还有一个重要原因是我们的农田太少了,农民终究要靠地吃饭啊!从那时候开始,我们慢慢地就赶不上周边地区了,他们继续发展,我们基本上停滞了。

采访者:原来如此,挺可惜的。地下水位为什么会下降?

王法成:气候变得干旱了肯定是一个原因,而且周边化工厂起来了,用水过度也会导致水位下降。

采访者：您是什么时候决定去考古队的？

王法成：我1980年高中毕业，没考上大学，1981年复读了一年，英语实在是太差，又没考上，就回家务农了，一直干到1984年。1983年，考古所汉魏洛阳城队发现了偃师商城，赵芝荃先生被任命为队长，二里头队的一些老技工被他带到了商城考古队。这样二里头队的人手就不够了，郑光先生开始对外招人。我就是那一次报的名，顺利考到了考古队。

采访者：当时二里头考古队招人是以什么形式招的？

王法成：就是一个简单的考试，笔试之后还有面试。考试的内容有语文、数学、历史，什么都有，题目应该是杜金鹏老师出的。至于具体考的什么题目，过去40年了，记不清了。

采访者：当时参加这个考试，是因为对考古感兴趣吗？

王法成：对的。因为我就住在遗址上，小时候上学、放学的路上经常到工地转一圈，看他们挖遗址，觉得挺好玩儿的。队里的郑光、杜金鹏、张国柱几位老师，我经常见到他们，熟悉得很。队里的民工都是我们村的人，他们一起聊天的时候，经常提到队里的人和事。总之是耳濡目染吧，渐渐就有了兴趣。

采访者：和你一起参加考试的还有谁？

王法成：当时一共招了14个人，最终上班的是10个人。干着干着就剩下我、宏章、淑嫩我们3个了，其他人都走了，有的去做生意了，有的去当老师了，还有的去别的地方干考古了。

采访者：离开的主要原因是工资吗？

王法成：工资是最主要的吧，他们都认为干这个没啥前途。

采访者：1984年你刚去的时候，工资能有多少？

王法成：一块五毛钱一天，在当时是相当高的。可是工资涨得太慢了，到1987年计划经济开始转向市场经济，物价暴涨，我们的工资却一直没涨。一直到1993年，我们的工资才涨到每天四块三毛钱,那时候建筑工人搬个砖一天能拿五六块钱。1993年,岳洪彬老师来到二里头,他觉得我们的工资太低了,就帮我们向上面提意见,我们的工资才涨到四块七毛钱。再往后,到1995年,工资涨到了六块多,当时普遍的工资是十几块、二十多块一天。等到我1997年去偃师商城时,商城队的工资已经九块多了,二里头队还是六块多。1999年许宏老师接任队长的时候,二里头的工资才九块多,不到十块。你想想,有多低。我的好几个师兄都受不了了,只有走了。也是因为工资的事,当时的队长郑光先生和杜金鹏老师还发生了一些不愉快。

采访者:所有技师所从事的工作都是一样的吗?

王法成:队里的技工分两种,一种是长期干的,在室外干发掘,回到室内就搞修复和文物绘图。另一种是工地开工就去,工地没有活儿就回家,这部分人收入不稳定。最初,我属于那种工地开工就去,工地结束之后把资料整理好、陶片看完,就被赶回家的。我是到1986年才成为长期技工的,主要是因为1984年和1985年这两年很多技工都不干了。

采访者:您是怎样入门的?

王法成:郑先生亲自带我们挖。当时二里头遗址的发掘主要分两个区,张国柱、杨国忠老师带着一批人在Ⅵ区挖墓,郑先生带着我们在Ⅴ区挖遗址。遗址的时代属于二里头文化五期[1],也就是二里岗文化上层。我们到工地后整天在探方刮面,刮一遍,画好线,然后就让郑先生过来看,他看了之后觉得不行,就让我们再刮。反正每刮一遍都要让他看,反反复复,直到他觉得差不多了,他才会说"中了,你看着干吧"。那时候每天都是这样的。

采访者:室内整理也是郑先生自己教吗?

王法成:刚开始的时候,郑先生会讲解陶器的纹饰、形制和断代标准,我们跟着记就行了。至于拼对陶片,那就要靠个人的悟性了,或者自己下苦功夫。

采访者:您对郑先生的印象如何?

王法成:他人倒是挺好的,就是太古板、太严肃了。他的学问做得很好,但性格有些孤僻,而且争强好胜,谁也不服。在别人没当领导之前,他跟他们都是哥们儿,别人一旦当上领导,他就有点不服气了,就开始杠上了。1995年以前,他和杜老师关系一直很好,真的很好,看不出一点隔阂。到1995年,所里决定由杜老师主持发掘,让他整理报告和图录。他很想继续主持发掘,觉得杜老师占了他的工作,就开始跟杜老师闹矛盾。

采访者:您在1997年的时候为什么决定去偃师商城?

王法成:那时候二里头队的老师们的关系出了问题,闹了内讧。因为这件事,杜老师离开了二里头,1996年被调到了偃师商城任队长。我当时觉得杜老师为人比较正直,办事情比较公正,索性就跟杜老师去商城了。当时有几个师兄因为这些问题不干了,想想挺可惜的。

采访者:您在二里头参加的那些发掘中,最让您难忘的是什么?

王法成:那些年里,我们发掘了好多遗迹,灰坑、水井、墓葬、建筑都有。印象比较深的是1986到1987年在二里头队院子里发现了几座比较好的铜器墓,当时挺兴奋的。另外,还有两个小建筑,我印象也比较深。杜老师认为这两座建筑可能是亭子,其外围有一周礎墩[2],中间也有几个礎墩。这两座建筑就在驻队院子的西南角,井房的旁边。

采访者:您到偃师商城之后的工作,内容与二里头队有什么不一样吗?

王法成:我到的时候,偃师商城正在发掘宫殿区。当时工地上有谷飞[3]、张良仁[4]、王学荣[5]、许宏等好几位老师。他们每人管一个小片区,带一两个技工。工地的记录

⌃1997年,王巍、许宏、杜金鹏(左起)在偃师商城发掘现场

△1994年，邹衡先生和学生在二里头遗址考察，左起：孙华、宋云涛、邹衡、雷兴山、张立东、刘绪、宋豫秦、董琦、郭引强

都是他们自己做，我们只负责发掘就行了。我当时跟的是许宏老师，那时候他还很年轻。因为这次发掘我跟许老师合作得很好，所以他1999年去二里头队接任队长的时候，一定要我跟他回去。盛情难却，1999年我又回到了二里头。

采访者：那时郑光先生要退休了吧？

王法成：差不多是那时候，具体应该是2000年郑先生退休。本来郑先生是想让张立东[6]接任队长的，张立东是邹衡先生的弟子，郑先生是邹先生的师弟，也就是张立东的师叔。邹先生当年招了张立东做博士，张立东毕业后，郑先生就想让他去二里头工作。邹先生说全国商城已经有五个了，二里头只有一个，非常重要。邹先生、郑先生跟考古所的领导商量了对张立东的安排，最终的结果是把杜老师弄到了偃师商城，把张立东弄到了二里头。可是谁也没有想到，1997年"夏商周断代工程"时张立东是二里头遗址的发掘负责人，但到发掘工作快要结束时，郑先生突然全盘接手了一切工作，不让他管了。张立东被架空之后，心里不舒服。到了1998年，所里有个交流项目，他就决定不在二里头干了,去哈佛大学做访问学者了。张立东走了以后,许老师过来接了班。许老师当时已经在偃师商城待了几年,有丰富的经验,可以挑大梁了。

采访者:这件事好复杂,属于"学术瓜"了。挺可惜的,要是没发生这样的事,张立东老师一定可以在二里头干出一番事业。

王法成:没什么可惜的,中国这么大,到别的地方也会有很好的前途。

采访者:您再次回到二里头队时,以前一起工作的老朋友还有多少人在二里头?

王法成:没有多少了,就宏章、淑嫩了。1997年之后,配合三峡工程的考古大规模开始了,全国到处缺技工,很多师兄弟趁此机会出去了。其中有不少去了郑州市考古所,去南方的也有,我的一个师兄现在在广东省考古所,还有一个师兄留在了深圳宝安区的文保所。

采访者:再次回到二里头考古队,您在感情上有什么变化吗?

王法成:跟许老师回到二里头队以后,我在工作上还是挺顺心,跟许老师合作很愉快。不过,因为我是许老师从偃师商城带回来的,已经不属于队里原有的技工圈子了,所以跟其他技工产生了一些矛盾,人际关系上有些不太舒服。

采访者:当时二里头的工作模式与郑光先生在时有什么不一样吗? 与偃师商城相比,又有什么不一样?

王法成:我感觉没什么太大区别。许老师到二里头队后,每天和我们一样下工地,盯得很紧。直到我离开二里头队以后,海涛和国梁[7]在工地熟练了,许老师才减少了到工地的频率,开始认真做他的研究。

采访者:您是什么时候第二次离开二里头的? 原因是什么?

王法成:我是2002年离开二里头的,去了当时的郑州市考古所,那里有我几个师兄在,他们把我介绍过去了。至于原因,主要是因为人际关系吧。工资方面的原因也有,二里头队那时工资一天还不到10块钱,我去郑州市考古所的时候,工资已经是40块钱一天了。当时女儿已经上初中,儿子也快上初中了,家里经济压力比较大,所以出去算是一个好的选择,毕竟能赚些钱。

采访者：按照这个时间算，您应该参加了大型区域系统调查项目"洛阳盆地中东部区域系统考古调查"，能否谈谈这项工作？

王法成：这个项目从头到尾我都跟着，我应该是在这个项目中工作时间最长的人了。从1998年到2008年，很多著名考古学家参加了这个项目，包括陈星灿[8]、刘莉、李润权[9]、华翰维等。2002年夏天调查工作就基本结束了，后来又补充调查了几次，仍旧由河南一队[10]负责。那时候我虽然已经去了郑州，但是还是回来参加了补充调查，因为我对调查程序、器物辨识都比较熟悉。

采访者：您在郑州市考古所的时候，主要参加了哪些发掘项目？

王法成：当时正在发掘大师姑遗址，缺少懂二里头文化的技工，我一去郑州市所就参加了这个遗址的发掘。当时从郑州商城考古队——也就是河南省所去了三个技工，从二里头考古队也去了三个技工。从2002年到2005年，我一直待在那里。大师姑遗址发掘结束之后，我又回到了社科院考古所，去了河南一队。可以说，我一直在"叛逃"。

采访者：大师姑遗址的发掘报告您参与整理了吗？

參加洛阳盆地中东部调查。左图为2000年雪中留影，左起：王法成、李润权、李玲、郎汝哥、席彦召、陈星灿。右图为2001年在调查途中，右起：王法成、许宏、王丛苗、王宏章、陈国梁、杨宝生、徐安民

王法成：大师姑遗址 2002 年挖完，2003 年就出了报告，我参加了报告整理。成果出得这么快，是因为王文华[11]先生要评职称，报告算重要成果，大师姑后面几年的发掘材料到现在应该还没有出发掘报告。

采访者：大师姑遗址发掘结束后，又是怎样的机缘让您去了河南一队？

王法成：因为洛阳盆地中东部调查项目的时候，我一直跟着陈星灿老师干活，他可能觉得我田野水平还

↑2005 年，参加洛阳盆地中东部调查，王法成（右）和陈星灿一起工作

行，就把我要到他那里了。2006 年我跟着陈老师去了偃师灰嘴遗址发掘，这个发掘项目是跟澳大利亚拉楚布大学合作的，澳方的主持人是刘莉老师。

采访者：灰嘴遗址是史前的大型石器加工场，非常重要。这种中外合作的发掘项目，跟中国人自己主持的发掘有什么区别？

王法成：和旧石器遗址的发掘一样，开的是 1 米×1 米的探方，清理得非常仔细，速度也很慢。这个遗址确实非常重要，出了大量的石器、石料、毛坯、半成品，还有一些石器加工工具，可能是龙山文化晚期到二里头文化时期的一个以石铲为主要产品的石器加工厂。这个遗址南边五六公里就是南山，南山上就产那种用来做石铲的鲕状灰岩和鲕状白云岩。古人从南山上把这些石料采下来，在河边打制成石铲的毛坯，然后对外出售，我觉得应该是这样的。灰嘴遗址的报告 2017 年已经基本整理完了，交给了陈老师。不过，陈老师现在当所长了，太忙了，没有时间处理出版的事情，估计等到他退休以后会把报告出了。

采访者：灰嘴遗址的工作完成之后，您去了裴李岗遗址工作，两个遗址时代跨度非

常大,您刚上手时是否感觉到有困难?

王法成:没有什么难的。因为在洛阳盆地调查的时候,我们发现了不少裴李岗文化时期的遗址,见到不少这一时期的器物,相对而言我还是比较熟悉的,所以上手还是比较快。实际上,从裴李岗文化时期到商周时期的东西我接触过不少,各个时期的遗址都能干。那个时候除了电视外没有什么娱乐活动,晚上在值班室值班时,我就翻考古发掘报告,对相关的遗迹、遗物都有一定的了解。说来惭愧,那时候我看书还挺多的,现在有了手机,看书就少了。

采访者:现在裴李岗遗址的发掘与此前您参加的那些发掘区别大吗?

王法成:在田野发掘上可以说区别不大,基本上都是按那时候的思路在做。不过,现在的发掘比那时候精细多了,因为科技考古越来越盛行,三维建模、各种遗物的采样都是家常便饭,以前没有这么弄。

采访者:裴李岗遗址与二里头遗址相比,哪个发掘难度更大?

王法成:肯定是二里头遗址更难。二里头遗址是个大都邑,裴李岗遗址是个小聚落,两者不能相提并论。二里头遗迹与遗物都更丰富,遗物的精美程度是裴李岗无法比拟的。但这并不是说,我后来到裴李岗遗址我就很遗憾,完全没有,裴李岗有它的重大意义。我在裴李岗工作、生活都非常愉快,和这里的其他老师都是很好的哥们儿。

采访者:理解您。我知道您虽然离开了二里头,但是对二里头有着很深的感情,您在微信朋友圈常常会转发有关二里头遗址新发现与意义的文章。

王法成:这是必然的,毕竟二里头是我曾经生活的地方,我又是在那里长

⚐ 2022年秋,王法成在裴李岗遗址工地发掘

大的,情感是割舍不了的。不过我要多说一句,我对二里头遗址的很多看法跟队里的人、跟其他许多考古学家都不一样。这一点许老师是清楚的,他刚去二里头队的时候我就跟他表达过。

采访者: 怎么说?

王法成: 我至今倾向于郑光先生的观点,我受他的影响比较大。郑光先生认为二里头遗址的分界应该在一、二期之间,而当时考古所的主流观点是在二、三期之间。

采访者: 二里头文化一期的遗存数量实在太少了,很难讨论什么问题。

王法成: 就是因为这样啊,所以我说二里头遗址真正大发展是从二期开始的,我说的分界就是这意思。我始终认为二里头遗址是早商的。如果你去二里头队东边的仓库看,就会发现二里头文化二期的时候,岳石文化陶器还是挺多的,到了三期以后就没有了,四期晚段又出来了。这是一个非常重要的现象。我的想法是,二期是商人与夷人联合灭夏的时候,是他们交流的时候。商人把夏灭了,紧接着商人西迁了,把东部地区留给了夷人,以岳石文化为代表的夷人就强大了起来。到了三期,商人和夷人的关系破裂,形成了商夷对峙。最后,到了四期就发生了蓝夷作乱这件大事,所以二里头遗址四期晚段又出现了很多岳石文化的东西。也就是在四期晚段的时候,商王仲丁开始伐蓝夷,并且把都城迁到了隞都,也就是郑州商城,蓝夷则被赶回了海岱地区。我觉得应该是这样。我跟许老师谈过我的观点,现在他不谈夏商了,我们也就没再交流过。这些问题很有意思、很重要,你们这些做学问的人应该仔细考虑一下。

采访者: 您的意思我能理解,您想说二期时二里头遗址的岳石文化遗存是商夷和平交流的结果,四期晚段则是商夷对峙的结果,是这样吗?

王法成: 基本是这样吧。你看二里头遗址高档次的东西——上层建筑的东西基本都是从东方过来的,都是山东龙山文化的器物,低层次的东西都是河南龙山文化的。所以说,商人西迁以后把上层的东西从山东地区带到了二里头,把低层次的东西留给了岳石人,你看岳石的东西大部分都是很粗糙的。总的来说,山东龙山文化与河南龙山文化融合之后形成了二里头文化。

1994年，张光直先生在河南商丘南关古城遗址发掘现场，观察出土陶片

采访者：您的意思是山东龙山文化可能就是先商文化？

王法成：是的，山东龙山文化应该是先商，河南龙山文化是夏，两种文化融合之后就变成了二里头文化。张光直[12]先生当时去豫东的商丘找先商文化的器物——也是我们通常说的漳河类型、下七垣类型的东西。找不到，那根本不是先商文化，山东龙山文化才是先商文化。

采访者：我们通常所说的二里岗文化为代表的早商人群和二里头遗址的"商人"是同一族群吗？

王法成：应该是一样的。郑州商城为代表的二里岗文化商人是仲丁从二里头遗址迁都的结果，二里头遗址剩下的商人还在那个地方。包括河亶甲迁相、祖乙迁邢、南庚迁殷这些事件都是商人族群的内部分化导致的，主要原因就是史书中说的"九王之乱"，说白了就是内斗，斗不过就跑了。你看商代都城那些窖藏坑，挖出了那么多青铜器，应该是逃跑过程中埋下的，那都是国之重器啊。他们埋的时候是想着未来还能打回来，这些国之重器还可以用，哪知道他们再也打不回来了。

采访者：现在存在这样一个问题，岳石文化是在龙山文化之后在海岱地区兴起的，如果山东龙山文化是先商族群的文化，那么作为夷人文化的岳石文化，它的来源在哪里？

王法成：岳石文化的器物和山东龙山文化有很大的关系，可能也源自山东龙山文化。山东地区的器物和研究我看到的不多，尤其实物上手不多，不是很了解，这只是推测。

采访者：您的意思是,岳石文化的祖先在山东龙山文化的人群当中,如果这样的话,先商族群与夷人族群原本可能是一体?

王法成：可能是这样吧。

采访者：您刚刚说商人西迁之后把上层的东西带到了二里头,指的是实物吗?

王法成：对。不过不排除商人可能把制作上层器物的工匠也带到了二里头,然后留在本地的岳石文化人群就不会做了。

采访者：基于您的这种认识,现在河南龙山文化的那些大城应该都是和夏有关的,是这样吗?

王法成：是这样。我认为,从庙底沟二期文化开始是中华早期文明的大爆发,相当于三皇五帝那个时代。你如果去过新砦遗址,就会看到新砦有很多山东龙山文化的东西,而且还有那么多大窖穴,可能是用来储藏战备物资的。我觉得新砦应该就是商人灭夏的一个据点。

采访者：您的微信名"临亳望嵩"是不是跟您的这些认识有关?

王法成：是的。这里的"亳"指的是商代的都城亳都,在我看来就是二里头遗址。我推崇的是"西亳说",二里头遗址就是文献中的"亳阪"。邹先生在《偃师商城即太甲桐宫说》[13]这篇文章里引用了《太康地记》里的一句话,"尸乡南有亳阪,东有城,太甲所放处也",因为偃师商城就在尸乡的东边,所以他认为偃师商城就是伊尹放逐太甲的桐宫。可是邹先生在文章中只解释了"东有城,太甲所放处也",没有解释"南有亳阪"。而二里头其实就在尸乡的南边,应该就是"亳阪"。可为什么邹先生没有解释,我也不太清楚。后来不是又有了新西亳说吗?认为偃师商城是西亳。但就算偃师商城是西亳,那西亳也是在偃师啊,我还是"临亳"。至于"嵩",指的是嵩山,从二里头遗址往南边看就可以看到嵩山。

采访者：王老师,您真了不起,思考得如此之深。这个话题再进行下去就变成学术讨论会了。下一个问题是,您到裴李岗遗址工作之后,一般多久能回家一次?

王法成：一般情况下6月、9月底到10月初、春节一年回家三次。6月份是回家收麦子,9月底10月初是回去收秋种麦子,这两个时间段工地民工都要回家干活,工地上没人。

采访者:那您与家人相见的机会太少了,您的爱人会经常去郑州吗?

王法成:她就来过一次郑州。2020年我们这边发掘到了一些墓葬,因为她常年在二里头遗址清理墓葬,我就让她过来帮忙。她来了以后发现这边的墓都保存得太差了,基本上没有骨架,除了一些钙结石和牙齿,墓里没什么东西可以清理,她就不好意思待在这里,走了。

采访者:您觉得人骨保存不好的原因是什么?

王法成:可能是土壤环境不好,也可能是埋藏时间太久,或者是多方面原因共同导致的。你看裴李岗遗址,连大的兽骨都没有,都是很碎的骨头,稍微多一些的就是陶片。

采访者:嗯嗯,很有道理。您离开二里头队之后,还和许老师、杜老师、赵老师他们

△ 2019年10月,老队友相聚在二里头工作队驻地,左起:王宏章、王丛苗、张帆、杜金鹏、郭献军、王法成、郭相坤、岳洪彬、靳红琴

有联系吗？

王法成：都联系。以前联系得比较多，大概2018年之后联系就比较少了。来到裴李岗遗址之后，我很少回去，也就没怎么聚了。以前回去时，有时候队里吃饭，海涛会叫我一起过去。后面大家都太忙了，就偶尔微信联系了。2019年10月夏都遗址博物馆开馆，也是二里头遗址发掘60周年，杜老师让我和曾经的师兄弟一起回到了二里头。从那以后我就没再见过杜老师了，但每年春节时我们会给杜老师打电话拜年，问候一下。杜老师是个很重感情的人，经常在文章里提到我们几个。虽然我们和杜老师是师徒关系，但因为年龄上差不太多，所以像兄弟一样。他比我们大六七岁，就像我们的老大哥。

采访者：您要常常回二里头队看看，队里的人都很想念您。静玉姐前段时间还跟我说很感激您，说是您把她带进了二里头考古的大门。

王法成：她现在过得快乐，是她自己努力的结果，我只是把她引进门了。如果有机会，我会回二里头看看的。

采访者：您做考古的几十年里，什么时候最快乐？

王法成：我已经干考古38年了。最快乐的时候还是20世纪80年代，1986和1987年。那时候二里头队没有矛盾，没有钩心斗角，大家相处得很愉快，我挺怀念那时候的。

采访者：您退休以后还打算坚持干几年吗？

王法成：我还有一年就退休了，坚持干下去是肯定的，我计划干到65岁或者66岁。前天工地的一个学生跟我说，等她毕业了，让我继续跟着她干。我挺乐意继续跟着她干的。

采访者：如果让您再回到80年代，重新选择一次职业，您还会选择考古吗？

王法成：那我肯定不干考古了，考古工资太低了。不过，如果排除工资的原因，从兴趣的角度看，我还是会选考古的。

注释

1. 20世纪80年代中期,郑光先生根据二里头2号宫殿基址的材料,在此前二里头文化四期说的基础上,提出了五期说,认为"二里头五期"大体与"二里岗上层"时期相当。他强调二里头一至五期"是一脉相承的,是同一文化的不同发展阶段",是"从龙山到商代晚期间文化连续发展的见证"。

2. 礴墩,也称"柱础",是传统古建筑构件的一种,通常放置于房屋柱子的底部,承受由柱子传导的房屋压力,同时也隔绝了木柱与地面的潮湿。

3. 谷飞,1964年生,黑龙江密山人。1985年毕业于吉林大学考古专业,同年入职中国社会科学院考古研究所,后任考古所研究员、偃师商城工作队队长。主要研究方向为夏商考古。曾主持或参与河南洛阳偃师商城、山东滕州前掌大墓地、陕西宝鸡周原、北京房山琉璃河等遗址的发掘工作。代表作有《偃师商城宫城布局及变迁》《山东前掌大遗址出土车马葬研究》等。

4. 张良仁,1969年生,浙江淳安人。1987—2007年先后于北京大学、中国社会科学院研究生院、美国加州大学洛杉矶分校获得学士、硕士、博士学位。1991—2000年、2009—2010年任职中国社会科学院考古研究所,2010—2014年任教西北大学文化遗产学院,现为南京大学历史学院教授。主要研究方向为中国和欧亚大陆(含中亚)青铜时代考古、艺术史。曾主持或参与河南洛阳二里头、偃师商城,甘肃张掖西城驿,伊朗纳德利土丘等遗址的发掘工作。代表作有《高领袋足鬲的分期与来源》《东学西问》《农业与文明起源》等。

5. 王学荣,1967年生,宁夏平罗人。1990年毕业于北京大学考古专业,同年入职中国社会科学院考古研究所,曾任考古所研究员、偃师商城工作队队长、文化遗产研究中心主任。主要从事夏商考古、古代城市考古和文化遗产保护研究。先后主持或参与河南偃师商城、安阳殷墟孝民屯,湖北枣阳雕龙碑等遗址的发掘工作。代表作有《偃师商城"宫城"之新认识》《偃师商城布局的探索和思考》《河南偃师商城商代早期王室祭祀遗址》等。

6. 张立东,1964年生,山东德州人。1983—1994年在北京大学考古系先后获得学士、硕士、博士学位,1994—2001年任职中国社会科学院考古研究所,1999—2013年在美国哈佛大学与芝加哥大学访问学习。现为河南大学历史文化学院教授。主要研究方向为夏商考古及其与历史学、美术学、文献学、思想史等学科之间的交叉研究。曾主持或参与河南洛阳二里头、偃师商城等遗址的发掘工作。代表作有《论辉卫文化》《关于夏文化的年代上限》《郑州商城城门探寻》等。

7.陈国梁,1976年生,河南孟津人。1999年毕业于吉林大学考古系考古学专业,同年入职中国社会科学院考古研究所,后就读于中国社会科学院研究生院。现任考古所副研究员、偃师商城工作队队长。主要研究方向为夏商考古、手工业考古。先后参加河南洛阳二里头、偃师商城、汉魏洛阳城两周墓地等遗址的发掘工作。代表作有《二里头文化铜器研究》《二里头遗址制骨遗存的考察》《困阖仓城:偃师商城第ⅩⅢ号建筑基址群初探》等。

8.陈星灿,1964年生,河南长葛人。1985年毕业于中山大学人类学系考古专业,1991年毕业于中国社会科学院研究生院,获博士学位,后进入中国社会科学院考古研究所工作。现任中国社会科学院学部委员、考古所所长、研究员。主要研究方向为中国新石器时代考古学、史前考古学史、史前社会生活史。曾主持或参与河南洛阳灰嘴、灵宝北阳平、新郑裴李岗等遗址的发掘与调查工作。代表作有《中国史前考古学史研究(1895—1949)》《中国早期国家的形成》《中国文明腹地的社会复杂化进程》等。

9.李润权,曾任哈佛大学人类学系教授。代表作有《美国考古学的发展现状和趋势》《关中、陇东、豫西和晋西南地区的原始农业——农业革命的个案研究》等。

10.河南一队,即中国社会科学院考古研究所河南第一工作队,近年在裴李岗遗址做考古发掘工作。

11.王文华,1963年生,河南淅川人。1985年毕业于北京大学历史系考古专业。曾任郑州市文物考古研究所副所长、郑州市商城遗址保护管理处主任、郑州市文化遗产研究院院长。主要研究方向为新石器考古、夏商考古。曾主持或参与河南新密新砦、郑州大师姑、郑州高新技术开发区洼刘两周墓地等遗址的发掘工作。代表作有《郑州大师姑:2002—2003年度发掘报告》《郑州商代铜器窖藏》等。

12.张光直(1931—2001),中国台湾人。先后毕业于台湾大学人类学系、哈佛大学人类学系。曾任哈佛大学人类学系教授,台湾"中央研究院"院士、美国科学院院士、美国文理科学院院士。一生致力于中国考古学与考古学理论的教学和研究工作,是中国考古学与世界考古学之间杰出的"架桥人"。主持了台湾省浊水溪与大肚溪流域自然史与文化史科际研究、"中国商丘地区早商文明探索"野外勘察与发掘等重要考古项目。代表作有《古代中国考古学》《商文明》《中国青铜时代》等。

13.邹衡:《偃师商城即太甲桐宫说》,《北京大学学报》(哲学社会科学版),1984年第4期。

王柏峰

我从二里头出来，一定不能给它丢人

亲历者：王相峰

采访者：张飞

访谈时间：2022年12月10日夜

访谈地点：山东大学青岛校区凤凰居9号楼（电话访谈）

亲历者简介：王相峰，男，二里头村人，1962年11月出生。1969—1979年先后毕业于二里头学校、偃师第三高级中学。1980—1981年在二里头学校任教。1982—1988年在中国社会科学院考古研究所二里头工作队工作。1988—1996年在河南进出口商品检验局、洛阳于营化工厂工作。1997—2003年先后在中国社会科学院考古研究所二里头工作队、偃师商城工作队、河南省文物考古研究院、郑州市文物考古研究所等单位工作。2003—2022年在深圳市文物考古鉴定所工作。2022年退休后，重回二里头工作队工作。工作期间参加了河南洛阳二里头、偃师商城、信阳光山县黄君孟夫妇合葬墓，宁夏西夏王陵，山东平度东岳石等遗址的发掘与绘图。2012年被授予广东省第三次全国文物普查工作先进个人称号。

我与王相峰老师素未谋面,仅知道他曾是二里头工作队的一员,十分擅长考古绘图。与考古队其他技师都不同的是,王老师在职业生涯中曾频繁更换工作单位与地点,现今定居地离二里头也是最远。正因如此,他在二里头工作队里留下的故事最少,也很少有人提及他。

起初,我并没有访谈王老师的想法。只因王丛苗老师提到了他,我需要为他的名字加上脚注,做简单介绍,才通过王宏章老师联系到了他。通过微信,我与王老师通上了语音电话,告知了他我的目的。那一刻,他表现得十分激动,没有一丝被打扰后的厌烦情绪,并不断感谢我为他撰写简历。他显然没有想到,离开二里头遗址二十余年后,竟然有一个实习生因为他与二里头遗址的故事而记录他的生平。彼时,我还未发问,他已迫不及待地与我谈起了自己从青少年时代至今所经历的人与事。而且"一发不可收",信息量爆棚。我在电话这一头,本是一边听一边记录要点,但他所谈的内容愈来愈多,也愈来愈杂,我逐渐无力记下他的言语。鉴于此,我斗胆打断了他的谈话,并告诉他,如果愿意,我可以对他进行正式访谈,以便他畅所欲

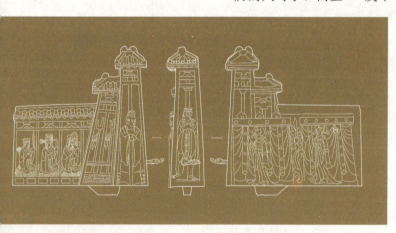

⌃深圳金石艺术博物馆藏翟门生石床左阙,王相峰绘

言。王老师听后十分高兴,当即与我约定了访谈时间,并表示自己定会将所知尽言。

第二天晚上,按照约定,我对王老师进行了访谈。他极为重视这次访谈,将所谈的每一件事都讲得十分详细,并努力回忆着事件发生的时间。对于那些在他的成长中给予过他帮助的人,他是一定要把他们的人生经历讲给我听的,嘱咐我一定要记下这些人。对于二里头遗址,这个留下他青春印记的地方,他无限怀念并引以为傲。在二里头,他遇到了对他有知遇之恩的杨国忠老师,遇到了待他如严父的郑光老师,还遇到了他口中重情重义的大哥哥杜金鹏老师。他觉得在最好的年华里,这些人给予他的指导与关心,影响并塑造了他的一生。王老师说,在二里头考古队的日子里,他有使不完的劲,永远不知道疲惫,心情总是美好的,所以他无限怀念。他认识了许多优秀的考古学家,他的同事们都身怀绝技,他自己更是参与发掘了一项又一项彪炳中国考古学史的重大发现,所以他引以为傲。王老师反复跟我强调,他来自二里头,无论后来到哪里从事考古工作,他总以最高的标准要求自己,绝不会给二里头丢人。

在访谈时,我多次产生错觉,以为自己在访谈一位常年在二里头遗址工作的老技师。王老师虽已在深圳工作20多年,但浓厚的乡音丝毫未变,其音色竟与此前访谈的王法成老师几无二致。在王老师那里,我没有听到婉转悠扬的南方口音,而尽是对干脆爽利的河南方言的倔强依赖。

访谈结束后,王老师又多次打电话给我,目的是校正错误、补充新材料,还提供了大量珍贵的照片。从他每一次积极认真的回应中,我能看出他对这次访谈有多么重视。访谈至今,我已不记得他向我说了多少次感谢,每每让我不知如何回复。其实他能够将这些深藏内心的故事说与我听,让这本小小的访谈录更加充实、完满,我的感激之情已无以言表。

当我再回看这篇访谈稿时,我可以确定的事实是,王老师这一生确实换了不少职业,也奔走了许多地方,但最终他还是回到了考古。很多年前,考古这份工作对他来说,收入堪忧,前途迷茫,可他对这份职业真挚的热爱,最终还是战胜了那些充满诱惑的选择。

采访者： 王老师，您好。您的童年与少年一直是在二里头村度过的吗？

王相峰： 对的，我是土生土长的二里头人。

采访者： 儿时的家庭条件如何？

王相峰： 我爸爸从1958年开始在中学教书，一直教到退休，现在已经84岁。我妈妈原本在偃师县电机制造厂上班，到1961年全国工业下马，她的户口被转回了农村。回到村里后，她到缝纫组工作，给别人做衣服。那时候大家都没钱买衣服，都是买上一块布，然后拿到缝纫组去做衣服。也就是说，我爸妈都有固定的工作，家里有稳定的收入来源。另外，那时候农村家庭都有四五个，甚至五六个孩子，但我们家就我和妹妹两个孩子，经济压力不是那么大。因此，我小时的生活总体来说是衣食无忧的，过得比较幸福。

采访者： 父母对您的影响主要表现在哪些方面？

王相峰： 我爸爸对我的影响比较深。他是搞教育的，受他的影响，我从小就比较喜欢思考问题，学习成绩也比较好。后来高考，我也就只差了几分而已。

采访者： 高考失败之后，您有想过重考吗？

王相峰： 我复读过一年的，但还是时运不济，没考上。

采访者： 为什么说时运不济？

王相峰： 我读高中的时候，国家还在搞计划生育。我们村有不少老师超生，违反了基本国策，都被开除了。我记得当时村里缺了5个老师，要从我们这些刚毕业的高中生里挑选新老师。村里组织了一场教师招聘考试，我考进了前5名，顺利进入了村里的小学当数学老师。我本来想着一边教书一边复习，继续参加下一年的高考，实现自己上大学的梦想。可是后来村书记给我们下了个规定，凡是当了老师的人都不准参加高考，要是去参加了高考就不准留下来当老师。书记的本意是好的，他害怕老师们一心二用影响教学质量。我一听就慌了。当时离高考只剩几个月，我的心思一下子就乱了，没法全身心投入备考，最终又以失败告终。

采访者： 高考之后村里真的取消了您的教师资格吗？

王相峰：是的，我前前后后在学校只干了一年时间。1980年7月我第二次参加高考，等到10月我就去北京的化工厂学习了。

采访者：为什么选择了化工行业？

王相峰：因为我的舅舅在洛阳开化工厂，他希望我以后跟着他干。那时候私营企业很红火，我也觉得在私营企业干有前途，所以想去试试。还有一个原因是，我从高中起就喜欢化学，所以想把所学的化学知识应用到实践当中去。元素周期表我到现在都会背，各种元素的相对原子质量也记得很清楚，比如氧是16，铝是27，铁是56。

△1981年，王相峰在天安门留影

采访者：您舅舅的化工厂在洛阳，为什么要去北京学习？

王相峰：我舅舅的化工厂开在洛阳市西郊的于营村，叫于营化工厂。去北京是舅舅安排我去的，他想让我学到更先进的东西，有了一技之长再回来干。当时他把我介绍到北京的一位殷叔叔那里学习，殷叔叔是他的好朋友。在殷叔叔的安排下，我先去北京油漆厂学习了三个月，后来去大兴县的天河化工厂和清华大学学了一段时间。

采访者：真没有想到，您去过这么多知名的企业和科研机构学习。

王相峰：这要感谢我的舅舅，他是个了不起的人，不仅企业办得好，为人更是正直无私、乐于助人，他一直都是我的榜样。

采访者：怎么说？

王相峰：我的舅舅叫刘宏欣，是一名农民企业家。最开始他承包了村里的化工厂，由于他经营有方，没多久就盈利了。赚钱之后，他并没有只想着自己过好日子，而是先出资给村里打机井、建水塔，后来出钱给村里修了三四千米长的水泥路。他老家在二里头村，他不忘父老乡亲，给老家捐建了一座澡堂，到现在还在使用。1988年村里的

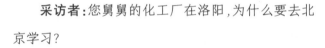

学校因自然灾害被毁掉了,我舅舅捐了40多万重建了学校,为此他向银行贷款了7万多块钱,欠了工人两个月的工资。在80年代末,40多万可是个天文数字。我舅舅建的于营学校在当时绝对是一座现代化的学校,教室、厕所、教师宿舍、操场各种设施一应齐全。

学校建成后,大门内外立了两块碑,碑上记录了我舅舅捐钱建校的事迹。《洛阳日报》还报道过他的事迹,标题好像叫"向农民企业家刘宏欣致敬"。副省长于友先、市长韩西英都对我舅舅表达了感谢和赞扬,说他是企业家的榜样。中央电视台《新闻联播》《焦点访谈》、新华社、《人民日报》后对这件事做了详细报道。他后来是洛阳市第九届人大常委会委员,很受人尊敬。

采访者:您在舅舅的化工厂主要从事什么工作?

王相峰:我舅舅的化工厂主要是生产油漆稀释剂的,我主要是帮忙制造立德粉、钛白粉。

采访者:您在舅舅那里干了多长时间?后来为什么又离开了?

王相峰:干了两年。化工厂在生产油漆稀释剂的过程中会挥发大量的甲苯、二甲苯,这些物质都是有毒的,我挺害怕。经舅舅同意,我决定回家休息一段时间。正巧这个时候二里头考古队人手紧缺,在我们村招人。当时我感觉考古很神秘,我很好奇,所以报名了考古队。

采访者:当时进考古队的程序是怎样的?需要考试吗?

王相峰:我进队时还不需要考试,去考古队的人都要先从民工干起,然后从民工里选拔优秀的人当技工。考试是后来的事了,宏章、淑嫩他们是通过考试进来的。他们当时的考试分笔试和面试,笔试考语文、数学。

采访者:试题是由二里头工作队当时的队长郑光先生出吗?

王相峰:因为我一直挺喜欢数、理、化的,所以郑先生就让我出数学卷子,语文卷子是郑先生亲自出的。有一段时间,每天下工之后我就去郑老师的房间,跟他商量怎么出题,最后我们一共出了十来份卷子。题目都很简单,只要初中的知识掌握得差不多,考试基本就没问题。卷子出完之后，我们又写了十几张海报，张贴到二里头村及周边的几个村。村民们看到海报，感兴趣的就会按照上面写的时间、地点来考试。

采访者：面试的内容是什么？

王相峰：面试也不难。先是自我介绍，看看你的语言表达能力。郑老师特别喜欢提问你有什么爱好和特长。如果你有特长，说明你脑子灵光、学习能力强，干考古肯定没有问题。我记得来面试的人当中有两个人特别想进考古队，就硬扯一些跟考古工作相关的特长。第一个人说自己会测量，第二个人说自己会看土质。郑老师就问他们怎么个会法，听到他们的回答后，在场的人都差点笑了出来。那时候生产队要集中收农家肥，每隔几个月就会去村里挨家挨户收。农家肥不用称重，每家把晒干的家畜粪便堆成立方体，生产队的人来了，量一下立方体的长、宽、高，计算出体积，再折合成工分。第一个人认为自己在队里收农家肥时，帮工作人员拉过尺子，就说自己会测量。第二个人也很逗，他说会辨别土质，当时几个老师都感到惊讶，心想这不正是我们考古需要的人才吗？其实他只是知道河滩的土是沙土，河滩东边的土是黏土。不过，他们两个挺会随机应变的，郑老师本来挺想要他们的，可他们的笔试成绩实在太差了，最后都没有通过。

采访者：您具体是什么时候到二里头工作队的？刚开始主要负责什么工作？

王相峰：1982年4月5日，我记得非常清楚，那天正好是清明节。我最开始工作的地点在圪当头村公坟西边，二里头遗址V区。我到今天都记得，我干的第一个探方是T2东扩。当时我跟民工干的活儿一样，就是负责铲土。

采访者：您是什么时候开始独立进行田野发掘工作的？

王相峰：最初我一直跟着张国柱老师干活，他让我干啥我就干啥。有一天张老师突然跟我说："相峰，你是高中生，领悟能力应该挺强的，你把探方里的遗迹图给画了吧。"我当时听到张老师的话，内心挺害怕的，因为我从来没有画过图。可是张老师一直鼓励我尝试尝试，说我没问题的。于是我和探方里的另一个队友郭相坤一起开始硬着头皮画图，他拉皮尺，我画图。我那时候心里铆足一股劲，心想既然张老师这么瞧得起我，我就一定要干好。我画得特别认真，把铅笔削得特别细，量了好多个定位点，线条尽量平滑美观，图纸保护得特别干净。当我把画好的图纸交给张老师后，他特别满意。所以我正式参与田野发掘工作是从田野绘图开始的。

采访者：后来您一直承担田野绘图的工作？

王相峰：可能是张老师向郑老师推荐了我，或者把我画的图给郑老师看了。我在工地画了一个星期左右的图以后，郑老师开始让我负责画整个工地三四十个探方的图。当时郑老师手下有三四个画图的人，都是高中生或者初中生。最终郑老师把这项任务交给我，我觉得挺自豪的。从那以后我就不用干民工的活儿了，就天天画图了。时间到了那年的6月份，我已经画图画了两个多月了。这时候郑老师他们要回北京，向所里汇报发掘进展，顺便回家看看。在他们回北京之前，有一天，郑老师、杨国忠老师、屈如忠师傅三个人突然来到我家，跟我父亲说，想让我去北京的考古所学习考古绘图。我父亲听了之后觉得挺好，认为学知识总没有坏处，当场就答应了。

采访者：所以您跟郑老师一起去北京学习了？

王相峰：郑老师、杨老师、张老师他们一起回去的，我没有跟他们一起去。郑老师当时只是跟我父亲说了这事，他们回京之后肯定还要做一番安排的。

采访者：北京这些老师不在二里头遗址工地的时候，您跟着谁继续工作，还是会放假？

王相峰：不会放假的，继续工作。工作上不用太担心，二里头考古队培养了一些非常优秀的技工，大事小事都能干。北京的老师们不在，他们也能把控局面的。郑老师他们走了之后，我就跟着队里的技师郭天平干活。他教我画

︿济源桐花沟汉墓出土陶俑，王相峰绘

了一些器物图,从简单的开始,我先跟着他画一些小件,比如箭头、骨簪、陶纺轮、石斧,把这些画会了,他才让我接触陶器。我每天画几件,画完他帮我检查,不准确的地方我就按要求修改。郭师傅比我大10岁,经验非常丰富,他帮助我进了器物绘图的大门。他是非常优秀的技工,直到今天还在偃师商城考古队工作。

采访者:您是什么时候去北京学习考古绘图的?

王相峰:1983年5月的时候,二里头首任队长赵芝荃先生要出考古报告,技术室的张广立[1]老师就带了一帮学员来洛阳工作站帮赵队长绘图。当时郑老师觉得这是一个锻炼我的好机会,就让我去工作站跟随张老师学习绘图。这次任务完成后,我就去北京的社科院考古所学习绘图了。

采访者:到北京之后您还是跟着张老师学习吗?

王相峰:我在北京学了4个月的绘图,收获非常大。教我画陶器的还是张广立老师,她人非常好,我很少遇到讲课像她那样认真细致的老师。她白天教我们绘陶器,晚上还搬来几座石膏像,教我们画素描。张老师觉得,如果有素描的功底,画起器物来会更加准确逼真。张老师长得特别漂亮,说话轻声细语,非常优雅。我到现在都忘不了张老师,可惜她已经走了,再也见不到了。教我画打制石器的是一位姓曹的老师,具体叫什么名字我忘记了。她画的石器太好看了,每个细节都表现得非常到位,立体感特别强。她的爷爷好像是个将军,家庭背景非常深厚。还有一位李森老师,年纪比我们稍大一些。作为我们的大哥哥,外出绘图时,他会很热心地指导我们。总之,教我们的老师真的很厉害,《考古工作手册》[2]这本书就是我们的老师写的。

采访者:跟您一起学画图的还有哪些人?

↖ 济源泗涧沟墓地出土陶器,王相峰绘

<small>↑ 1985 年，王相峰（中）、王宏章（左）和实习学生杨菊华（右）在二里头</small>

王相峰：当时跟我一起去的有 8 个人，二里头队就我一个，其他人来自全国各地。这批老哥们儿现在都是考古技工里的佼佼者，《山西晚报》报道过的陶寺考古队的冯九生[3]老师，他就是当年和我一起在北京进修的。我们都是很好的朋友，生活和工作上有什么困难，都会互相帮助。

采访者：进修结束以后，您一直留在二里头工作队负责考古绘图工作？

王相峰：1984 年春节进修结束后，我主要就在二里头考古队工作，也去很多其他地方帮忙绘图。我记得在北京进修快结束的时候，信阳地区文管办主任欧潭生[4]带了一批资料来所里，准备在《考古》杂志上发表。当时编辑部感到这批器物很重要，但资料做得不理想，就让他来技术室找张孝光主任协商一下，看怎么把资料做得更完美一些。临近春节的时候，张老师做出决定，带着技术室组包括我在内的六个人，去信阳画光山县黄君孟夫妇合葬墓出土的铜器、玉器。回到二里头队以后，我去西安给胡谦盈[5]老师画过铁器、瓷器，去河北邢台粮库遗址给李恩玮[6]老师画过陶器，去宁夏博物馆给马文宽[7]老师画过瓷器，后来还陪海涛去平度博物馆画过岳石文化的陶器。总之，我去了很多地方，现在记不全了。

采访者：二里头工作队后面来的新技师，比如丛苗老师、宏章老师，他们的绘图技术是您教的吗？

王相峰：教过他们一点点，不过就是一些基础理论，他们主要也是后来去北京进修学习的。丛苗现在画图非常厉害，那是她自己努力的结果，她的学习毅力太强了。

采访者：您的田野发掘技术是哪位老师教的？

王相峰：刚开始是郑老师教，他在工地整天跟我们讲地层、遗迹、打破关系。郑老师非常严肃,对工作兢兢业业,我们都很怕他。1983年秋天杜金鹏老师来了以后,郑老师就把我分给了杜老师,让我跟着他学发掘,后期我发掘技术的提高跟杜老师有很大关系。

采访者:据说后来考古所的老师们回北京办事,很多时候都是您在管理整个工地?

王相峰:谈不上管理工地,就是帮郑老师协调一下队里的工作,最主要的任务是室内整理及遗址保护。室内整理是指拼对陶片、修复器物、绘图等,遗址保护是防止周边村民挖土的时候破坏遗址。那时候没有电话,我通过书信跟郑老师联系。他在北京的时候,基本上每个月要跟我通上两封信。有件事我记忆比较深,有位村民在遗址上拉土建房,我们发现后立刻写信告诉郑老师。郑老师很快把此事反映给上级领导,没多久洛阳市文化局过来调查此事,很快就制止了这种不当行为。郑老师也会写信跟我说一些所里的工作情况,提前告诉我一些行程信息。唉,我后来搬了几次家,那些信件都丢了,太可惜了,不然可以拿给你看看。

采访者:那时候二里头工作队的工作氛围如何?

王相峰:非常和睦,上下一条心,有事大家一起商量着来。现在回想起那时跟二里头队的老师们在一起玩儿的时光,真是太美了。除了我上面说的那些老师,后面又来了一些年轻的老师,像张立东、张良仁,我们年纪都差不多,相处得也很好。

采访者:您在二里头工作队的时候和哪位老师感情最深?

王相峰:杜金鹏老师吧。杜老师在文章里把我们这批技工称作他的小兄弟,他也真就像我们的大哥哥一样。那时候考古队的驻地离我家只有200米,晚上吃完饭,我经常去找杜老师聊天。有时候工地墓葬出了一些精美的器物,但都是碎的,晚上我就去杜老师的房间跟他一起拼陶片。那些年哪有什么加班不加班,我没事的时候都在考古队,从来没觉得累。那时候杜老师还想推荐我去他的母校山东大学进修,可当时我觉得自己文化程度太低,不愿意去。

采访者:您跟二里头工作队第三任队长许宏老师接触多吗?有怎样的印象?

王相峰:接触不是特别多,但和许老师一起吃过饭。许老师跟我是同龄人,都是属虎的,他人很好,很健谈。他是东北人,喜欢喝点小酒,酒量还可以。别看许队平时大大咧咧的,但对待工作绝对是一丝不苟的,从来不马虎,这是大家有目共睹的。

采访者:您是什么时候离开二里头工作队的?

王相峰:我是1988年离开二里头的。出来之后,我又进了化工厂工作,先去了大舅的化工厂,后来又进了二舅的化工厂。大舅的化工厂就是前面说的那个于营化工厂,二舅的化工厂在二里头村,当时叫化工一厂。1990年,我再一次换了工作,去郑州的河南省进出口商品检验局干了两年化验员。

采访者:离开的原因是什么?

王相峰:当时我开始怀疑干考古有没有前途,毕竟在考古队一个月的工资只有六七十块钱。乡镇企业那时发展得越来越好,我左思右想,觉得要去搏一搏。

采访者:您什么时候再次回到考古这一行来的?又是什么原因?

王相峰:1997年我又回到了二里头。至于为什么回去,我觉得有两个原因。一是因为1997年亚洲金融危机,乡镇企业开始不行了。二是那时候我开始想家,干考古可以在家旁边,而且我干得还不错,轻车熟路。

采访者:应该还有兴趣的原因吧?

王相峰:是啊,其实我内心里对考古发掘、绘图非常感兴趣。因为喜欢,我不管到哪里都干得不错。现在在深圳,只要老师给我一个工地,我带几个人就能把工地干好。工地结束后,我把写简报需要的材料整理出来交给老师们,他们在此基础上写作就行了。

采访者:您第二次回到二里头,待了多久?

王相峰:1999年就离开了,待了两年。2000年去了杜金鹏老师那里。杜老师当时在偃师商城工作,需要人手,我和法成就过去帮忙了。在这之后我又去河南省考古所、郑州市考古所各干过一段时间,但都不算正式员工。2001年,我到郑州考古所新砦工作队,帮赵春青老师画过他博士后出站报告的插图。2003年到郑州大学,给赵海洲[8]老师画过新乡李大召遗址的器物图。

采访者:为什么换了这么多个单位?

王相峰：主要是因为我这个人喜欢到处跑，想换工作环境。

采访者：您在二里头遗址参与发掘的那些年里，有哪些发现让您至今难忘？

王相峰：1984年发掘了四角楼村那边的铸铜作坊，当时出了很多碎坩埚，基本每个探方都有。我主要负责清理作坊里面的一座房子。房子虽然破坏比较严重，但还剩下了两三间，并保存有墙基。房子的残进深3米多，残面宽至少7米。房子踩踏面保存得特别好，一层一层的。我当时发掘得很小心，每挖5厘米就停下来刮面，在好几层踩踏面下都发现了灶面，这说明房子延续的时间很长。1985年，在郑老师的带领下，我们又在二里头遗址Ⅴ区进行了发掘，这次发掘的主要目的是搞清楚1、2号宫殿之间的地层年代，进一步确定两座宫殿的关系。发掘证实，那里的地层能够延续到郑州二里岗上层，这个结果可能对郑老师"夏商同源"的观点有一定帮助。

采访者：您什么时候到了现在工作的地方？

王相峰：2003年7月我给郑州大学赵海洲老师画完图之后就来了深圳。那时候我想着，人这一生一定要去南方转转，去改革开放的最前沿看看。南方的冬天不冷，气候比较宜人，这一点很吸引我。于是我在朋友的介绍和帮助下，去了当时的深圳市文管办。

采访者：刚到深圳的时候，您主要从事哪些工作？

王相峰：我到深圳的时候，南山区正在发掘屋背岭遗址，这是一个规模比较大的商朝时期的遗址群。我参与的

⌂ 俯瞰二里头遗址铸铜作坊，这是迄今发现的中国最早的官营青铜铸造作坊（丁俊豪摄）

是屋背岭遗址的保护项目，就是不让基建方破坏遗址。深圳这边开发得太厉害了，一不留神挖土机就把半个山坡给干没了。这边的人文物保护意识很差，为了发展啥都干得出来，不像咱们河南，那么重视文物。那时候我天天都在山上转，发现情况就拍照向领导汇报。

采访者：屋背岭遗址的保护项目结束之后的十几年里，您主要从事哪些方面的工作？

王相峰：2004年我开始参与深圳市宝安区文物普查工作，主要是调查考古遗址和古建筑。由于我们对明清时期的古建筑不熟悉，所以邀请了深圳市文物考古鉴定所的张一兵[9]老师来给我们上课。张老师来了之后让我帮忙画过几张图，他看后觉得很满意，2007年他把我带到了深圳考古所，当年11月我参加了第三次全国文物普查的培训，2008年开始正式普查。当时我算是深圳考古所文物普查队的一个小队长，领了几个人到光明新区跑调查。由于深圳市的地下遗址很少，我们调查的对象绝大部分是古村落，地下只是偶尔涉及。这次文物普查持续时间很长，真正结束要到2011年了。

采访者：第三次全国文物普查结束之后，您的工作重心有所转变吗？

王相峰：2016年张一兵老师退休了，吉笃学[10]所长上任。吉所是兰大毕业的，学环境考古，导师是陈发虎[11]，主要研究的时间段是旧石器和新石器。他来到深圳之后，发现这边旧石器、新石器的遗址实在是太少了，没办法只能转行搞瓷器。从那以后我的大部分时间都是跟着吉所搞瓷器，给他画图、修复。不过除了给吉所绘图、修复，我还有很多其他的工作，包括考古调查、考古发掘、考古摄影、文物图志编写。你有时间可以翻翻《大浪文物图志》[12]《龙岗记忆》[13]《深圳东北地区围屋建筑研究》[14]这些书，里面都有我的名字，大部分图都是我

△ 2015年，王相峰（左）在深圳进行古建筑摄影

画的。对了，这两年我还带着几个人在大鹏古城里建了一个考古体验空间，让游客可以在里面看到考古发掘是怎么进行的，文物是怎么修复的。

采访者：突然转行学瓷器，适应过程是不是还挺艰难的？

王相峰：其实也没什么，我这个人比较好学，喜欢新东西。我心里很佩服吉所，愿意跟他学东西，也真的学到了很多。吉所跟以往研究瓷器的老先生完全不一样，他有自己的一套方法。老先生们都是根据经验来判断年代、窑口，而且都是跟着更老一辈的先生们定下的标准走。吉所不这样，他把全国有纪年的墓葬全部搜集了，全世界有纪年的沉船里面打捞上来的瓷器，他也一件不落地搜集。他在美国、墨西哥、日本等很多国家都有朋友，通过他们掌握了流传到世界各地的中国瓷器资料。光搜集资料吉所就花了十几年时间，很少有学者的资料储备量能超过他。在获得大量时代明确的瓷器材料之后，他开始给瓷器重新进行排队分期，定窑口特征。现在你只要拿一件瓷器给他，他在自己电脑上一搜，立马就能找到一样或同类型的标本，告诉是哪个时期和哪个地方生产的。吉所搞研究真是一把好手，像青花瓷、黑瓷、唐三彩这些瓷类，他通通都搞。他填补了很多瓷器研究空白，改变了以往多年的认识。现在连砚台、石刻、石磨、剪刀他都研究，他资料太全了，想写什么写什么。

采访者：在深圳做考古的感受和在河南时有什么不一样？

王相峰：那肯定有很大区别。深圳这边的文物跟老家那边没法比，明清、民国，甚至新中国成立前的东西在这边都算文物。在河南的时候，汉唐时期的东西都多

△ 2024年8月，冯九生、王相峰、王宏章（左起）40年后再次相聚在二里头遗址

得不得了,很难引起轰动。论历史文化,还是我们那边更强。

采访者:离开二里头之后,对家乡的考古发现还持续关注吗?

王相峰:那是必须的。二里头遗址井字形大道、宫城、绿松石龙形器这些重要发现,考古队开的一些重要会议,我都要发到朋友圈里和同事群里。二里头遗址的名气太大了,全国干考古的,没有谁不知道。咱们二里头队光队长就有四任,而且都是著名学者。从1959年一直挖到现在,还有那么多未解之谜。深圳这边跟二里头遗址完全没法比,差太多了。虽然我后来离开了二里头,但我从来没有忘记过我是从二里头队出去的。我不管到什么地方都努力做到最好,不给咱二里头队丢脸。我在深圳这边工作,2010年拿过一次盐城区的表彰,2012年获得了"广东省第三次全国文物普查先进个人"的称号。这些荣誉我给海涛说了,不是为了炫耀自己,而是我觉得这也是在给咱们二里头队争光。当年我们那一批队友现在都很牛,有的成了河南省人大代表,有的是社科院的特级技师,二里头队的考古人到哪里都能干好。

采访者:2019年10月举办"二里头科学发掘60年国际学术研讨会",杜金鹏老师和您以前的队友们都回去了,您回去和大家相聚了吗?

王相峰:唉,我没有回去,很遗憾。我离家2000多公里太远了,献军、相坤、法成他们只要一个多小时就回到家了,他们都回去了。不过这些年我回去的时候,也会去咱们考古队转转,有时候会跟海涛一起坐坐、聊聊,跟以前的队友们也常联系,只是大多是在微信上。

采访者:二里头村最近几年变化很大,新建了二里头夏都遗址博物馆和考古遗址公园。您一定都去过,感觉如何?

王相峰:这两个地方都去过,我感到很自豪。咱们家门口,一个村,能建成这么大的一个博物馆,多好啊! 别的不说,博物馆的建成对文物保护肯定起到了很大作用,对二里头遗址名气也有很大的提升作用。遗址公园也很不错,能够让来参观的人更加清楚地了解遗址的布局。现在站在大冢子上,一眼望过去就能看到井字形大道,看到宫城,知道哪里是1号宫殿,哪里是2号宫殿。搁以前,只能看到一片田地,根本找不到1

号宫殿、2号宫殿在哪里。我们老家的人对遗址公园都很满意，要是没有公园，我们连个散步的地方都没有。

采访者：作为曾经的二里头考古人，您怎么看待二里头遗址是不是夏都这个问题？

王相峰：我的学历不高，近20年来也没有在二里头遗址做工作，这个问题我不好谈。二里头遗址出土的东西我都会关注，相关的文章我也会看，但我没有什么自己的观点。

采访者：回望20年前在二里头遗址的那段岁月，您最想说些什么？

王相峰：很怀念很怀念。那个年代杜老师带着我们一帮人在二里头遗址留下了许多难忘的回忆。那时候我们都才20来岁，很有激情，干什么都很有劲儿，所有的心思都在考古上，晚上都跟杜老师一起加班，也不喜欢看电视。现在逢年过节，杜老师在群里跟我们互动的时候，我都会想起80年代，我们在一起的日子真的很快乐。

采访者：您的人生经历丰富多彩，很期待未来能在二里头见到您。

王相峰：我从来没有跟别人聊过这么多事情，说的东西啰里啰唆，你不要介意。

采访者：您的每一句话都很真诚，带给我很多感动。谢谢。

注释

1.张广立，1927年生，河北青县人。1953年毕业于中央美术学院绘画系。为中国社会科学院考古研究所高级工程师。曾参加河南安阳殷墟妇好墓、湖南长沙马王堆1号汉墓、内蒙古敖汉旗赵宝沟等遗址的绘图工作。代表作有《中国古代青铜金银纹饰》《漫话西汉木俑的造型特点》《漫话唐代金银平脱》等。

2.中国社会科学院考古研究所：《考古工作手册》，文物出版社，1982年。

3.冯九生，1962年生，山西大宁人。1980年高中毕业后进入中国社会科学院考古研究所山西第二工作队，1983—1984年参加考古所绘图训练班学习。现为考古所特级技师。曾参加山西运城小赵、临汾陶寺，河南淅川下王岗等遗址的发掘工作，完成《襄汾陶寺》《乔村墓地》《天马—曲村（1980—1989）》《临猗程村》等多部考古报告的绘图工作。

4.欧潭生，1945年生，福建建阳人。1968年毕业于北京大学历史系考古专业。曾在河南商丘、信阳等地工作。1988年调回福建，现为闽江学院考古学教授、福建师大考古与博物馆学研究生导师。主要研究方向为新石器至商周秦汉考古。曾主持或参与河南信阳蟒张商代墓群、黄君孟夫妇合葬墓，福州新店古城等遗址的发掘工作。代表作有《闽越王无诸的冶城在福州新店》《昙石山文化的海洋性特征及其演变规律》《汉初闽越国冶都考》等。

5.胡谦盈，1930年生，广东恩平人。1953年毕业于中山大学历史系，同年进入中国科学院考古研究所（后隶属中国社会科学院）工作。曾任考古所山西队、安阳队、丰镐队和泾渭队的队长。主要研究方向为商周考古。曾主持或参与陕西西安丰镐，河南安阳殷墟、柘城孟庄，甘肃庆阳常山等遗址的发掘工作。代表作有《胡谦盈周文化考古研究选集》《三代都址考古纪实》《周文化及相关遗存的发掘与研究》等。

6.李恩玮，1963年生，河北清河人。毕业于吉林大学考古系，现任河北邢台博物院院长，文博研究馆员。曾主持发掘河北邢台粮库、内丘张夺、邢钢东生活区唐墓等遗址的发掘工作。代表作有《邢台商周遗址简论》《从考古新发现看祖乙迁都于邢》《河北邢台商代遗址概述》等。

7.马文宽，1936年生，河北宣化人。1960年毕业于北京大学历史系考古专业，1978年进入中国社会科学院考古研究所工作，为研究员。主要研究方向为西夏考古、陶瓷考古。曾主持或参与内蒙古额济纳旗汉代烽燧遗址，宁夏灵武磁窑堡窑遗址、固原西安王府遗址，山西大同北魏城址的调查或发掘工作。代表作有

《〈马可波罗游记〉所录中国基督教初考》《辽墓辽塔出土的伊斯兰玻璃——兼谈辽与伊斯兰世界的关系》《从考古资料看中国唐宋时期与伊斯兰世界的文化交流》等。

8.赵海洲,1974年生,河南郸城人。2007年博士毕业于郑州大学历史学院考古专业,留校任教,现为副教授。主要研究方向为田野考古理论与技术、战国秦汉考古、魏晋南北朝考古。曾主持或参与河南临汝煤山、孟津煋娌寨根、三门峡庙底沟、荥阳官庄等遗址的发掘工作。代表作有《秦汉时期马车形制研究》《试析秦始皇陵墓制度的渊源》《浅析两京地区汉墓壁画在汉代墓室壁画发展中的地位和作用》等。

9.张一兵,1953年生,黑龙江哈尔滨人。毕业于吉林大学,历史学博士。曾任黑龙江革命博物馆馆员、中华书局编辑、深圳博物馆副研究馆员、深圳市文物考古鉴定所研究馆员。主要研究方向为深圳当代史、客家文化、古建筑。代表作有《深圳古代简史》《明堂制度研究》《深圳旧志三种》等。

10.吉笃学,1974年生,陕西韩城人。毕业于兰州大学,自然地理学博士。曾任深圳市文物考古鉴定所所长,现任深圳市文化遗产保护中心副主任,副研究馆员。主要研究方向为新旧石器考古、环境考古、陶瓷考古。曾主持深圳大鹏所城遗址的发掘工作。

11.陈发虎,1962年生,陕西丹凤人。1990年毕业于兰州大学地理系,留校任教,先后任兰州大学资源环境学院院长、西部环境教育部重点实验室主任、副校长,中国科学院青藏高原研究所所长,中国科学院院士。主要研究方向为环境变化、气候变化及史前人–环境相互作用。代表作有《全球变暖背景下中亚干旱区降水变化特征及其空间差异》《民勤盆地湖泊沉积记录的全新世千百年尺度夏季风快速变化》《亚洲中部干旱区全新世气候变化的西风模式——以新疆博斯腾湖记录为例》等。

12.深圳市宝安区大浪街道办事处、深圳市文物考古鉴定所:《大浪文物图志》,中国大百科全书出版社,2009年。

13.杨荣昌:《龙岗记忆:深圳东北地区炮楼建筑调查》,文物出版社,2011年。

14.深圳市龙岗区文体旅游局、深圳市龙岗区文物管理办公室:《深圳东北地区围屋建筑研究》,文物出版社,2014年。

我的工作很土，但我的生活要美丽

赵静玉

亲历者:赵静玉

采访者:张飞

访谈时间:2022年9月7日夜

访谈地点:山东省青岛市即墨区山东大学青岛校区凤凰
居9号楼(电话访谈)

亲历者简介:赵静玉,女,河南洛阳偃师区四角楼村人,
1979年12月出生。1986—1995年在四角楼学校完成小
学与初中学业,1995—1997年在洛阳市财政干部学校完
成中专学业。2000年至今供职于中国社会科学院考古
研究所二里头工作队,参加遗址的发掘、绘图、整理等工
作。现为中国社会科学院考古研究所高级技师。

如果在二里头考古队郁郁葱葱的小院里偶遇一位穿旗袍的女士，那一定是静玉姐。不在工地的日子里，静玉姐总是打扮得很优雅。不仅着装优雅，生活也同样优雅。她喜欢养花，考古队小院里那一盆盆的花朵都是她精心培育的杰作。在队里的日子，我基本每天都能见到静玉姐给这些花浇水、修剪。因为这些小花，小院显得更加生动。

　　静玉姐喜欢写作，认识她的人经常能在朋友圈和她的微信公众号里看见她写的小文章。静玉姐的文章所记大都是身边的人和物，母亲的农活、儿女的学习、邻居的寒暄，甚至村里的皂角树、路边的野菊花都会在她的笔下成为文字。这些平凡的、安静的人和物很少引起我们的关注，更不要说时时记下关于这些事的感受，可这一切在静玉姐那里却不一样——如果你热爱生活，懂得感恩，便会有一双发现美好的眼睛。静玉姐的小文感情真挚，没有华丽的辞藻，却别样清新，读来有一番感动。我记得她写过一篇《母亲开荒》，那个勤劳且倔强的母亲，在把荒地里种出来的玉米、红薯送到子女手中后，收获了满脸的笑容与自豪。读时，我想到了妈妈在田埂旁种下的芝麻、豌豆、蜜瓜，内心有种说不出的温暖。

　　静玉姐热爱她的工作，她曾说自己最幸运的选择便是进入考古队。因为热爱，所以她在工作中极为认真，凡有任务，必圆满完成。在队里，她主要负责计算机绘图、实验室考古，并且随时准备在任务繁重时参加田野发掘与野外勘探的工作。在计算机绘图方面,她与队里的郭晓真[1]老师可以说是不分轩轾。二里头考古队当前几乎所有的出版用图都出自她们二位之手,图片线条流畅且准确。在队里实习的学生,每每遇到PS或AI等绘图软件上的操作难点,都会请她们来指导。许宏老师、赵海涛老师所撰专著或文章中的很多图片绘制工作,也需要求助于她们。由于工作细致,她很早就开始承担考古队的实验室考古工作,2004年她全程参与了国宝绿松石龙形器的清理工作。近年来二里头遗址再次发现一座高等级的贵族墓葬,随葬品极为丰富,清理难度极大,静玉姐再次受命上阵。每天重复的、细致的清理工作是对心智的极大考验,一般人是决然难以承受的,可静玉姐一干就是一年半,最终让这座贵族墓露出了庐山真面目,让人感佩不已。

静玉姐对待队里的每个人都很好,似乎从来不会对任何人发脾气。队里来的学生每有所求,她一定会腾出手来帮忙解决。我虽与静玉姐一起工作的机会不多,但也多次受惠于她。在二里头整理资料的那段日子里,我和几位同学常常遇到电脑绘图方面的问题,都是她和晓真姐将操作步骤一步一步地告知我们。有时候她怕我们记不住,还将操作步骤写下来给我们,或是通过微信发给我们。每当我整理时发现缺少一些基础资料,就会向她要,她每次都会很迅速地发给我。怕我查找起来麻烦,大多数情况下她会替我整理好资料的顺序与类别。在队里的时候,我很少向她表达谢意,这里文字形式的感谢或许是一种她更喜欢的方式。

每一次见到静玉姐,她总是满脸笑容,仿佛生活与工作中尽是幸福美好的事。我常在想,人总会遇到困苦,怎么可能时时快乐。但也许这就是静玉姐的生活态度,多带给自己和他人一点微笑,就算困苦也要以微笑的方式说出。

采访者：静玉姐，请您先简单介绍一下自己。

赵静玉：我的人生很简单。我1979年出生在咱们偃师翟镇镇的四角楼村，小学与中学都是在四角楼学校上的，现在这个学校已经没有了。中学毕业后，我去洛阳读中专，当时读的是洛阳财政干部学校，学的专业是财会，好像是1997年毕业的。

采访者：您的童年与少年时光是怎样度过的？对您后来的人生有什么影响？

赵静玉：我上小学的时候，由于父母是农民，特别忙，以至我现在回想起来，对家里人的记忆不是特别深，反而对村子里的芦苇地有着很深的印象。女孩子们都喜欢花，春天的时候，我和同学经常去芦苇地采野花，夏天的时候则去水塘里摸鱼，抓蝌蚪，不玩儿到累是不会回家的。总之，小学的时候玩儿得比较多，对那时候的大人没有太多清晰的记忆。等到了初中，我开始懂事一些了，会去收割后的麦地里捡麦子，帮妈妈种豆子和玉米。这时候我才开始慢慢懂得什么是生活。

采访者：您中专毕业之后的第一份工作是什么？

赵静玉：毕业之后我去了村里的一家私人商店干售货员，那个商店比较大，平时比较忙。不过，我在那里只干了很短一段时间，因为我实在不喜欢这份工作，感觉学不到什么东西。

采访者：您是什么时候、什么机缘来到了二里头考古队？

赵静玉：说起来挺奇妙的。那时候二里头考古队的队长是许宏老师，他是特别尽职尽责的人，一直待在考古工地，工作很忙。许老师的媳妇当时生了小孩，他工作太忙，根本没时间回去照顾，就想在村里找个人去北京帮他照顾孩子。考古队的王法成老师找到了我，我当时恰巧不愿意干售货员，就同意了。半年之后我回到了村里，当时考古队正好缺人手，许老师可能觉得我干活比较认真、细心，就把我招到了考古队。

采访者：刚到考古队您主要做什么工作？

赵静玉：我进考古队的时候大概是2000年，那时是考古队的一个转型期。在那之前，考古队已经在二里头挖了40多年了，绝大部分发掘资料都是以纸质版保存的。当时随着电脑的逐渐普及，资料电子化已经成了大趋势。那时候考古队刚拥有电脑不久，我的主要任务是资料的电子化，说白了就是整天打字。我在学校学过电脑，这份工作对于我来说上手比较快。

采访者：除此之外您还有其他工作吗？

赵静玉：有的。每当工地发掘任务过重时，我就要到工地帮忙绘图。大概在室内进行了一年多的资料电子化工作，我开始正式到工地绘图。我记得去工地的时候，工地正在挖4号建筑基址，我在那里边学边画，干了挺长时间。

采访者：后来您一直负责资料电子化与工地绘图的工作吗？

赵静玉：不下工地的时候，我在室内整理资料，就是核对发掘记录和图纸，看有没有不符的地方，层位关系有没有问题，然后进行分类。后来我又学了室内绘图，就是画小件和陶器。

采访者：绘制器物图是跟队里的哪位老师学的？

赵静玉：我是在北京的中国社科院考古所绘图室学的，主要是刘方[2]和李淼[3]两位老师教我的，这也是许老师安排的。我在北京前前后后学习了4个月，一般是半天时间学素描，半天时间画器物。两位老师都特别好，特别随和，教会了我很多东西。

采访者：那段在北京的日子还有什么事让您难以忘怀吗？

赵静玉：很多很多的事和人我至今都忘不了。我和我老公就是在北京认识的，当时他是考古所邺城队的技师，也在那里学画图。我们共同相处的几个月里都觉得对方很不错，然后就决定在一起了。其实当时我在家的时候，家里人经常给我介绍对象，我特别反感，我不想跟不了

⚑ 2004年，赵静玉（左）和爱人在日照度假

解的人谈恋爱，家里人为此很发愁。那次在北京把终身大事解决了，家里人都挺满意的，也是我人生的一次大转折。另外，当时和我一起学习画图的有一位叫姜海丽，她是北京琉璃河考古队的，我叫她姜大姐，我们同住一个宿舍，就在翠花胡同考古所的一个小院里。我们在宿舍旁边的一个小厨房里自己做饭吃，早上我们会很早出发去隆福寺的早市买菜，一日三餐都自己做。我那时候工资很低，给我们的伙食补助也不高，我们吃的都很简单、很便宜，一顿一个菜，中午一般做碗面。我记得当时用来煮饭和炒菜的锅还是从许老师家里拿的，还有一些其他的厨房用具是姜大姐星期天的时候回家拿的。姜大姐的家在房山，到考古所来相对比较方便。在北京的生活虽然条件不是特别好，但我很快乐，一方面学到了新的知识，另一方面认识了很好的朋友。现在回想起来已经过了20年，时间过得真快！

采访者：离开北京之后，您还与教您画图的老师以及姜大姐联系过吗？

赵静玉：刚回来的时候偶尔会打电话给老师，主要是请教一些问题，姜大姐也联系过几次。不过时间久了就不联系了，主要是因为那时候通信不方便，我们都没有手机，打电话要用公用电话，还要买电话卡。我想当初如果有微信，也许我们还能一直保持联系。那段岁月令我特别难忘，至今回想起来，还有许多的感动与感慨。然而他们最终都成了我生命中的匆匆过客，希望他们现在都过得很好。

采访者：从北京回到二里头之后，您就开始主要负责绘图了吗？

赵静玉：会参与绘图，不过王丛苗老师一直是二里头队的绘图主力。田野工作一直是队里所有技师都要参与的，我也不例外，所以我得下田野。

⚲2003年，参加洛阳盆地中东部调查，左起：赵静玉、郭淑嫩、许宏、王法成、赵海涛

采访者：当时的田野工作主要是许宏老师带队吗？

赵静玉：是的，很长一段时间都是他带队。那时候许老师才30岁多一点，很年轻。他只要没什么特别的事，都会跟我们一起下工地，基本上每天都跟我们一起上下班。等到海涛在田野里成长起来之后，他才开始把工作重心转到自己的研究上。许老师在考古工地待了好多年，是从田野里磨炼出来的。

采访者：现在的许老师跟当年比变化大吗？

赵静玉：我感觉没什么变化。我一直特别佩服许老师，他对待工作特别认真，安排事情也井井有条。许老师让我们干什么，我们就干什么，一点都不费劲，而且最终都能取得很好的结果。他人也特别随和，我们工作中做错了什么，他基本上不会冲我们发火，总是先肯定我们的工作，然后再指出不足，让我们改正。

采访者：赵海涛老师是什么时候来到二里头考古队的？您觉得他这些年变化大吗？

赵静玉：海涛好像是2002年前后来的，那时候他刚刚硕士毕业，很年轻。他这些年变化倒是挺大的，他比较细心，考虑问题比年轻时全面多了。

采访者：郭淑嫩、王宏章、王丛苗三位老师是二里头考古队的元老，能不能谈谈他们对您的影响？

赵静玉：他们对我的影响都很大，教会了我很多知识，包括绘图、整理、田野等方面，更重要的是对我的生活态度有很大的影响。三位老师各有特点，郭淑嫩老师干活特别踏实，性格也特别好，从来没有看过她发脾气。王宏

△ 2003年，参加洛阳盆地中东部调查，左起：王宏章、赵静玉、王法成、许宏、郭淑嫩

2009年，在二里头工作队驻地，左起：王丛苗、许宏、郭淑嫩、彭小军、赵静玉、赵海涛、王宏章

章老师比较开朗，很幽默，很聪明，什么都会干，我们都叫他"王万能"。王丛苗老师做事情很专心，特别用功，只要是她想做的事情，就一定会想办法做好。跟他们在一起工作，让我自己在生活中变得开朗，在工作时变得踏实与努力。

采访者：您现在主要负责用PS、AI等软件进行电子绘图，这项技术您是什么时候开始学的？

赵静玉：我的电子绘图也是在北京学的，是科技中心的张蕾[4]老师教我的，具体哪一年我忘记了。我在北京跟张老师学了一个月，主要是学用PS描制和调整手绘图。

采访者：这次在北京的生活怎么样？

赵静玉：这次我学习的地方在考古所的科技中心，那个位置好像在太阳宫附近，也是这次，我认识了赵志军[5]、袁靖[6]这些搞科技考古的老师。那时候早上我骑自行车去太阳宫那边学习，晚上住在考古所许老师的办公室里。许老师的办公室离科技中心还挺远的，我每天都要骑挺长时间的车。我的方向感不是很好，我只知道北京的路大都是横平竖直的，在需要转弯的地方我会记下一些标记，像树木或者建筑物。太阳宫那边没有食堂，中午我和那里的老师们一起点外卖，一般是要一份米饭。早晚饭我都是在许老师的办公室里自己做,办公室里不能点火炒菜,也没有厨具,许老师就从家里拿了个电饭煲让我煮点粥、馏个馒头然后就着咸菜吃。

采访者: 电子绘图的学习过程复杂吗?跟手工绘图比,哪个更难?

赵静玉: 张蕾老师人很好,她先给我一些图,然后告诉我怎么做。在做图的过程中,如果遇到不会的地方我会直接问她,她会给我讲解。PS处理图的步骤很多,当时我记不住,就随身带一个笔记本,把每一个步骤都记下来,晚上回到住的地方再翻看复习。我虽然只学了一个月,但收获挺大,后来洛阳盆地中东部调查简报里的图,就是我学了之后回去绘的。至于电子绘图与手绘哪个更难,我觉得还是手绘更难。电子绘图你只要按步骤来操作,记住步骤就行了,其他不用考虑太多。但是手绘要求你对器物观察得足够仔细,不能漏掉细节,线条要流畅自然,考虑的方面会比较多。

采访者: 您后来还学习了实验室考古的相关技能,这些大概是在什么时候学的?

꙳2004年,赵静玉在中国社科院考古所实验室内清理绿松石龙形器

꙳绿松石龙首

赵静玉：最早的一次是在2004年，是为了清理超级国宝绿松石龙。出土绿松石龙的那座大墓在野外被发现之后，我们清理了一部分，结果越清理越复杂，绿松石片太多，野外环境比较简陋、人员复杂，根本无法完整地清理出来。后来许宏队长下定决心，要把这座墓整体提取，送到北京让室内考古的专家清理。运到北京以后主要是李存信[7]老师进行清理，他是清理墓葬的高手，我在旁协助，因此学会了一些东西。室内清理这个活儿特别慢，而且特别磨性子，急了还不行，会弄坏文物。那时候还没有实验室考古的概念，我们都叫它室内清理。

采访者：当绿松石龙终于清理出来时，您是什么心情？

赵静玉：我们在工地的时候已经清理了一部分，器物已经露头了，到北京之后好像花了一个多月就把绿松石龙完整地清理出来了。说实话，我当时并没有多激动，因为那时我对二里头文化了解比较少，根本不懂绿松石龙的重大意义，就是觉得很好看，感到很惊奇，不知道它是干什么用的。后来因为不断有专家过来参观，通过听他们的讨论与评价，我知道了这个东西的重要性。那时候我才感到特别自豪，因为绿松石龙从野外发现到室内清理我参与了全过程。

采访者：您再一次进行实验室考古是什么时候？

赵静玉：就是最近这两年。前些年宫殿区5号建筑基址里发现了一座大墓，应该是目前二里头遗址随葬器物最丰富的墓葬。为了更完整地获取墓葬中的各项信息，我们把墓葬整体提取了回来，送到了二里头夏都遗址博物馆的室内考古实验室。为了清理这座墓葬，赵海涛队长请来了中国社科院考古所文保中心的侯玉林[8]和姚兰[9]两位老师。侯老师是安阳侯

△ 2021年，赵静玉（右）在二里头遗址博物馆考古实验室内清理墓葬

家庄人,是从考古圣地走出去的发掘高手,姚兰是他的助手。我从一开始就一直跟着他们清理,当墓葬揭露到随葬品平面之后,他们两个人另有工作安排,回北京了。他们走后,我和队里的席乐[10]开始接手墓葬的清理工作。这座墓前前后后已经清理了一年半,因为墓里随葬的绿松石器结构太复杂了,一直没有清理完,后来就搁置在那里了。由于墓葬一直放着容易开裂,所以我每天都要过去洒水,给墓葬保湿。我希望早一点确定下一步的清理方案,不能再这样拖下去了。

采访者:这次实验室考古与2004年那次有什么不一样吗?

赵静玉:上次那个绿松石龙是局部提取,而且当时大家对实验室考古了解都比较少,只是单纯为了把它的形状完整清理出来,过程中发现了什么东西收好就行了。这次则完全不一样,这次是墓葬整体提取,这种方式可以使我们对墓葬中各种随葬品位置布局有一个更加清楚的了解。更重要的是,这次实验室考古比上次细致很多,我们一边拍照录像,一边清理。我们把墓葬分成一个个小格,像探方一样编上号,一个格子一个格子地清理。墓葬里发现的每一件器物我们都编号记录,每清理一薄层都会整体拍三维。墓葬中所有的土都会采集,记录它在墓葬中的具体位置、日期、深度等。海涛知道科技考古的力量很强大,所以他在清理的时候特别注重让科技考古的专家参与进来。我们会用薄荷醇提取漆器,用便携式仪器测试不明物体的成分,用紫外荧光确定墓葬中是否存在人骨。在实验室每天都要记录清理的过程与收获,因而留下了大量的信息。许多老师过来看的时候都说,这座墓葬就可以出一套大报告,我觉得没问题。

采访者:根据目前的进度来看,这座墓葬什么时候能够清理结束,我们什么时候能看见成果?

赵静玉:这个我不清楚。因为这个墓葬比较复杂,考虑的因素比较多,接下来怎么清理,要制定一个比较详细和合适的方案出来。

采访者:您目前的主要工作是什么?

赵静玉:《二里头(1999—2006)》这本大报告已经出版了,现在我在整理2010年到2018年的资料,为下一步出报告做准备。虽然这一部分的资料我已经整理过一遍了,但还要重新梳理、检查一遍,看存不存在什么问题,缺不缺什么东西,随时修改和补充相关资料。这是一项很繁杂的工作,还需要很长一段时间才能完成。

采访者:去年二里头考古队举办了第一届"夏文化考古研究"研修班,研修班的学员在二里头遗址Ⅻ区发掘出了丰富的遗迹与遗物,听说这批材料也在整理中,您参与了吗?

赵静玉:我参与了描图和三维制图工作。那段时间工作量非常大,我们全队人基本每天都在拼了命地干活,很疲惫。今年的整理是为了出发掘简报,我没有参与,主要是晓真在负责,我们之间有明确的分工。

采访者:您在二里头考古队工作已经20多年了,您觉得考古队给您带来了哪些改变?

赵静玉:我觉得二里头队的环境特别好,里面的老师与同事也很好。我在二里头的这些年,他们都对我特别好,从他们身上我学到了很多东西。如果我没有来到考古队,我可能一直生活在农村,我所接触的人可能都是村里的家庭主妇,我们谈论的东西就是家长里短、柴米油盐一些很琐碎的事。到考古队以后,我接触到了另外一个世界,遇到了很多不一样的人,在与他们打交道的过程中,我对很多事情形成了不一样的看法,对文化也更加尊重。

△二里头考古人的"家"(晓尘摄)

采访者:在您心里,二里头考古队是一个怎样的团队?

赵静玉:我们是一个特别简单的团队,大家互相帮助,共同完成一个目标,一起进步。另外,队里每年都会来很多实习学生,总有一种青春的气息。

采访者:说到实习学生,有没有给您留下深刻印象的学生?为什么会记得他们?

赵静玉:我印象最深的是2002年来二里头遗址实习的山东大学的本科生,那时候我也在田野工作,跟他们接触比较多。我印象比较深的有张洁[11]、赵英梅[12]、梁法伟[13]、崔英杰[14]这几个。张洁去了国家文物局工作,梁法伟去了河南省考古院,现在已经是副院长了,崔英杰好像在一所高校工作。他们都很活泼,干活都很认真,所以他们现在发展得都很好。他们走了之后,我们就没有联系了,偶尔他们当中会有人回二里头看看,就能见上一面。虽然过去了很多年,但每每回想起来,我还是觉得挺快乐的,那时候我也还很年轻。

采访者:考古队的工作强度与待遇您还能接受吗?

赵静玉:除了一些特殊情况,比如举办首届"夏文化考古研究"研修班的时候,大部分情况下的工作强度我都能接受。至于工资,去年涨了一波,现在的工资在这个小城市是够用的,能满足基本生活需求。不过我当然希望工资更高一点,这是个美好的愿望。

采访者:除了日常在二里头考古队的工作,您还有其他的业余爱好吗?

赵静玉:我老公常年不在家,我在家要看两个孩子,事情比较多,不过我会抽时间培养一些业余爱好。平时烦的时候,我喜欢养养花,我是单纯地喜欢花,养的花都是一些比较好养的、不那么贵重的品种,比如吊兰、绿萝、睡莲等。我很喜欢读书写作,闲下来的时候我会找一些书来看看,写一些简单的小文章,自娱自乐,充实自己。

采访者:您一般会看些什么书?

赵静玉:我从小就喜欢看书,放假的时候,只要没有人来找我玩儿,我就在家看书。那时候家里书不多,有什么书我就看什么书。我记得小时候,我的一个舅舅住在洛阳,他每次回老家都会拿回来一摞一摞的报纸,都是他的孩子看完不要的。那时候我喜欢翻翻报纸,上面有好多作文,都是小孩子写的,很有意思。再往后,我长大了一些,开始看小说了。我哥哥当时买了高尔基的《童年》和《在人间》、老舍的《四世同堂》,这些我都读过,并深深地被里面的人物和故事吸引。开始工作后,没有那么多时间看小说了,我开始喜欢看一些散文,像周国平、林清玄、丰子恺这些作家的散文我都看过,最近迷上了迟子建。他们的散文有一个共同的特点,就是对生活观察得非常细致,他们能够发现生活中的美,笔调比较轻松自在。读了他们的书,我感觉我对很多事情都看得更开了。

采访者：如果让您从看过的书中选择一本您最喜欢的，您的选择是？

赵静玉：我觉得应该是路遥的《人生》吧。这本书很薄，讲了一个学生离开农村最终又回到农村的故事。可能因为我是农村人，我对书中主人公的人生经历比较有代入感。我觉得这本书最想跟我说的是，我们的人生起起伏伏，面临着很多意料不到的困难，很多难以做出的选择，但无论遇到什么样的境遇，我们都要保持一颗真挚的心。书里的语言我很喜欢，虽然很平淡，但很有感染力。

采访者：您写的文章一般是哪种类型的？

赵静玉：真正写东西是从2006或者2007年开始，最初是在我们当地的《洛阳晚报》上发一些文章。后来工作忙了，没有精力投稿了，我就开了一个微信公众号，把我写的一些散文发上去。我的生活圈子很小，就是家和单位，只能记录一些身边的人和事，尤其是我的孩子。

采访者：公众号叫什么？现在大概发了多少篇文章？

赵静玉：我的公众号名字没什么创意，就是我自己的名字"赵静玉"。我想写就写，不想写就停着，从来没有把它当作一种职业，也不给自己压力，所以这些年一共才发了不到100篇。

采访者：静玉姐，已经不少了，坚持这么久，您很了不起了。除了文学方面的书，您还会读一些与考古学相关的作品吗？

赵静玉：会读一些，但我很少读那种特别专业的考古书，我喜欢的是考古背后的人和事。许宏老师写的一些小书我就很喜欢看，他写的书很有意思，感觉是另一种考古。我最喜欢许老师写的那本《发现与推

☖赵静玉的一片心灵栖息地

理》¹⁵，里面的每一个故事都很吸引人，许老师会告诉你一个遗址是在怎样的机缘巧合下被发现的，发掘过程中发生了哪些有趣的事，一些研究成果跟古代人的生活有什么关系。

采访者：许老师近些年向公众考古学者转型，学术界对此看法不一，您对于许老师的选择怎么看？

赵静玉：我觉得挺好的，考古毕竟还是一个冷门专业，很多人不知道考古是干什么的，许老师的努力可以让更多人了解考古。我知道有些人可能会觉得许老师这些年变了，不像一个纯粹的学者了，但我是理解的。我觉得考古的最终目的是通过考古学家的发掘和研究，把老祖宗留下来的东西整理出来，让更多普通老百姓了解。这不是因为他是我们的领队，我才这么说的。

采访者：您的家人怎么看待您的职业，支持吗？

赵静玉：我老公也是干这个的，他自然支持。他现在在浙江考古所工作。他跟我一样，不仅把考古当作一份工作，更当作一种事业，我们都很敬畏考古。我儿子对我的工作好像不感兴趣，他觉得没什么意思。女儿现在虽然小，不太懂我的工作，但她每次在电视上看到考古的节目，知道这与我有关，会喊我一起看。我带她到博物馆玩儿，她看到一些熟悉的东西时会跟我说，这件东西在考古队里也有。

采访者：我知道您的孩子今年中考考得很好，祝贺您。

赵静玉：他考到了偃师一高，偃师一高是我们这儿最好的高中，我们都很高兴。考古队的老师们的孩子读书都很好，我觉得跟考古队的环境有很大的关系。在考古队这样一个学习氛围很浓厚的环境中成长，孩子从小耳濡目染。我经常与队里面的老师们交流关于孩子的教育问题，对教育孩子的方式多少会有些影响。

采访者：二里头遗址发掘将近65年了，您觉得它持续发掘的价值是什么？

赵静玉：我觉得最重要的价值，是让现在的人了解3000多年前的社会，尽可能多地了解，这块土地上曾经发生过怎样的故事，相信对宣传我们当地的文化会有不少帮助。

采访者:您觉得二里头遗址历年的发掘成果中最重要的是哪一项?

赵静玉:我觉得是宫城城墙的发现。在宫城城墙没有发现之前,我们对二里头的了解是零星的,这里一座建筑,那里几个墓葬。宫城城墙的发现使我们了解了整个遗址的布局,不再是之前"盲人摸象"的感觉,而是有了一个总体的认识。正因为宫城城墙的发现,我们才慢慢了解了那个时候的各种制度。

采访者:作为一名考古人,您怎么看待关于二里头遗址是不是夏都的学术争论?

赵静玉:老百姓当然希望二里头遗址是夏都了,我也不例外。不过我认为还是应该保持一种谨慎的态度,因为现在一切都是猜测,没有确凿的文字证据。现在地方政府把"二里头遗址是夏都"炒得那么热,我觉得多多少少有一点着急了。这个问题需要考古学家继续研究,也许还要很久才会有答案。

采访者:对于二里头考古遗址公园和二里头夏都遗址博物馆两项重大的文化惠民工程,您怎么看待?

赵静玉:它们好的方面是让更多的人了解到了二里头的历史,让大家知道近4000年前我们有这么一个辉煌的时刻。同时两项工程改善了周边的环境,给人们提供了一个休闲的好去处。但是对我们这些生活在遗址周边的人来说,我们最希望的是它们的建成能给村民的生活带来一些好的改变。现在看来并没有,遗址公园的建设拆掉了大量的民房,说好了在规定的期限内建好安置房,但直到今天拆迁户们还在外面漂着。我觉得在关注古人的同时,也应该关心当下生活在这片土地上的人。活人才是最重要的。

采访者:排除这些对您生活造成的不利影响,您觉得两项工程的设计与建

˄二里头宫城城墙发掘,由此发现中国最早的"紫禁城"

造怎么样?

赵静玉:我对考古遗址公园不太满意。遗址公园里路面是破的,绿化也没有管理好,给人很荒凉的感觉,像个荒草园。再说公园里的设计,根本没有什么东西可看,那些复原的建筑,如果没有人介绍,普通人根本看不懂。至于博物馆,我觉得相对好一些。首先,博物馆

☆二里头夏都遗址博物馆主入口

的建筑比较宏伟,给人一种很震撼的感觉。其次,里面环境也比较好,村民们在里面参观学习,心情会很愉悦。另一方面,博物馆的展览还是不错的,尤其现在开了一个数字馆,用3D影片复原一些古代的生活场景,对大多数人比较有吸引力。

采访者:您未来会一直在二里头考古队干下去吗?

赵静玉:我想我会一直在考古队干到退休,这是一份特别适合我的工作,我也很喜欢这份工作,能来到这里,我觉得自己很幸运。在这里我可以继续做我认为有意义的工作,还能发展我的小爱好,这样很充实。我希望到我退休的时候,二里头考古有更重要的发现,有更好的发展。

采访者:如果让您选择用一句话结束今天的访谈,您会说什么呢?

赵静玉:平平淡淡才是真吧!

附：

赵静玉作品一篇

村头那棵皂角树

站在遗址公园内，依稀还能辨认出家的位置。四周是一片忙碌，工人们正在加紧施工，要赶在十月份对外开放，家的痕迹也在一点点地被抹去。不禁感叹："等遗址公园建好，就真的看不出家的位置了。"同行的朋友指着不远处的一棵皂角树说："那棵皂角树还在，家的大概位置还是知道的。"我看向那棵皂角树，在一片空旷中，格外醒目。关于皂角树的记忆也一点点被唤醒。

那棵皂角树长在村的东南边，树干粗大，枝叶茂盛，具体有多少年谁也说不清楚。只听老人讲，皂角树上住着一位老奶奶，不能随便靠近。小时候的我对皂角树充满了好奇，但也从不敢靠近，只是远远地看着。在村民眼里，她就是我们的守护神，常见有人去树下许愿或祈求保佑。

△ 村民坐在村头皂角树下聊天，身后不远处即为博物馆

皂角树的西边有一条生产小路，平平整整，又很少有车辆来往，是我们学骑自行车的好去处。三年级时和小伙伴们每天下午放学后来这儿学骑自行车，累了坐在路边休息时，常看着那棵皂角树出神。那上面真的住着一位老奶奶吗？她长什么样子？我怎么看不到？树上没有房子和床，她晚上怎么睡觉？她是好人还是坏人？她喜欢小孩子吗？她真的能帮人实现愿望吗？一连串的问题

困扰着我。皂角树只是静静地站在那儿,不言不语,树干上随风飘扬的红丝带更增加了她的神秘感。

整个童年,我都没敢走近那棵皂角树,只是远远地看着。从春到夏,从枝繁叶茂到落叶缤纷。而我的好奇心随着年岁的增长在一点点地消退。长大后,离开家乡,童年关于皂角树的记忆也渐渐远去。前段时间同学小聚,谈起被拆掉的家,大家不约而同想到了皂角树。家没了,皂角树还在。大家都在计算着曾经的家离皂角树的距离,心情复杂。

一棵被遗忘的皂角树,因为拆迁,被重新忆起,并时常挂在嘴边。她已经成了一种象征,一种寄托。趁着星期天,我特意带着儿子和女儿去看了皂角树。那棵皂角树依然站在路边,树干上贴着古树的标签,孤零零的,没有了往日的神秘感,也没有记忆中的高大了。那条路已经不是儿时的乡间小路了,她曾经日夜守望着的村庄也消失不见。

平生第一次走近皂角树,摸着她饱经沧桑的树干,抬头看看繁茂的树冠,心里想如果上面真住着一位老奶奶,她还会保佑在外漂泊的儿女们吗?

注释

1. 郭晓真,1987年生,河南洛阳人。2008年毕业于焦作师范高等专科学校。2014年入职中国社会科学院考古研究所二里头工作队,现为考古所技师。曾参加《二里头(1999—2006)》《河南偃师市二里头遗址宫殿区5号基址发掘简报》《河南洛阳市二里头遗址主干道路及墙垣2019—2023年的勘探与发掘》等多部考古报告及简报的绘图工作。

2.刘方,1959年生,辽宁海城人。1978年进入中国社会科学院考古研究所技术室绘图组工作。曾多次参加田野考古和考古发掘报告的绘图工作,完成60余部考古专著的插图。代表作有《先秦车马具的结构与画法》《浅谈完全正交摄影在考古绘图中的应用》等。

3.李淼,1948年生,北京人。1968—1977年在内蒙古自治区呼伦贝尔盟阿荣旗插队。1978年进入中国社会科学院考古研究所工作,历任考古所技术室主任、考古科技中心副主任,研究馆员。曾参加山西临汾陶寺遗址、河北湾漳北朝壁画墓的发掘和绘图,完成30余部田野考古报告、考古学专著插图的绘制工作。代表作有《关于考古绘图的几点工作》《浅谈完全正交摄影在考古绘图中的应用》等。

4.张蕾,1971年生,宁夏银川人。1995年毕业于中央美术学院美术史论系,同年进入中国社会科学院考古研究所工作,先后任职考古所科技中心考古绘图室、遥感与测绘实验室。主要研究方向为考古计算机信息技术。代表作有《菩提妙相——三缘藏佛图集》《数字影像纠正与考古绘图》《浅谈考古制图中Photoshop的运用》等。

5.赵志军,1956年生,陕西西安人。1982年毕业于北京大学历史系考古专业,1996年毕业于美国密苏里大学人类学系,1997—1998年于美国史密森尼研究院热带研究所做博士后。1999年入职中国社会科学院考古研究所,后任科技中心副主任,研究员,山东大学文化遗产研究院特聘教授。主要研究方向为植物考古方法与理论、古代农业起源与早期发展。曾参与河南洛阳二里头、渑池班村,北京东胡林,山东龙口归城等遗址的植物鉴定与研究工作。代表作有《植物考古学的田野工作方法——浮选法》《中国古代农业的形成过程——浮选出土植物遗存证据》等。

6.袁靖,1952年生,上海人。1978—1993年先后就读于西北大学、中国社会科学院研究生院、日本千叶大学。1985年起入职中国社会科学院考古研究所,任科技考古中心主任,研究员。现为复旦大学特聘教授、科技考古研究院院长。主要研究方向为古代人类与动物关系、古代人地关系。曾参与内蒙古敖汉兴隆洼、河北徐水南庄头、山东滕州前掌大、河南洛阳二里头、青海民和喇家等遗址的动物骨骼鉴定与研究工作。代表作有《论中国古代居民获取肉食资源的方式》《中国新石器时代家畜起源的问题》等。

7.李存信,1959年生,河南安阳人。1989年毕业于首都联大社会科学院分校。

1976年进入中国社会科学院考古研究所安阳工作站,在技术室、文保中心工作,副研究馆员。曾参加河南安阳殷墟、洛阳二里头,广东广州南越王墓,四川成都金沙,江西南昌海昏侯墓等遗址的发掘、文物修复与保护工作。代表作有《青铜器复制中失蜡法的应用》《二里头遗址绿松石龙形器的清理与仿制复原》《考古现场处置与文物保护技术》等。

8.侯玉林,1955年生,河南安阳人。中国社科院考古研究所文化遗产保护研究中心高级技师,曾参加河南安阳殷墟、洛阳二里头,河北行唐故郡,江西南昌海昏侯墓等遗址的清理工作。

9.姚兰,1992年生,内蒙古赤峰人。中国社科院考古研究所文化遗产保护研究中心工作人员,曾参加河南洛阳二里头、江西南昌海昏侯墓、浙江衢州庙山尖土墩墓等遗址的清理工作。

10.席乐,1988年生,江苏泗洪人。毕业于武汉大学,现为中国社会科学院考古研究所二里头工作队队员,助理研究员。曾参加湖北武汉盘龙城、河南洛阳二里头等遗址的发掘工作。代表作有《略论商周时期的青铜镰》《战国时期出土凹柄铁镰初探》等。

11.张洁,1981年生,湖北黄冈人。2006年毕业于北京大学考古文博学院,现任职国家文物局。曾参加河南洛阳二里头遗址的发掘工作。

12.赵英梅,1977年生,山东临沂人。2003年毕业于山东大学历史文化学院考古系,任职济南市文旅局。曾参加河南洛阳二里头遗址、山东济南县西巷遗址的考古发掘工作。

13.梁法伟,1980年生,河南太康人。2006年毕业于山东大学历史文化学院考古系,现为河南省文物考古研究院副院长,副研究员。长期在田野考古一线工作,先后主持或参与河南荥阳小胡村商周墓地、济源柴庄、禹州瓦店等遗址的发掘工作。代表作有《河南漯河郝家台遗址2015—2016年田野考古主要收获》《河南荥阳东柏朵遗址夏商遗存发掘简报》等。

14.崔英杰,1980年生,山东潍坊人。2011年毕业于山东大学历史文化学院考古系,现为河北师范大学历史文化学院副教授。曾参加河南洛阳二里头、鹤壁刘庄,河北张家口邓槽沟梁,重庆开州余家坝和姚家坝等遗址的发掘工作。代表作有《中国史前水井的发现与研究》《中国史前水井发现和研究中的几个问题》等。

15.许宏:《发现与推理:考古纪事本末(一)》,山西人民出版社,2021年。

兜兜转转又回来，
这次会一直干到退休

郭朝鹏

亲历者:郭朝鹏

采访者:张飞

访谈时间:2022年9月27日夜

访谈地点:山东省青岛市即墨区山东大学青岛校区博物馆107教室(电话访谈)

亲历者简介:郭朝鹏,男,河南省洛阳市偃师区翟镇镇圪当头村人,1983年6月出生。1989—1999年就读于圪当头学校,高中肄业。2002年入职中国社会科学院考古研究所二里头工作队,2006—2009年离开二里头队,2010年重新回队。在职期间参加了河南洛阳二里头、焦作徐堡,安徽蚌埠垓下,陕西宝鸡周原等遗址的发掘。现为中国社会科学院考古研究所高级技师。

朝鹏哥是二里头考古队年轻技师中野外发掘技术最好的人，他极为黝黑的皮肤便是见证。和其他老师很不一样，在我的印象中，他在野外发掘时常常是孤军作战。我前后多次去二里头遗址参加发掘，每次见得最少的便是朝鹏哥。他负责的发掘区位于整个遗址的最南边，且隐藏在一片高大的玉米地中，一般情况下很难被路过的人发现。其他老师的工地长年都有学生跟随学习发掘，每遇问题还能相互探讨，而朝鹏哥的发掘区通常只有他自己带着几个民工默默地干。他所发掘的区域对于解决二里头都邑的布局结构问题关系重大，且发掘难度很大，我几次去他那里了解发掘收获时，都被打破关系复杂、破坏严重的遗迹搞得一头雾水。因为顶着很大的压力，我多次看到他坐在探沟中看着沟壁唉声叹气、自言自语。看到我过来，他总是拉着我讨论各种遗迹现象，让我提出解决方案。虽是孤军作战，由于他格外谨慎和细心，最终还是出色地完成了任务，取得的成果让领队老师很是兴奋。

后来与朝鹏哥一起整理陶片的时候，我又发现他非常善于学习与思考。面对存在争议的陶器时，他常常能对其器型与时代提出自己的观点，并找到相关的辅证资料。一次，我发现一件口沿的残

▲2011年秋，郭朝鹏在5号宫殿基址测量

片,保留下的部分很少,当时我们都不知它的器型、年代。朝鹏哥看见之后,脱口而出"二里岗上层的陶鬲"。当时的我将信将疑,表示这判断不一定对,也有可能是深腹罐、圆腹罐之类的器物。朝鹏哥很快拿出偃师商城遗址的发掘报告图录,从书中找出了几乎一模一样的陶鬲。整理继续进行,不一会儿,陶鬲器身的其他部分被发现了,与图录再一次比对,果然并无二致。从那以后,在整理过程中,只要遇到难以辨识的器型,朝鹏哥的意见一定是我的重要参考。

工作之外,朝鹏哥是一个幸福的人。偶尔与他聊天,谈及对未来的憧憬,他最喜欢说的一句话便是"知足常乐"。在他看来,现在的他有一份稳定且感兴趣的工作,还能陪在家人身边,这已经是美满的人生。下工后,我常常看到他带着一双可爱的儿女在工作队的菜园里锄草、摘菜,或是迎着夕阳余晖在乡间小道上散步。

2021年夏天,我在工地跟他聊起访谈的事,他当时一口回绝了我,说自己不会说话,害怕自己说出一些对考古队不利的话。我再三央求,他始终拒绝,计划遂作罢。现在回想起来,大概因为那时候他工作任务艰巨,身心疲惫,加上不善言辞,因而不愿意接受访谈。2022年秋当我对访谈稿进行整理时,发现其他人言谈中多次提及他,我便想着给他加上一条脚注进行简单介绍。当我打电话询问他的基本情况时,他的反应让我很是惊讶,不仅提供了我需要的信息,而且主动谈了不少他所经历的有趣的往事。我忽然意识到,他现在似乎改变了最初的想法,愿意说出他的故事了。于是我再次问他是否可以接受访谈,如果愿意,我很乐意以电话聊天的形式对他进行访谈。没想到这次他竟非常爽快地答应了,并与我约定第三天晚上即可进行。后来我如期对他进行了访谈,他表现得很是健谈,很多时候我都插不上话,完全不似平时少言寡语的朝鹏哥。那一刻我才意识到,他其实是希望被记录的,而我无疑做了一件有意义的事。

采访者:您来二里头之前的故事,可以简要说一下吗?

郭朝鹏:我是圪当头村人,从出生到现在一直生活在圪当头村,1989年在村里上的小学,那时候家里的经济条件虽然不好,但吃喝还是没问题的,总的来说还是比较快乐的。1995年小学毕业后,我在村里继续读初中,因为长大了一些,家里的农活也承担得多一些了。那时初中还是四年制的,1999年初中毕业后我就去翟镇上了高中。刚上高中时,自我感觉还是不错的,每次考试都能轻轻松松拿到前十名。可后来一联考我才知道,跟别的学校一比,我们学校差得太多了,瞬间就清醒了。加上那时我们家经济条件很差,学校要求的资料都买不全,渐渐地我就不想读了。到了高二,我已经觉得很没意思,不久就弃学了。

采访者:后来您的同学中有人考上大学吗?

郭朝鹏:有的,我们班本科考上了好几个。这是我没有想到的,现在想想还挺后悔的,当时要是坚持下去就好了。

采访者:您是什么时候决定来二里头考古队的?

郭朝鹏:我是2002年秋天来的考古队,大概是10月份,那时候我20岁。队里那一年缺人,大家口口相传,说考古队要招聘技工了,我听到消息就想着过来试试。当时队里面招人的要求是高中毕业,我虽然高中没毕业,但也算读了高中,加上我姑姑(郭淑嫩)在队里为我求了个情,队里就招了我。

采访者:考古队当时招人有考试吗?

郭朝鹏:我那时没有,听我姑姑说她进考古队的时候是需要考试的。其实那时根本没几个人报考古队,读了高中的人要不出去上大学了,要不去大城市打工赚钱了。考古队没有那么招人喜欢,我进来工作算比较容易。

采访者:您到考古队后主要承担什么工作?

郭朝鹏:刚去的时候我看了一段时间的探方,那时主要是打下手。不久之后,也就是2003年,许老师开始寻找宫城墙和井字形大道,需要很多人跟着他钻探,于是我就跟老师们一起钻探、记录,同时承担遗迹绘图的工作。直到2005年,我真正开始独立管探方。

采访者：您的发掘技术是哪位老师教的？

郭朝鹏：主要是跟我姑姑和宏章叔学的。一开始他们发掘的时候，我就跟着刮面、看土、绘图。后来我自己看探方，宏章叔他们经常过来帮我确定遗迹，教我写记录。这东西是"师傅领进门，修行在个人"，自己多琢磨就会了。

采访者：许宏老师那时候会经常在工地指导你们吗？

郭朝鹏：许老师基本上每天都在，随时指导。那几年我们主要发掘探沟，解剖宫城城墙和道路，遗迹现象非常复杂，要画很多图，判断很多遗迹的时代和打破关系，他必须在现场盯着。许老师那时候很忙，每年一过完年就到工地上挖土，发掘结束还要整理资料。而且，那几年洛阳盆地中东部的调查项目也在进行中，冬天的时候他还要带我们去外面调查。

采访者：确实很忙碌，热火朝天的岁月。

郭朝鹏：我那时候还跟宏章叔学了好长时间文物修复，每年队里还要找时间进行文物修复。那时队里的人都学了修复，大家都要参加修复。后来工地的事情多了，我们大部分人都去看工地了，队里的文物基本上都留给晨光修了。

采访者：室内整理主要有哪些工作？

郭朝鹏：室内整理很麻烦。刚入新世纪时，工地的各种图都是手绘，工地绘好一份，室内整理的时候还要再补绘一份存档。图绘好之后开始整理发掘记录，要把每一个遗迹的各种信息按照标准的格式进行登记。发掘记录弄得差不多之后，成堆的陶片就来了。我们要对每个遗迹的陶片进行数量、颜色、质地、纹饰、年代等方面的统计，在这个基础上判断遗迹的年代。

采访者：能谈谈您参加洛阳盆地中东部区域系统考古调查的情况吗？

郭朝鹏：这个项目最开始是中澳美合作的，外国专家完成任务之后就回国了。他们走了之后，我们二里头队开始调查偃师、洛龙、孟津这一片，这是以前没有调查过的区域。我们一直往东走，最后和中澳美联合考古队的调查区域相接。野外调查的感觉不错,每当发掘时间长了,出去跑跑总能给我们带来一些新鲜感,甚至轻松的感觉。不过,野外调查时间不能太长,整天在山沟沟里跑,久了会很疲惫。我就跟着队里一起跑调查,许老师带队。那段岁月还是很有意义的,我们发现了很多遗址点,基本上搞清楚了洛阳盆地先秦时期的聚落形态。调查报告最近出版了。

采访者:当时和您一起加入考古队的还有其他人吗?

郭朝鹏:我是那一批人当中最先进队的,我进去之后没多久又来了3个人。现在和我差不多同一时期来队里的人只剩下我和晨光了,那两个人不久都走了。

采访者:为什么很快就离开了?

郭朝鹏:工资太低呗,没有啥其他原因。工资要是可以,谁愿意离开老家。我2002年来的时候,工资一天不到10块钱,好像只有8块多。到2005年左右,涨了几块钱,貌似涨到了12块。那时候考古队的工资比当地一般的工人工资低,确实没什么吸引力。走的两个人当中有一个人虽然离开了二里头队,但一直还在干考古,现在在广东省考古所,那边工资应该不低。

采访者:我知道您中间也离开过二里头,也是这个原因吗?

郭朝鹏:对的,就是因为工资太低。2006年夏天我出去了,先后去了郑州、焦作、邯郸、蚌埠、南京。主动发掘和基建发掘我都干了不少,干过的遗址时代跨度也很大,新石器、夏、商、周、汉、唐、明、清都挖过。当时外面的工资比二里头高得多,我记得当时安徽的工资是二里头技工最高工资的两倍多。

采访者:既然外面收入这么高,后来您为什么又选择了回来?

郭朝鹏:2009年我回老家结婚,有了老婆孩子之后就不能离家太远了,需要照顾家庭。恰巧当时队里的人手又不够了,赵队给了机会,让我重新回到二里头队帮忙。另外,那时候二里头队的工资已经涨一些了,生活压力没有那么大了。

采访者:中间没有想过换其他工作吗?

郭朝鹏:2005年的时候我哥给我打了好几次电话,让我出去跟他一起干,说干考古没啥前途。说实在话,当时确实不想干考古了。后来想了想,我哥是搞建筑的,我对搞建筑没什么兴趣,最终还是没去。

采访者:您跟许宏老师在工地这些年,觉得他在二里头遗址的工作特点是什么?

郭朝鹏:许老师工作最大的特点是善于总结前人的工作成果。二里头宫城城墙、宫城大道的发现就是通过梳理、研究以往的发掘与钻探记录发现的。另一特点是大胆假设,小心求证。当时二里头遗址2号宫殿基址的东墙向北、向南各延伸出去了一段,超过了基址的范围,许老师假设基址的东墙可能利用了宫城的东墙,后来通过钻探和发掘,果然验证了他的推测。

采访者:赵海涛老师与许老师在工作方法与特点上有什么不一样吗?

郭朝鹏:赵队现在想要解决的主要问题还是二里头遗址的都邑布局问题,他根据宫城城墙、道路向四周笔直延伸这条线索推测整个遗址是九宫格式的布局,然后通过大规模的钻探与探沟重点发掘相结合的方法来验证他的假设。我的感觉是,赵队受许老师的影响挺大的。不过,赵队在工作上比许老师更加谨慎小心,工地在赵队的照看下很难漏掉任何一点重要信息。

采访者:在遗址上从事考古发掘这么久后,您觉得所谓的九宫格式布局有希望吗?如果成立的话,这将是中国古代都邑形态研究中划时代的大发现。

郭朝鹏:我感觉应该没有问题。前些年的发掘已经基本确立了宫殿区、祭祀区、作坊区,它们之间有一些明确的墙和路作为区隔。近几年的发掘又在宫殿区西边、南边发现了宫城城墙与道路的延伸,这些城墙、道路又划分出了几个小区。不同小区内的发掘说明,它们之间的等级和功能是不一样的。宫殿区到处是夯土,而外围其他区的夯土明显少了,说明这些地方应该是一般的居住区或作坊区。Ⅸ区有大量的红烧土,Ⅻ区有很多制漆遗存,暗示它们两个区的功能存在差别。Ⅲ区发现了一些体积非常大的炊器,可能跟群体性的饮食有关。考虑到Ⅲ区位于二里头遗址的东北部外缘,我觉得这个群体有可能是守卫军。如果真是这样,那么Ⅲ区则是一个特殊的功能区,比如说是守备区。

采访者:您去过不少考古工地,您觉得二里头遗址的考古工作跟其他遗址有什么不一样?

郭朝鹏:许老师和赵队有一个共同的特点,就是对新方法的接受程度很高,用现在的话来说就是比较"潮"。许老师是1999年来的,那时候全国大部分考古工地都比较传统,而我们已经开始使用全站仪、小飞机了。我们的第一台全站仪废弃的时候,其他一些市所和省所的工地都还不会使用呢。

采访者:您觉得在二里头遗址参与的这些发掘当中,哪一项发现最为重要?

郭朝鹏:应该是宫城的发现最为重要,毕竟这项发现确定了一个遗址的布局和框架。在发现宫城的基础上相继确定了祭祀区、作坊区,遗址各个区域的性质和功能开始有了苗头。

采访者:您觉得未来相当长一段时间内二里头遗址发掘要解决的首要问题是什么?

郭朝鹏:二里头遗址是夏还是商的问题应该是最重要的,谈夏商分界就绕不开二里头。

采访者:对于这个问题您怎么看?

郭朝鹏:我知道好多先生都有自己的看法,郑光先生认为二里头一期是夏,后面三期都是商;殷玮璋[1]先生认为一、二期是夏,三、四期是商,反正观点挺多。我在队里常年受许老师的影响,目前还是比较赞同他的观点,也就是二里头既有可能是夏也有可能是商,还没有明确的证据能证明二里头的族属和朝代。

采访者:许老师写的一些考古著作您平时会阅读

︿二里头宫殿区发掘现场

吗?

郭朝鹏:许老师写了不少书,《最早的中国》[2]《何以中国》[3]《大都无城》[4]这些带有科普性质的书我平时会翻一翻。队里面以前书不是很多,有的也是一些非常专业的著作,我也看不懂,也没有人带着看。我一直想在考古专业方面提升,但不知道从哪里入手。这几年队里的实习学生越来越多,跟他们接触多了之后我才知道该从哪些方面入手学习。最近我正在看《考古学概论》[5]和《中国考古学十八讲》[6],对考古学有了很多新的认识。说来不怕你笑话,以前我连"考古学文化"这个概念是什么意思都不知道,也不清楚某某考古学文化为什么这样命名。现在看了一些书,对这一类的问题开始有所了解了。

采访者:这已经是很大的进步了。

郭朝鹏:唉,学习得有点晚了,需要奋起直追。

采访者:《二里头(1999—2006)》大型考古报告是最近这些年二里头考古最为重要的成果,您参与了报告的编写工作,能否谈谈报告的编写历程?

郭朝鹏:我主要负责器物的编号、文字的校对工作,遗迹的层位关系基本上也是我领着实习学生们一起梳理的。编报告真是一项令人痛苦的工作,比发掘烦琐多了,一点差错都不能出。我印象最深的是报告稿本送交出版社前的一两个月,那是最辛苦的一段岁月。当时许老师把我们队里的人都拉到了北京,每天根据出版社的要求校稿、修改。我们早上8点上班,晚上加班到10点多属于正常现象,有时甚至要工作到凌晨两三点。不过,我现在回想起来觉得挺有意思的,毕竟没去过北京,对很多东西都感觉很新鲜,伙食也不错。

采访者:有没有抽空出去游玩儿过?

郭朝鹏:出去玩儿过一次,是在国庆节的时候。那一次我们计划好要去天安门广场看看,结果国庆节人太多,根本看不到啥。回来之后我们去逛了逛商场,买了点东西。在北京的时候基本都在工作,没啥娱乐活动,我和赵队直到报告稿本送到出版社的前一夜还在工作。稿本送到出版社后,第二天一早我们就回队里了。

采访者：总的看来，二里头队的工作强度您能接受吗？

郭朝鹏：队里领导干活都比较拼命，许老师年轻的时候一直待在工地，赵队也是，在工地基本不回家。领导都这么累，我们怎么好意思说工作太多。不过这两年队里又招了好几个年轻人，来实习的学生也越来越多，我们的工作量确实减少了一些，可以接受了。

采访者：您提到了实习学生，请问您怎么看待这个群体？

郭朝鹏：队里面经常有学生来实习，确实减少了我们的工作量，这是毫无疑问的。另外，学生们都比较青春活泼，很多时候给我们带来了很多欢乐。不过，学生们一般待上几个月就走了，从长远发展来说，我觉得还是要多培养队里自己的技工。不过这不是咱该操心的事，我就随便说说。

采访者：除了在队里的考古工作之外，您平常会有一些娱乐活动吗？

郭朝鹏：我没啥特殊爱好，空余时间会去洛河边钓鱼。

采访者：您觉得在二里头考古队的十几年，对您个人和家庭有哪些影响？

郭朝鹏：我不知道怎么表述，只感觉在考古队能接触到许老师、赵队和许许多多的实习学生，对我自己和孩子的影响都是好的。他们都是很有文化的人，与他们交往，多多少少能学习到一些柴米油盐之外的东西。队里丛苗老师、淑嫩老师的孩子都是研究生，丛苗老师的儿子还是博士，今年艳朋的女儿考上了个好本科，静玉的儿子也考上了省重点高中，这肯定跟考古队有一定关系。村里的孩子能考得这么好的，确实很少见。学习好的，咱们考古队老

△2011年春，郭朝鹏（右）在5号宫殿基址清理灰坑

师们的孩子占了大多数。

采访者：二里头夏都遗址公园和博物馆的建设给二里头遗址周边村庄的景观带来了很大的变化，您觉得这两项公共工程建得怎么样？

郭朝鹏：博物馆建设得不错，比较宏伟大气，里面的装饰与设计也很有创意。遗址公园就有点掉档次了，各种设施显得挺粗制滥造的。路面到处是裂痕或者坑洼，厕所等于没有，逛完一圈找不到地方解手是常事。公园里栽的那些草根本不适合作为景观植物，只要一枯萎，整个公园就跟荒草园一样。公园的展示效果也不是很好，给人的感觉是太扁平了，没有立体的感受。比如说1号宫殿的夯土是用照片展示的，很难让观众想象到夯土厚达3米是个什么概念。要让我说，应该把我们解剖夯土的探沟进行保留，用玻璃罩之类的东西保护起来，观众可以通过罩子直接看到二里头文化时期大型建筑的夯土。这样做肯定能给人带来更震撼、更直观的感觉，让他们了解到当时巨大的工程量、强大的社会动员能力。

采访者：您说得很对，以更生动直观的方式进行展示，确实可以让观众对二里头王国的文明发展程度有更深的理解。您认为遗址公园和博物馆的建设，给周边村民的生活带来了哪些影响？

郭朝鹏：有好有坏吧。遗址公园和博物馆的建成让村民的生活环境有了改善，一出家门就能逛公园和博物馆是件很爽的事。至于不好的方面，为建公园和博物馆拆了很多村民的房子，但答应的安置房到今天还没有安排到位，搞得很多人无家可归。不过，最近好像听说安置房的事情有了一些进展，这是个好消息。

采访者：刚来二里头队实习的时候，我的第一感觉是二里头、坑当头这些遗址周边的

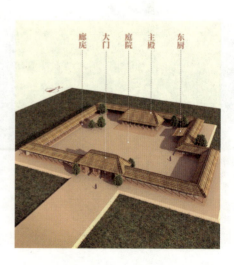

⌃二里头遗址1号宫殿复原示意

村子都很繁华,是不是跟遗址公园、博物馆的带动有关?

郭朝鹏: 遗址旁边的几个村子确实比较繁华,有些南方来的实习学生说二里头村的街道在他们那边完全可以比得上一个乡镇街道。你看二里头村街上超市、理发店、饭馆、五金店、农资店、卫生室一应俱全,基本的生活需求都能满足。村里有的饭店晚上十一二点还开着,想来点夜生活也没有问题。但要说这些跟考古有多大关系,我就不敢说了。我们周边这几个村,经济底子本来就不错,原来都有自己的产业。最典型的就是二里头村,他们村是我们偃师最有钱的村。那个年代,二里头村带头招商引资,建立大型的乳酸菌厂、化工厂,当时全国也没几家。他们村发展得很好,村里还出了两个全国人大代表,村集体给每户村民都盖了楼房。要说考古给这几个村子带来了啥,我觉得主要是名气。因为过去60多年的考古发掘,二里头遗址作为"最早的中国",名声越来越大,周边的村子也跟着出了名。话又说回来,现在来旅游学习的人越来越多,将来也许会给村子带来一些经济收益吧。

采访者: 到今年为止,您干考古已经整整20年了,最让您难忘的人和事有哪些?

郭朝鹏: 最难忘的事是我刚到二里头队的时候,跟着老师们一起去钻探,发掘我的第一个探方,和许老师、王老师一起去野外调查。这些是我的第一次,可能后面有很多发现比这些更重要,但我对这些第一次印象最深刻。

△2022年,郭朝鹏在家中陪伴女儿

采访者: 您觉得如今二里头考古队还有要改进的地方吗?

郭朝鹏: 以前我们唯一的诉求是工资能提高一点,近几年所里把我们的工资提了提,我觉得已经可以了。现在的工资在农村来说算不错的了,毕竟偃师的消费水平也不是很高。现在我感觉最需要改进的地方是咱们的驻地,空间实在是小了点,尤其是库房,根本不够用。

采访者:您觉得自己会一直在二里头考古队干下去吗?

郭朝鹏:会,不出意外应该会干到退休。队里的人员关系很简单、很融洽,干好自己的工作就行,没什么钩心斗角的事情。队里的领导也挺好的,平易近人,平时有什么事情找他帮忙,也都会出手帮忙。最近我老婆丢了工作,正好队里缺人手,赵队知道之后就让她来试试,算是对我的照顾吧。总而言之,这里的工作环境我还是很喜欢的。

采访者:谢谢朝鹏哥,我的访谈结束了,您还有什么需要补充的吗?

郭朝鹏:没有了。就希望咱们队越来越好,成果越来越多。

注释

1. 殷玮璋,1936年生,上海人。1959年毕业于北京大学历史系考古专业,同年进入中国科学院考古研究所(后隶属中国社会科学院)工作,历任考古所商周研究室副主任、主任,研究员,中国社会科学院研究生院教授。主要研究方向为夏商周考古、青铜器考古。曾主持或参与河南洛阳二里头、湖北大冶铜绿山古铜矿、北京房山琉璃河等遗址的发掘工作。代表作有《二里头文化再探讨》《新出的太保铜器及其相关问题》《三代年代学研究的新突破》等。

2. 许宏:《最早的中国》,科学出版社,2009年。

3. 许宏:《何以中国》,生活·读书·新知三联书店,2014年。

4. 许宏:《大都无城》,生活·读书·新知三联书店,2016年。

5. 《考古学概论》编写组:《考古学概论》,高等教育出版社,2018年。

6. 张宏彦:《中国考古学十八讲》,陕西人民出版社,2008年。

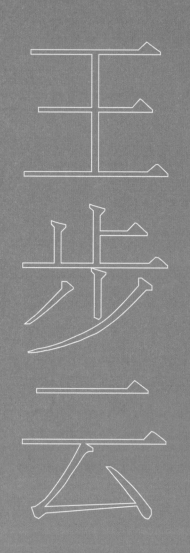

王步云

这是我的机缘巧合，也是我的命中注定

亲历者:王步云

采访者:张飞

访谈时间:2022年8月25日夜

访谈地点:山东省青岛市即墨区山东大学青岛校区凤凰居9号楼(电话访谈)

亲历者简介:王步云,男,河南省洛阳市偃师区城关镇人,1987年11月出生。1994—2003年在偃师市第二实验中学完成小学与初中学业,2003—2006年在偃师市第一高级中学完成高中学业,2006—2009年在陕西青年职业学院完成大专学业。2010—2011年就职于洛阳文物工作队,2011—2015年就职于中国国际基金(安哥拉)有限公司,2016—2020年6月就职于偃师市文物局。2020年12月至今任职于中国社会科学院考古研究所二里头工作队。工作期间参加了河南洛阳首阳新区及周边村镇基建考古、洛阳二里头遗址发掘。现为中国社会科学院考古研究所二里头工作队技师。

2020年冬天的某个夜里,赵海涛老师告知我,有一位从偃师文物局到二里头遗址实习的老师,让我明天带他一起去工地上工。我当时想,时至深冬,这时候来工地实习,这位老师勇气可嘉啊。第二天早晨,我在工作队门口见到了这位老师,他便是王步云。那天早上,他穿着很厚的棉袄,手上拿着两个热乎乎的包子,看起来比我大不了几岁。他见到我很客气地喊了一句"张老师好",作为一个实习学生,被他这样称呼,顿时感到浑身不自在。我告诉他不用称我老师,叫我姓名即可,他也让我直呼其名,于是我俩便都以姓名直呼彼此。接着我便带他来到了发掘工地,而这里在很长时间内都是他的"噩梦"。

刚到工地时,面对偌大复杂的遗址,步云显得茫然无措。他看起来不像一个在文物局参加过田野发掘的人,在遗迹辨识、判断打破关系方面,完全是个新手。后来我才知道,他之前只挖过墓葬,对于遗址发掘几乎一无所知。那段日子里,他每天都在问各种问题,从早到晚没有停下来的时候。野外休息的时候,他也拿着我的日记坐在旁边认真看,琢磨记录该怎么写,草图该怎么画。可是,尽管他非常努力地学习,但面对二里头复杂的遗迹现象还是感到有心无力。我经常看到他站在一方剖面前发呆,想动手画遗迹线却有些不敢画。望着老师们已经画好的遗迹线,他理来理去,还是搞不清楚打破关系。他甚至一度感觉自己色盲或者色弱,为什么老师已经画出来了遗迹线,他却一点也看不出来。他的内心很受打击,因为工地上一些经验丰富的民工阿姨都能辨识出的地层与遗迹,他却束手无策。好多次我感受到他情绪低落,却又不知怎么安慰他。

没过多久元旦到了,我送了步云一份新年礼物,是一本我们当作教材使用的《田野考古学》。他特别高兴,说已经很久没有人送他书了,而且这正是他需要的。2021年,步云依然扎根在工地,他的困难依然存在。这一年夏天,我又来二里头遗址参加发掘,很幸运又和步云分到同一片发掘区域并肩战斗。这一次情况并没有多大好转,工地的复杂情况超乎想象。我们的工地位于二里头遗址祭祀区的西边,发掘目的是解决遗址的布局结构问题,因而采用长探沟式发掘,着力寻找对解决遗址布局有重大意义的夯土墙与道路。然而,墙体与道路是发掘中最难辨识的遗迹现象,往往刮面刮上一天,也不敢确定是否存在墙体或路土。就算在老师的帮助下完成了墙体或路土的辨识,对这两种遗迹的记录也令人崩溃,它们经常是分了几十层,草图画起来很容易错位,土质、土色、包含物记起来特别考验人的耐心。再加上那段时间指导我们的王宏章老师去了别的发掘区域帮忙,只剩下我和他管理整个宫殿区西区的工地。我们重任在肩,能力却十分欠缺,所以很是劳累与痛苦。那时候,我们每天互相倾诉心中的郁闷,都觉得干不下去了。

后来,工地越来越复杂,天气越来越热,而二里头考古队基本没有假期,我终于承受不了了,向赵海涛老师申请了回校休息一段时间,工地便只剩下步云一人。当时,我的内心很是愧疚,因为我感觉自己抛弃了他。不过,很快我们的工地停了,步云与王宏章老师一起被调到一个新的片区发掘,听到这样的情况我心中也好受了些。在新的工地,他依然很难,可我已回校,不能陪他一起解决问题了。再后来他开始自我怀疑,怀疑自己不适合这个职业,但我斩钉截铁地告诉他"你特别适合",因为我知道他有那股钻研的精神,学会发掘只是时间问题。

有天晚上夜已深,步云突然给我发微信,内容是:"阿飞,你要好好努力,以后一定成为一个好学者。我也会好好努力,等宏章老师他们退休了,二里头的事业就交给我们了,我一定会挑大梁的。"那一刻,我相信步云已在二里头安下身心了。后来我才知道,原来那天晚上队里聚餐,他喝多了,情绪很激动,才给我发了这样一条信息。不过,我相信"酒后吐真言",那晚他说的话一定是真心话。

2022年春天,当我再去二里头的时候,步云的变化很大。对于二里头队,他已经有了主人翁的感觉,对队里的一些事务开始提出自己的想法与见解。碰到那些对考古队有意见、不满的人,他会主动站出来维护考古队。谈起工地的发掘情况时,"我们的工地""我们的任务""我们的工人"这类的话语,他总是脱口而出,显得很是自然。在业务方面,步云明显老到了很多。野外发掘时,他已然得心应手,对于很多遗迹现象开始有自己的判断,野外记录也更加详细且条理清晰。他担负起了遗址现场采样的工作,包括植物遗存、土壤微形态的采样。他还开始带"徒弟"了,新到队里的年轻技师和实习学生们,有好几个是在他的指导下进行田野工作的。某天夜晚我和步云通话,聊起当时一些考古发现的重大意义,他很主动地表达了他的看法,良渚、石峁、郑州商城这些遗址的特质与重要发现,他都熟稔于心。那一刻,我知道步云已经成熟了,他开始真正专业起来了,最重要的是他真正爱上了他的工作、他的事业。

我在二里头最炎热、最寒冷、最疲惫、最艰难的田野发掘工作,都是与步云一起度过的。那段时间,在艰难的发掘境况与野外环境的双重打击下,我们"相依为命",互相倾诉自己对于青春与未来的看法。其间,步云偶尔会开车带着我去偃师城里大餐一顿。吃饭时,他一定会点上几瓶啤酒,我们一边喝酒,一边漫无边际地聊天,那是我们难得的快乐时光。虽然他比我大不了多少,但他有着丰富的社会经验,遇见过很多有趣的人与事,那些人和事都是我未曾听说过的,对我有着很大的吸引力。在日常生活中,我由于情商着实不高,经常说错一些话,做错一些事,步云每次看见,都会私下告诉我应该怎样说与做。他会很直接地指出我的问题在哪里,从来不拐弯抹角,很是真诚,我从他那里学到了很多。步云一直把我当作最好的朋友,我很感谢他。

采访者:步云,请先介绍一下自己吧。

王步云:我1987年11月18日出生在偃师,小时候在偃师实验中学上的幼儿园,那个时候这个中学里有幼儿园、小学,后来幼儿园和小学都分开出去。我上学的时候成绩不理想,初中毕业时,家里想让我上技校,但是我想去读高中,于是去了现在位于首阳新区的偃师第一高级中学。上完高中之后,父母还是想让我去技校学习,但是在我的一再坚持下,家里最终同意了让我去上大学。就这样,我上了个大专,地点在西安,就是现在的陕西青年职业学院。

采访者:你大学时学的什么专业?

王步云:我高中的时候对英语很感兴趣,就选了商务英语专业。然而,我学得不是特别好,后来从事的工作也跟英语没有任何关系。

采访者:毕业之后你选择了什么样的工作?

王步云:毕业之后我做的工作比较多,发过传单,做过销售。

采访者:你是什么时候开始从事考古工作的?

王步云:我妈妈之前在偃师博物馆工作,也就是现在的偃师商城博物馆。小时候我经常去博物馆玩儿,算耳濡目染吧,后来就从事了考古方面的工作。

采访者:最开始在哪里工作?

王步云:一开始我进了洛阳考古院,被分到了洛阳考古院一队。不过我没有干多久,大概一年吧,就选择离开了。

采访者:为什么离开?

王步云:主要原因是洛阳考古院工资比较低,2010年我到考古院,试用期工资一个月1000来块钱。说实话,钱实在太少了。当时家里的一个伯伯说有个机会去非洲,赚的钱比在考古院多得多,我于是去了非洲。

采访者:对于非洲的自然与社会环境,你在去之前详细了解过吗?

王步云:风险大,利益也大。我去的那个国家,刚刚经历了内战,破败不堪且异常危险。不过,往往是这种环境有着大量赚钱的机会,合法的、非法的都有。

采访者：去非洲这段经历能否谈一谈？

王步云：我是2011年6月20日去的非洲，去的那个国家叫安哥拉，一般人可能很少听说过这个国家。那时安哥拉刚刚经历内战，可以说是百废待兴。我们的工作是帮助他们进行基础设施建设，主要是盖楼。我们公司提供建筑材料，比如沙子、砖块这类东西。安哥拉位于非洲西部，虽然面积不大，但资源很丰富，铜矿、铁矿比较多，沙石资源也很充足。他们采集沙子、制作砖块的生产线都是从我国运过来的。我当时在公司的生产科，任务是把安哥拉的沙石原材料加工为成品，再卖给当地人，或者卖给我国的建筑公司。

采访者：你具体从事什么工作？

王步云：我负责各个生产点的统计，比如当有客户来买砖块时，我要统计产出的沙子和砖能否满足客户的需求，多长时间能完成订单。

采访者：在非洲这一段经历给你带来了什么样的影响？

王步云：这段经历于我来说是人生的一个很大的转变。我大学毕业后在西安待了半年，一直没找到合适的工作，然后就去了洛阳考古院。在考古院这一年，我接触的主要是文物，接触人比较少，加上我性格比较内敛，甚至有些孤僻，所以当时的我不了解且有些畏惧这个社会。但是我去了非洲之后，情况就大不一样了。非洲那个地方，形形色色的人都有，我不仅要接触当地人，还要同很多中国人打交道，与人沟通的能力在异国他乡被锻炼起来了。去非洲前，我伯伯跟我说，你在非洲这几年可能会感觉什么东西都没学到，但当你回国之后进入社会，一定会发现有

⚑ 2013年，王步云（左二）在非洲安哥拉和当地人在一起

很大收获。后来的确如他所言，我在待人处世、与人交流方面有了很大提升，人也变得外向了很多，跟从前的自己完全不一样了。我感觉在非洲的几年让我有了非常大的成长。

采访者：是的，每一段人生经历都不会白走。决定去非洲的时候有犹豫吗？

王步云：一开始确实不是特别坚决地要去非洲，大家都知道，非洲那个地方战乱频发，传染病也很多。但当时我特别缺钱，再三纠结，还是选择去。当时我心里想着，干两年就回来，一咬牙两年很快就过去了。当时公司规定，干满两年之后可以回国探亲一个月。

采访者：第一次到非洲感受如何？

王步云：我清楚地记得那时我很忐忑，因为那是我第一次出国，第一次坐飞机，还是坐国际航班。当时我坐的是海南航空，要飞整整18个小时，中间只在迪拜降落加了一下油。我在飞机上睡着了，醒来的时候已经到了我们的目的地——安哥拉，我晕晕乎乎的。落地是在安哥拉国际机场，公司派来一辆皮卡把我们拉走了。我们的车一路穿过安哥拉首都的市区，那种破败我至今忘不了。你完全想象不到，这是一个国家的首都，我感觉就像我们国家那种稍微发达点的小山村。我们的车越走越偏僻，越走人烟越少，当时我心情特别差。最后我们到了一个特别荒凉的地方，周边基本啥都没有，那里就是我们公司的所在地。进门的时候，我看见了荷枪实弹的保安，要说心里不害怕，那是假的。我当时特别后悔来这个地方，想着两年后一定要回国。

采访者：所以你在非洲待了两年？

王步云：不是的，我待了4年。人们总会对未知的东西感到恐惧，可当你在那个地方待的时间长了，习惯了之后，就会感觉一切没有想象得那么糟。另外，我的运气比较好，当时和我一起去的有四五个年轻人，我们处得不错，成了很好的朋友。这是我两年之后选择留在非洲最重要的一个原因。

采访者：为什么后来没有继续干下去？

王步云：一方面是因为我那些朋友都相继回国了，我自己在那边很孤单。我记得我一个人在那儿的时候,唯一的娱乐活动是跑步,从3公里到5公里,我越跑越多。非洲那边网络不好,手机没什么可玩儿的。那时候的生活太单调了,让人窒息。另一方面,我到了该结婚的年纪,在我们这个小城市,二十四五岁就该准备结婚了,我得回家找媳妇了。

采访者:如果再给你一次机会,你还愿意去非洲吗?

王步云:愿意。安哥拉这个地方,虽然经济不发达,但空气很好,气候宜人,并不像我们通常认为的那样炎热。那里分雨季和旱季,旱季的气温是非常舒适的。另外,我在那边认识了一些很好的朋友,增长了社会阅历与经验,这些都是花钱买不来的。所以说,如果再给我一次机会选择,我还是会去的。

采访者:从非洲回来之后你去了哪里?

王步云:我在洛阳考古院待了一段时间,加上我妈妈当时在偃师文物局工作,我算是子弟,最终选择了去偃师文物局。我到偃师文物局被分到了发掘科,我们部门承担了文物局所有的发掘任务。当时偃师文物局属于洛阳考古院的业务分担单位,洛阳的考古工地都被考古院承担了,偃师这个地方的工地则基本都交给了偃师文物局。那些年偃师大规模基础设施建设十分频繁,盖了很多楼盘,首阳新区就是那时候开建的,这些项目开工前,我们都要先进行勘探、发掘。偃师是一块风水宝地,十三朝古都,只要动土,地下基本就有东西,所以我们的工作很繁重。不过,文物局发掘的遗址比较少,还是以发掘墓葬为主,主要是汉墓、晋墓、唐墓,复杂程度不是特别高。

采访者:是什么样的机缘让你来到了二里头考古队?

王步云:前些年洛阳市进行大规模的事业单位改革,偃师文物局也在改革之列。文物局在改革中裁掉了很多人,我这种没有编制的就在被裁之列。也许是机缘巧合吧,当时二里头考古队正在招人,我经人介绍并通过面试,来到了考古队。

采访者:来到二里头你主要承担哪些工作?

王步云:因为有过一点发掘经验,所以来了之后我直接跟着王宏章老师去发掘了。对了,刚来的时候,赵海涛队长让我先跟在你后面学。我当时以为你最起码三四十岁,没想到你是一个这么年轻的学生,在发掘遗址方面,我跟你学习了不少。

采访者:你在二里头实习了多长时间,能否谈谈这段实习经历?

王步云:总共的实习时长大概是8个月。遗址发掘这一块,对我来说是一片空白,是一项全新的工作。二里头遗址属于遗址当中比较复杂的那一类,我跟王宏章老师实习的那一片区域又属于二里头遗址当中非常复杂的区域,所以对我来说,挑战很大,刚去的时候,我感觉到一头雾水。说句心里话,那半年我要感谢你,是你从最基础的方法给我讲起,包括什么是遗址,什么是灰坑,什么是平剖面结合,怎么理清打破关系等。王宏章老师虽然经验丰富,能力超群,但他管的面积实在太大了,很多时候照顾不了我,是你带着我系统地学了一遍田野发掘。有些考古学的理论比较晦涩难懂,但你大多数情况下都能用很通俗的话语讲给我听,听你讲完,我自己就能稍微理解了。实话实说,当时的我对这些田野考古知识一无所知,刚去的半年里,我的大脑每天都在很疲惫地运转,每天挖的东西,我都要不停地消化。对我来说,实习那半年多是一个比较难熬的阶段,我很庆幸那时候能够遇到你。

采访者:在实习的过程中,你有没有想要放弃的念头?

王步云:实习中间没有想过,反而是实习结束后的那个夏天有过放弃的想法。那时候我整个人负能量爆棚,我觉得可能和炎热的天气以及二里头考古队基本不放假有关。另外,那时候我对自己产生了一种怀疑,很难平心静气地去看待问题。我感觉自己怎么也挖不明白,老师怎么讲我都不懂,我认为自己不适合干考古这个职业。我认为我能力不行,于是产生了换工作的念头。说到这里,我要感谢我媳妇。有一天我特别沮丧,但我努力表现得不那么明显。不过,可能是我们两个人之间真的有心灵感应,等孩子睡着之后,她问我今天怎么了,她感受到了我情绪不好。我把原因告诉了她,她开导了我很长时间,告诉我,人意识到自己的不足,才能继续往前走。她还安慰我说,人都是要休息的,长期连轴转肯定无法取得理想的结果,她说我的主要问题是休息太少。经过她的开导,我感觉自己好了很多,又有了坚持下去的勇气。

采访者:情况是什么时候开始变好的?

王步云:是一个意料不到的契机彻底改变了我。2021年夏天二里头考古队举办了一个"夏文化考古研究"研修班,有一批全国各地的考古骨干来二里头实习。当时研修班的学员们发掘的区域是现在的Ⅻ区,可是研修班结束后,这个区域还有很多遗迹没挖。于是,学员们走后,我和几位老师开始正式接管Ⅻ的探方,帮助他们扫尾。Ⅻ区位于二里头遗址的北部边缘,遗迹的复杂程度比我之前发掘的区域要小一些,主要遗迹就是灰坑。发掘灰坑比发掘大型建筑、道路简单很多。我在Ⅻ区发掘的那几个月挖了上百座灰坑,田野考古水平因此有了很大的提高,也是这时,我真正理解了一些重要概念与方法。

采访者:除了你,和你一起进队的其他人状态怎么样?

王步云:其他人在发掘上遇到的困难我不太清楚,但他们的精神状态比我还要差。我的一位同事,孩子才三四岁,每天上完工,晚上回去还要带孩子,真的很疲惫。高温、高工作强度且没有假期,几乎要把她压垮了。她每天下工之后把车开到地下车库,都先不回家,而是躲在车里哭一场,哭完才回家。她经常怪自己以前没有好好努力,没找到一份好工作,无数次想要放弃。

采访者:是什么原因让她坚持了下来?

王步云:是因为2021年那场暴雨。那场暴雨给河南全省造成了很大的灾难,但却给了我们考古队员喘息的机会。由于那场暴雨,工地将近一个月无法开工,我们转入室内整理,精神状态有了很大的好转,所以她最终坚持了下来。

采访者:当时王宏章、王丛苗、郭淑嫩这几位干了30多年的老师状态如何?

王步云:在那种情况下,他们也很疲惫。不过,这几位老师对考古队有一种责任感,始终把发掘任务放在第一位,再累他们也不说,都默默扛着。

采访者:我离开二里头之后,你一直跟着王宏章老师学习吗?

王步云:是的,你走之后Ⅸ区的发掘工作就停了,我被调到了宏章老师的手下。

采访者:你所认识的王宏章老师是一个怎样的人?

王步云:宏章老师在二里头工作30多年了,工作经验真是太丰富了。在发掘方面,他既能顾及微观,也能把握宏观,他可以把相隔很远的不同探方的遗迹全部串起来,并理清它们之间的关系。我们通常是挖一个遗迹就只关注一个遗迹,对于不同探方之间的关系,如何规划下一步发掘,基本都是一抹黑。然而无论遗迹的打破关系多么复杂,宏章老师梳理后往往都能化繁为易。在遗迹的分期断代方面,由于宏章老师对于各种器物的演变特征烂熟于心,所以他在发掘的时候就对遗迹甚至整个片区的时代演变有一个基本的把握。在生活上,宏章老师不拘小节,和他交往基本不用担心会得罪他,他从来不记仇。虽然他年纪大,但生活依然丰富多彩。在工作的时候,你经常能听到他哼着歌在探方里跑来跑去。下班之后,他经常去公园里唱歌,还特意买了一套移动音箱设备,以便随时和村里的人K歌。冬天室内整理的时候,一到休息的时间,他就带着大家在考古队的小院里踢毽子。对待我们这样的晚辈,宏章老师特别用心,在我们遇到困难的时候总是鼓励我们。

采访者:能具体说说年长的老师们是如何对待年轻人吗?

王步云:他们对我们这些年轻人非常好,我这话可不是拍马屁。在工地上,凡是我们有问题,他们都会耐心解答,直到我们学会为止。在生活中,他们也经常给予我们关心,举个简单的例子吧,我住在偃师市里,家里没有菜地,吃菜基本都是从市场买,丛苗老师和淑嫩老师在驻地小院的后面开辟了菜地,经常让我带一些时鲜的菜回家,帮我减少一些生活成本。这样说吧,老师们与我们的关系,不像师生关系,而像家人,少了一些师生之间的严肃,多了许多长辈与晚辈之间的温情。二里

△2024年5月,王丛苗在二里头工作队的菜地浇水

头工作队是一个大家庭,总能带给人一种温暖。

采访者:你在二里头学习到的发掘知识与之前在洛阳考古院、偃师文物局学习到的有区别吗? 我指的是发掘技能与理论方面,而不是发掘对象。

王步云:我在洛阳考古院待的时间不是很长,学到的东西不是特别多。但我的印象中,洛阳考古院与二里头在发掘理念上差别不大,毕竟洛阳院的实力也很强,承担着洛阳市九县二区的考古发掘工作。后来在偃师文物局的文物科,我们主要承担基建工作,发掘的大都是墓葬,在发掘的细致程度与对遗址的系统性考察方面跟二里头比差很多。比如,我们从来没有把墓拉到实验室清理的,一般半天到一天就能清理完一座墓葬。发现一处墓地,我们也很少考虑与墓葬相关的居址在哪里,很少主动去寻找居址。

采访者:除了田野考古发掘,你在二里头还学到哪些方面的知识?

王步云:在二里头的田野工作中,我学会了如何采集浮选土样、植硅体样品、土壤微形态样品,这些都是我之前未曾接触过的。之前我很少关注科技考古,到了二里头之后我才知道科技考古有多么重要,能够揭露多少我们以往不可能发现的信息。除此之外,我还学会了使用RTK对遗迹进行精准的定位与测量,学会了记录田野考古的各项信息。

采访者:这些总的来说还是属于田野考古的配套工作,除此之外你还参与过其他工作吗?

王步云:参加过室内整理工作。每次田野工作结束之后,到天寒的时候,我们就转入室内整理。室内整理主要是系统梳理各遗迹单位的形态特征、堆积情况、打破关系,对每个遗迹单位中出土的遗物进行辨识与登记,并根据遗物特征对遗迹进行分期断代。

采访者:你认为自己现在的室内整理水平如何?

王步云:遗迹中出土的主要遗物是陶器,我们辨识遗物主要是根据破碎的陶片认出它原本的器型,分期断代通常依赖于陶器的形态特征。第一次参加室内整理时,我跟着老师们一片陶片一片陶片地学习。当时我感觉老师们都好厉害，光看一个口沿，就知道它原本的器型是什么样的，并且能给出它的时代。刚开始的时候，我对陶器可以说是一窍不通，别说是分期断代了，就连器型也基本看不出来。那时候朝鹏哥和晨光哥告诉我，认器型不要想着一蹴而就，先不管那些特殊器型，要先把那些主要的、数量最多的器型辨认出来。我在这种思路的指导下不断学习，确实感觉进步很大。经过这一两年的摸索与学习，现在辨识陶器器型已经基本不是问题了，至于分期断代我还是不太熟练，只能断定个大概时期。陶器的形态变化过于多样，每个时期的断代标准非常零碎与复杂，很难在很短的时间内彻底掌握。宏章老师、丛苗老师、淑嫩老师他们三位还经常为一个陶器的时代产生争论，更不要说我们这些年轻人了。另外，每次发现新东西，分期断代的标准可能就会随之产生一些变动，需要不断更新以往的认识。

采访者：除了跟老师们进行学习之外，平时你会通过书本、文章学习相关的考古知识吗？

王步云：没事的时候我会看一些文章和书。现在微信公众号经常推送考古方面的文章，看到自己感兴趣的，我都会读一读。队里有大量的图书，遇到不懂的问题或想了解的知识时，我也会去翻书。许宏老师写了好多本考古的书，我也都会读。

采访者：在这些考古工作之中，你觉得最难的是哪一项？

王步云：还是田野考古工作，我想这应该是大多数考古人所公认的吧。王宏章老师常说，所有的考古成果都源自考古发掘，前期的钻探需要发掘来印证，后期的整理需要以发掘为基础，再之后的研究也是以发掘成果为支撑的。我们是发掘现场的第一见证人，所有东西都在我们眼皮底下，我们如果挖错了，或者记录得不够细致，就会弄错或者遗漏很多历史信息，这是不可挽救的。所以我说田野考古工作是最难的，不仅在于发掘者需要承受不太友好的野外环境，更重要的是，面对复杂的遗迹要不停转动大脑，时刻保持高度的警惕与细心，这样才能最大限度地保留下我们所看到的历史信息。

采访者：整理考古发掘报告的难度也很大。

王步云：我目前还没有整理过大报告，不过我听说了，我想不久我会体会到它的艰难。

采访者: 现在工地上主要是赵海涛队长负责,你觉得赵队在生活与工作中是一个怎样的人?

王步云: 我刚到二里头的时候,感觉赵队是一个非常严肃的人,很高冷。相处之后我才知道,赵队是天生性格内敛,不喜欢说话。赵队对学术的热忱可能多于生活上那些七七八八的东西,他经常谈论的都是学术方面的东西。

采访者: 前任队长许宏老师与赵队区别大吗?

王步云: 我在进队之前就知道许老师大名。刚开始我对许老师比较畏惧,但见到之后我发现他性格非常好,讲话特别接地气。许老师给我留下印象比较深的是,无论在饭桌上还是工地上,他都是侃侃而谈的。许老师给我们谈问题,总能深入浅出,非常通俗易懂,许老师写书也是这种风格。他还经常在B站、微博等媒体上发表自己对很多考古问题的看法,从事公众考古,我非常喜欢许老师的这种风格。

采访者: 你怎么看待许老师的公众考古工作?

王步云: 我感觉这些工作挺重要的,也很难,不是一般人能做的。专家可能很擅长写自己专业内的论文,但要把研究的成果向公众说明白,那确实需要功力。国家这些年很重视考古,对考古工作大力宣传,就是要把国家的文明史说给人民听,增强民族自信心。另外,只有让年轻人看懂考古,理解考古的意义与有趣之处,才能吸引更多的学生从事考古工作。从这两个角度来说,我感觉许老师的工作很有意义。

采访者: 之前我采访二里头年长一辈的技师时,他们说不少技师因为二里头队工资水平太低而离开了。现在二里头的工资水平你能够接受吗?这些年和过去比有没有很大的改变?

王步云: 二里头考古队的工资现在涨了一些,我是能接受的。在偃师这个小地方,普通公司的员工工资就是三四千块钱,一般的事业单位刨去"五险一金",也就3000多块钱。小地方的生活成本没有那么高。二里头的工资现在能够满足我的日常生活,我个人还是比较满意的。当然,二里头的工资对于那些上过大学或者研究生的学生来说可能是低了些，靠考古确实挣不了大钱。不过话说回来，要是想多赚点钱，可以去学计算机、法律或者临床医学，干考古确实需要点情怀。人和人的志向不一样，要搞清楚自己的初心是什么，不要太被现实左右。说到这里，我想起一个人。今年二里头队来了个小姑娘，本科是学设计的，但是特别喜欢考古，就报考了郑州大学考古学的硕士，一连考了三四年都没有考上，但她还要继续考。我问她为什么坚持要学考古，她说这是她的兴趣和志向。她告诉我，她本科时读了郑州大学一位老师写的书，当时就感觉考古太美妙了，于是下定决心要做考古。一个女孩子这么执着地要学考古，而且还如此坚持地做田野考古，真的让我很佩服。我觉得如果做考古的人都像她这样热爱这个专业，觉得自己做的事是一件有意义的事，也会感觉做考古的工资是够用的。

采访者：二里头考古队的这种工作强度你能接受吗？

王步云：今年夏天天气比较反常，实在是热。如果特别热的时候仍然要坚持每天按时上下班，人肯定受不了，所以天气很热的时候，赵队就让我们转入室内工作。考古队的工作相较于其他工作确实属于工作强度比较大的，我希望以后全国的考古队都能建立一个正常的休假制度。

采访者：你在工作之余有什么娱乐活动吗？

王步云：我们这种小城市，没有太多的娱乐场所，夏天就吃个烧烤，冬天就吃个火锅，晚上回家老婆孩子热炕头。我经常跟队里的实习学生一起出去聚餐，喝点小酒。每次跟这些年轻人在一起的时候，我总有种错觉，就像回到了学生时代。

采访者：这些学生中有哪个人

︿2021年，王步云（左）在工地给实习学生讲解田野考古知识

留给你的印象特别深刻?

王步云:学生中我印象比较深的有好几位。首先是社科院一个叫孙慧琴[1]的女生。前年冬天我正在工地发掘一个灰坑,她来了之后说要帮我清理,然后直接就跪在地上趴着清理。她当时穿着非常干净,我没想到她直接跪到了地上。她虽然看起来柔柔弱弱,但绝对是干考古的料儿。另外,她办事很老到,很贴心,交给她一件事,她能办得让所有人都满意。其次是郑州大学的胡晓强[2],他给我留下深刻印象的原因是他的发掘技术。来二里头遗址实习的学生大都是新手,但晓强不一样,他刚来工地就显得非常老练。他对遗迹的判断比较准确,记录也非常仔细,逻辑很清晰,给我眼前一亮的感觉。再就是山东大学一个叫李雨芹[3]的女生。雨芹比较真诚,说话快人快语,不藏着掖着。她对一个人的好恶完全表现在脸上,我喜欢跟这样的人交往。她做事从来不偷懒,只要其他人不休息,她是一定不会休息的。还有一个山东大学的学生云晓旭[4],我印象也很深。他特别有礼貌,比较重感情。来二里头实习的学生在实习结束之后,一般很少跟我们再联系,但是晓旭不一样,我记得去年过年的时候,他是唯一给我发祝福短信的实习生。

采访者:家里人尤其是你的父母和妻子,对你的这份工作怎么看?

王步云:他们都很支持,他们还说等孩子大一点,天气凉爽一点,就带孩子来我的工地看看。以前我们家里人都不太清楚考古是怎么一回事,包括我妈妈。现在在我的影响下,他们都开始关注考古了,也觉得考古好玩儿。

采访者:你女儿现在知道你从事的是一项什么工作吗?

王步云:她还小,不知道。在她的脑子里,爸爸的工作就是玩土,就是在田野里跑来跑去,是很好玩儿的事情。

采访者:如果以后她在你的影响下干了考古,你会乐意吗?

王步云:当然乐意,只要她喜欢,我就会很高兴。

采访者:你觉得二里头遗址能够持续发掘60多年,它的价值主要体现在哪些方面?

王步云：二里头遗址具有唯一性，它是研究夏商分界的关键节点，是同一时期唯一一个可以被称作都城的遗址。二里头文化时期之后是商代，商代的都城有很多，早商有郑州商城、偃师商城，中商有小双桥遗址、洹北商城，晚商有大名鼎鼎的殷墟，而商之前的都城遗址只有二里头。

采访者：你觉得二里头遗址最重要的发掘成果是什么？

王步云：就我个人看来，是井字形大道，也就是二里头的都邑布局，我觉得这个发现是划时代的。虽然绿松石龙精美、令人震撼，制作技法高超无比，但良渚的玉器同样神秘莫测、技冠群雄。可二里头有非常严整的城市布局，尤其是在这种布局下，宫殿区的独立性和特殊性一下子显现出来了。我觉得二里头都邑肯定是由地位非常高的阶级在规划全局，不是平民可以随便乱来的。我觉得这样的布局标志着一个部落已经走向了国家，这完全是前所未有的，你不服不行。

采访者：关于二里头遗址是不是夏的问题，历来争议不断，你怎么看？

王步云：我觉得二里头是夏。无论从文献还是从考古的角度来说，我都认为它是夏。我知道现在关于二里头是不是夏的争议主要集中在文字，可如果发现不了文字我们就永远不能承认它是夏了吗？前段时间我看了中央电视台的《中国考古大会》，我觉得王巍[5]老师在节目中说得很好，他说文明的标准不是恒定的，不能说外国人说"文字、冶金和城市"是文明三要素，我们就只认这个标准。我觉得应该有我们自己的标准，尤其是在二里头是不是夏这个问题上。现在无论是田野考古还是科技考古的研究成果，都已经可以证明二里头是一个国家。二里头在商前面，商前面是夏，我觉得这样推断没什么问题。总之，不能拿外国人的标准来衡量中国人的东西，外国人不信夏，中国人就不信吗？我们应该要正视历史。

采访者：你怎么看待二里头考古遗址公园和二里头夏都遗址博物馆的建设？

王步云：二里头博物馆总体来说挺壮观的，尤其是它的建筑外形和占地面积。不过，我觉得二里头博物馆应该多策划一些临展，不然一年四季大多数时候都是一样的展览，挺单调的。观众肯定喜欢看一些精美的东西，比如青铜器、玉器、金银器，但二里

☆2021年春末,一天的发掘工作结束,王步云(前)一行人轻快地走在麦田间的小道上

头博物馆的展览展品主要是陶器,玉器、绿松石器都很少。只有经常办一些临展,多展些新的、精美的东西,才能吸引观众再来博物馆。观众来得多了,见识了许多精美的文物,就会注意到二里头文物的特点,去思考那个时代为什么青铜器、玉器那么少。二里头考古遗址公园给我的感觉比较拉胯,非常简陋。公园里面除了几条大路、几座复原建筑,啥都没有,而且那建筑一般人还看不懂。公园里连个喝水、上厕所的地方都没有。我如果逛到北边,想上个厕所还得跑到南边,这最起码得20分钟,活人都让尿给憋死了。公园最近成了抖音上的网红打卡地,主要是因为公园里的芒草长了起来,接近一人高,风一吹有种草海的感觉,很美。总之,我感觉遗址公园还得再完善完善,现在的水平跟人家良渚遗址公园比差太远了。

采访者:你觉得你会一直在二里头待下去吗? 未来你的追求是什么?

王步云:我感觉我会在二里头一直干下去,毕竟我家就在这里,河南人都恋家,而且我很热爱这份工作,爱这里的人。至于我未来想达成一个什么样的成就,我现在是想成为宏章老师那样的人,把一件事做到极致,坚持一辈子。

采访者:好的,我的问题问完了,相信你一定可以做到。谢谢你接受采访。

王步云:客气啥,晚安了啊!

注释

1. 孙慧琴，1995 年生，山西晋中人。2021 年毕业于中国社会科学院研究生院考古系，现为中国国家博物馆考古部助理馆员。曾参加山东章丘焦家，河南安阳殷墟、洛阳二里头，山西绛县西吴壁等遗址的发掘工作。

2. 胡晓强，1994 年生，河南信阳人。2023 年博士毕业于郑州大学考古与文化遗产学院，现为河南省文物考古研究院助理研究员。曾参加河南荥阳官庄、安阳殷墟、郑州商城、洛阳二里头等遗址的发掘工作。

3. 李雨芹，1998 年生，贵州贵阳人。2022 年硕士毕业于山东大学文化遗产研究院，现为贵州省图书馆助理馆员。曾参加河南洛阳二里头，山东菏泽何楼、青邱堌堆遗址的发掘工作。

4. 云晓旭，1998 年生，内蒙古呼和浩特人。2024 年硕士毕业于山东大学文化遗产研究院，现为武汉大学历史学院考古系在读博士生。曾参加河南洛阳二里头、山东菏泽青邱堌堆等遗址的发掘与资料整理工作。

5. 王巍，1954 年生，吉林长春人。1982 年毕业于吉林大学历史系考古专业，同年进入中国社会科学院考古研究所工作。1987—1990 年受派到日本奈良县立橿原考古研究所和茨城大学研修，1995—1996 年赴日本早稻田大学做访问学者，1996 年获中国社会科学院研究生院历史学博士学位。曾任中国社会科学院考古研究所夏商周考古研究室主任、考古所所长、历史学部主任，中国考古学会理事长。现为中国社会科学院学部委员、河南省文物考古研究院院长。主要研究方向为夏商周考古、东亚地区古代文明起源研究、东亚地区古代文化交流。曾主持或参与河南偃师商城、陕西宝鸡周原等遗址的发掘工作。代表作有《商文化玉器渊源探索》《聚落形态研究与中华文明探源》《东亚地区古代铁器及冶铁术的传播与交流》等。

我曾是一个军人，
我必须有我的态度

周剑曙

亲历者:周剑曙

采访者:张飞

访谈时间:2021年6月20日下午

访谈地点:偃师工商银行家属院

亲历者简介:周剑曙,男,河南偃师人,1963年1月出生。
大专学历。1979—1983年青岛海军37393部队服役,
1984—2009年任偃师市文物管理委员会办公室主任,
2009—2010年任偃师市文物管理局副局长,2010—2013
年调任偃师市市场发展中心党组书记、主任,2013—
2017年任偃师市文物旅游局党组书记、局长,2017年至
今为偃师区文物局正科级干部。工作期间参加了第二
次、第三次全国文物普查。

我第一次见到周剑曙老师是2020年夏天,某一天夜晚他请许宏、赵海涛两位老师去偃师吃饭,许老师把我带上了。到了饭馆,老师们和他热情地打了招呼,他自称是许老师的"老哥",可见他们是多年的老朋友了。他给我的第一印象是身材魁梧、笑声爽朗,与老师们谈话时不拘小节,偶尔会开点玩笑,说一点"粗话"。后来经过许老师的介绍我才知道,他曾经是偃师市的文物局局长,20多年前就与许老师相识了。许老师在二里头工作的那些年,他在工作上给了考古队很多帮助,与许老师私交甚好。

　　吃饭的时候,桌上聊得火热,所聊内容主要是周老师与考古队几位老师经历过的往事。作为小辈,我没有参与过他们所谈的那些事,只是在旁边静静听着。我向来喜欢听故事,这次吃饭对我来说倒是个"美差"。周老师十分健谈,基本把控了全场的聊天方向。他谈了很多话题,这些话题都与他最重要的两段人生经历相关,即从军生涯与参与文物保护工作。他无比珍视自己的从军生涯,言谈中对年轻时的这一抉择无比自豪。对于部队里的生活,包括作息时间、饮食类别、训练内容、战友特点以及一些轶闻趣事,他都记得十分清楚,谈起来滔滔不绝。他对我们说:"如果让我再重新选择一次,我还是要当兵。"周老师说他坚韧不拔的品质与为人处世的原则都是在军队养成的。我身边也有一些朋友在青春正好的时候走进军营,当他们再回到社会后,也与我面前的这位周老师一样,对那段热火朝天的军营生活无比怀念与珍视。每当此时,我的内心总不免有些失落,赞叹为什么我没有选择经历一段与钢枪相伴的日子。

周老师得意的第二段经历,便是他从事文物保护工作近40年,且至今仍在继续。1984年冬天,他第一次走进偃师县文物管理委员会(今偃师文物局)办公室,那时候文管会人员稀少,是一个很不起眼的部门。刚开始业务量不多,后来随着国家大规模基础设施建设的开展,他们的工作开始猛增且复杂起来,包括文物清理与保护、基本建设项目评估、文物普查等。他聊起以前参与过的文物保护工作如数家珍,对他所在部门的不断壮大感到无比欣慰与骄傲,这里面有他一份功劳。他告诉我他曾被借调到更有前景的岗位,但是在那个岗位工作他总是闷闷不乐,高兴不起来。等借调期一满,他立马向组织申请转回原来的文物保护部门,他是真的热爱文物保护工作。几十年的文物保护工作充满着困难,但现在谈起那些事,他都释然了,因为该做的他都做了。由于他的工作性质,他得以认识了很多考古学家,其中有一些是考古专业的学生在书中常见,却永远不可能目睹其风采的先生,如夏鼐、邹衡、张光直等。聊起这些考古学家,他的言语中除了无比的怀念,更多的是无尽的敬仰。在周老师看来,能够认识这些学识渊博、单纯执着、无私奉献的先生们,是他上辈子修来的福气。他和我们说了先生们好多的往事,尽管有些先生他只见过一面,但他会将模糊的印象尽量还原出来。对那些与偃师有着密切关系的考古学家,如赵芝荃、郑光、刘忠伏等,他更是清楚地记得他们的穿着打扮、谈吐特点,以及他们在偃师工作与生活的点点滴滴。

周老师与考古队的老师们聊到很晚,直到饭馆打烊。我能看出来,他还有好多话想说,那是关于他最不能割舍的文保事业与最难以忘怀的故人。那天晚上,我记住了这样一位基层文物保护工作者。2021年夏天的一个下午,在许老师的介绍下,我冒昧登门拜访,对他进行了一次期待已久的访谈。

采访者：周老师，您在从事文物保护与管理工作之前有过一段从军的经历，能简要介绍一下您的这段经历吗？

周剑曙：我1979年高中毕业，当年高考落榜，落榜之后我在家准备复读。这期间有一个非常偶然的机遇，当时我父亲的同事在征兵办工作，知道我高考落榜了，就问我去不去当兵。他告诉我兵种是海军，我一听就很心动，男孩子都有军人梦，何况还是很酷的海军。我很快拿到了参军要填的表格，没有跟家里人商量就直接报名参军了。当年11月我到了部队，随即开始新兵军训，军训结束后分到连队。我们的部队是海军工程兵，承担的任务是修建亚洲最大的海军军港，就是现在辽宁舰的航母基地，对此我一直感到很骄傲。后来我从连队调到了机关，前前后后在部队干了4年。当时海军服役期陆勤是4年，水面是5年，我们属于陆勤，4年就到期了。到1983年10月，我在部队完成入党后就复员回家了。

采访者：那您是如何进入文物保护与管理部门的？

周剑曙：因为我是城市户口，按照当年的规定，是可以直接安排工作的。1984年1月我被分配到了当时的偃师县文物管理委员会办公室，那时单位人很少，只有5个人，业务面也不是很全。不过，虽然人很少，但我们干得很起劲，我们按照文物法的要求，一步一步地对基本建设项目、省市国家各级文物保护单位进行核查、保护与管理，业务不断规范化，队伍也不断扩大。因为我有一些工作成绩，后面升为偃师市文物旅游局局长。现在我已经退下来了，但仍然从事一些与文物保护相关的工作。

采访者：您在军队的4年经历对日后从事地方文物保护工作有什么样的影响？

周剑曙：有很大影响，这一点我是深有感触的。

⚝ 1980年，周剑曙当海军时留影

我认为年轻人一定要有从军经历,部队这样一个五湖四海的大家庭对人的锻炼是全方位的。我入伍的时候不到17岁,复员回来的时候不到21岁,我把人生最美好的时光奉献给了军队和国家的国防建设,我一点不后悔。后来我对工作的态度,在工作中为人处世的方式都得益于我在军队受的教育。尤其是对工作的态度,我把军队的优良传统带到了文物保护工作当中,做事非常认真,非常能吃苦。在工作时遇到特别困难、特别苦的事情,我就回想在新兵连的日子,在那样寒冷的环境、那样高强度的训练中我都能坚持下来,现在这些算什么! 我在思想和意志上是一名战士,不能退缩。

采访者:您在偃师县文物管理委员会办公室主要从事哪些工作?

周剑曙:刚开始从事一些办公室的工作和库房里面文物的清理与保护工作。后来基本建设项目多了,我们开始对基本建设项目进行管理。第一步要对建设项目的选址进行评估,看选址是否处于文物保护区,如果处于文物保护区内要进一步评估看是否可以在此开工建设;第二步要保证所有的基本建设项目经过文物勘探,了解地下的遗迹情况,如果有重要遗迹,要配合洛阳市文物二队[1]进行考古发掘。偃师这个地方是重要的历史文化名城,地下古墓葬特别丰富,所以我的工作很多。此外,文物普查工作也是我们的一项重要工作,前后进行了好多次,包括第二次、第三次全国文物普查。这项工作成果很大,仅2012年一年,我们就新发现了1000多处遗址点。

采访者:从事了这么多年文物保护工作,您一定接触到很多考古学家吧,您还记得第一位带您接触考古的先生是谁吗?

周剑曙:当然记得,第一位是赵芝荃先生。我父亲当年是偃师县图书馆馆长,而图书馆和偃师市文物管理委员会属于一个党支部,我父亲是支部书记。赵先生当年是偃师商城考古队的队长,工作地点在偃师县,很多事情要与我父亲沟通,包括发掘用地的赔偿、考古工地的用人等。他们在工作上接触比较多,久而久之私交也非常好。我1984年从部队回来后,在我父亲的介绍下认识了赵先生。后来因为在文物保护部门工作,我又认识了邹衡、夏鼐、李伯谦[2]、徐苹芳[3]、徐光冀[4]、黄景略[5]这些先生。他们都非常平易近人,我有什么问题,都可以直接打电话向他们请教。

我给许多先生拍过照，陪同他们考察过很多遗址，得到过他们的帮助和指导。夏鼐先生我前前后后见过好几次，陪他去过偃师商城看4号宫殿基址，还陪他去过灵台遗址。1985年是夏先生最后一次来偃师，当时他身体已经不太好了，据说他在回北京的火车上受凉，加重了病情，回到北京之后20多天就去世了。国家文物局的黄景略先生对偃师的文物保护事业很关心，1983年偃师商城发现之后，黄先生坚决抵制任何破坏偃师商城的基本建设项目，后来华夏路的修建要东西贯穿偃师商城，先生听闻后非常生气。我们去拜访先生的时候，他跟我说了一句非常严重的话，"华夏路修通之日就是大遗址被破坏之始"。后来我们不顾阻力，严格按照国家文物局的要求重新做了规划，把违章建筑全部拆除，将偃师商城所在的区域完整保护了起来。还有李伯谦先生，他本身就是河南人，对偃师的文物考古工作就更加关注了。他多次来偃师，每次到了遗址都很兴奋，看得特别仔细。有时候他看到遗址展示牌中有些照片他没有，就嘱咐我们把那张照片发给他，果真是"处处留心皆学问"。后来我出了一本书《偃师文物精粹》，书名就是李伯谦先生题写的，并且作序。

采访者：赵芝荃先生既是偃师商城考古队的第一任队长，也是二里头考古队的第一任队长，为偃师的文物考古工作做出了很大贡献。您印象中的赵芝荃先生是一个怎样的人？

《偃师文物精粹》书影

周剑曙：赵芝荃先生去世时，《大河报》的记者采访我，问过我同样的问题，这里我可以再说得细一点。赵先生在学术上是非常严谨的，一丝不苟，他不随便写文章，写的东西一定是要有价值的。他对工作、对自己的专业，可以说是极度热爱，哪里有他的工地哪里就是他的家。他的儿子叫三儿，三儿跟我关系不错，经常跟我们说："我爸爸回北京就像住宾馆一样，在家待两天就走人。"他对偃师的感情深到什么程度呢？我举个例子，那时候他回北京买布料，带回偃师，找偃师的裁缝给他做衣服,他认为偃师裁缝做的衣服他穿起来合身、舒服。理发也是这样,他回北京决不理发,理发一定要回偃师,偃师剃头匠的手艺让他感到舒心。赵先生在偃师工作的时候跟村民的关系处理得特别好,他觉得在老百姓的地里发掘耽误了村民种庄稼,内心总感觉过意不去,所以他从来不拖欠赔偿费,对待村民特别客气。后来有一次,我和偃师市副市长去北京开会,特意到赵先生家里拜会他。他看到偃师的"亲人"来了,激动得不得了,一直握着我这个小辈的手,我们走的时候他一直把我们送到电梯出口。当时他已经

把洛阳当作第二故乡的赵芝荃(右)先生,和洛阳青年周延结为忘年交,1982年于洛阳考古队驻地

生病了,但还说要回偃师看看,可是他再也没有回来。后来偃师市授予赵芝荃先生"荣誉市民"称号,我觉得是实至名归。

采访者: 您跟二里头工作队第二任队长郑光先生接触应该也很多吧,能谈谈您所认识的郑先生吗?

周剑曙: 和郑先生接触很多。在学识上,我很敬重他,他在学术上的执着精神让人佩服。他很拼命,几乎不睡觉。我去他卧室,他床上的被子永远是叠起来的,他基本不卧床休息,累了就趴在桌上眯一会儿。但是郑先生的思维方式跟其他人有点不一样,他比较轴,他认定的事别人说不动他。后来他卸任二里头工作队的队长,社科院考古所强令他回京休息,他就是不回去,也不跟下一任队长办理考古资料的交接。

采访者: 郑先生在二里头考古队的时候,工作与生活条件如何?

周剑曙: 考古人都是面朝黄土背朝天的,只要不下雨都得在野外发掘,没有节假日。住宿条件也不怎么样,最开始是租住在村民家里,那个条件太差了,卧室都要当仓

库使用。1987年左右搬到新建的二里头工作队驻地之后，条件才好了一些。他们的伙食也很一般，早上是稀饭当家，中午大多是面食配上一个菜，很少有肉，考古队的饭最好做。就郑先生个人来说，他不是一般的节俭。我认识郑先生的时候，他就穿着一件洗得发白的蓝色中山装，后来每次见他，他都是这件中山装。到现在一谈到郑先生，我脑海中就是一个瘦瘦的老头，戴着眼镜，穿着蓝中山装，袖口磨得都破损了。如果你不认识他，偶然见到他肯定以为他就是个民工头头，根本想象不到他是一个学识渊博的学者。

采访者：二里头考古队的考古学家里，您比较熟悉的还有谁？

周剑曙：还有杜金鹏先生。杜先生写出那么多的大部头专著，在学术界影响很大。我记得有次我去二里头考古队，看到杜老师在花坛边用玉米秸秆搭东西，我问他在干啥，他说正在演示二里头宫殿的大门，当时我内心触动很大，觉得杜先生是真学者。我们做的偃师商城宫殿复原、二里头遗址宫殿复原，很多都是在杜先生的指导下完成的。杜先生对大遗址保护与展示有很多思考，在我们摸着石头做这些工作时，杜先生提了很多建议。

采访者：谈到大遗址保护与展示这个话题，您认为大遗址怎么保护展示比较合适？

△ 二里头遗址1号宫殿主殿复原图

周剑曙：中国的大遗址绝大部分是土遗址，很容易受自然灾害和人为取土的破坏，最好的保护肯定是发掘之后再埋到地下去。遗址埋到地下，地上要展示就要做遗址复原。复原出来的遗迹一定要让老百姓看得懂，不是把我们挖出来的东西原封不动地展示给老百姓看。挖出来的那些不完整的地基、柱础是给专家看的，老百姓看不明白，我就听到过老百姓评论我们展示的建筑基址："考古队挖出来的东西不知道是什么玩意儿,跟猪圈似的。"所以,我觉得复原遗址要更形象一点,允许一定程度上的想象。当然,这是我自己的看法,专家们可能不同意。

采访者: 您与许宏老师接触也很频繁,能谈谈他来到二里头考古队之后的事吗?

周剑曙: 许宏接任二里头工作队队长是很不容易的,他来的时候可以说是一穷二白,郑先生没有给他足够的支持。郑先生走的时候把所有资料都带走了,电脑里的资料也清理得干干净净。但是许宏是一个很聪明的人,也是一个对事业很有敬畏心、很执着的人,他就凭借赵芝荃先生留下的那些资料,反复琢磨,在二里头遗址上开创了新的功业。他当队长的时候,不仅发现了国宝绿松石龙形器,还发现了3号宫殿、中国最早的城和最早的井字形宫城大道。大家都说是二里头遗址造就了许宏,我认为许宏也把二里头遗址推向了全国甚至全世界。

采访者: 许老师跟前两位队长一样,对偃师的感情也很深。

周剑曙: 是的。我记得有一次许宏到偃师高中给学生们做讲座,讲座结束之后,有学生问许宏:"作为一个博士,您家在北京,却常年在偃师下面的一个小村庄里工作,您认为是不是大材小用了?"许宏回答得非常好,他说:"能让我来偃师工作,尤其是能让我主持二里头遗址的田野考古工作,我一直偷着乐呢!偃师是一块历史文化内涵极其丰富的宝地,能在偃师工作是我的荣幸啊!"

∧∧ 2005年,洛阳大遗址保护会议期间,周剑曙(右二)陪同国家文物局局长单霁翔(左二),和二里头工作队队长许宏(左一)、偃师商城工作队队长谷飞(右一)考察偃师商城

采访者：您觉得许老师在待人处世方面有什么特点？

周剑曙：许宏无论是对待技工、民工，还是对待我们这些地方干部都是非常谦和的，和许宏在一起会感觉很轻松。我和许宏无话不谈，虽然有时候我和他争论一些考古专业上的问题，但他从来不恼怒。

采访者：争论哪些问题？

周剑曙：说一个争论最多的问题吧！许宏是考古学界为数不多的不肯谈二里头遗址就是夏都的人，但我们地方上的文物保护工作者都认为二里头遗址就是夏王朝中晚期的首都。我经常和他争这个问题，希望他能认同这个"事实"，但他坚持只说二里头遗址是一座距今3800年左右的都邑。我理解他是一个严谨的学者，他有自己的学术准则，但我觉得二里头遗址是夏都根本没什么大问题。

采访者：排除家乡情结，您凭哪些证据认为二里头遗址是夏都？

周剑曙：二里头遗址有宫城和宫殿基址，有纵横交错的道路网，有铸铜作坊和绿松石作坊组成的作坊区，还有高规格的贵族墓葬，你说它是不是一个都城？再加上二里头遗址处于文献记载的夏王朝都邑所在地，年代在夏王朝的时间范围之内，它是夏都应该没问题。如果因为没有文字就说二里头遗址不是夏，那要是永远发现不了文字怎么办？安金槐[6]、蒋若是[7]、傅永魁[8]这些老先生都说二里头遗址是夏，我相信他们。

采访者：这确实是个颇具争议的问题，大家可以各抒己见。在您看来，21世纪以来，许宏老师、赵海涛老师在二里头遗址的考古工作与前辈学者有什么不同？

周剑曙：我感受最深的是，当年赵芝荃、郑光两位先生在二里头遗址的工作是一种相对封闭的学术工作，他们没有把考古发掘的成果传播给公众。现在许宏和海涛他们不仅会把最新、最重要的考古发现告诉专家、领导，推向书本和课堂，还会及时把这些发现推向公众，办各种讲座，允许游客参观发掘现场。我觉得这是一个很大的进步，更有利于宣传我们的历史文化，更有利于进行文化遗产教育，也更有利于考古工作的进行。考古工作在新一代学者手里不再神秘不可接近，它开始属于广大人民。我希望有更多像他们这样的考古学家，热心做公众考古，这样认为"考古就是挖宝"的人才会越来越少,大家才会知道考古是在揭秘我们先人的文明。

采访者:您觉得二里头遗址目前众多的考古发现中,哪一项发现最为重要?

周剑曙:说实话,我觉得都挺重要,但最重要的是发现了宫城城墙和宫城大道,搞清楚了中轴线的存在和二里头都邑的布局。宫城城墙加上宫城大道多么气势恢宏,规划多么严谨,宫城大道那么宽,够四辆"轿车"并排跑。更关键的是,这两样东西是现在发现的中国最早的宫城城墙和大道,一下子奠定了二里头遗址"华夏第一都"的地位。

采访者:二里头夏都遗址博物馆与遗址公园的命名、选址都历经了一些曲折,您是建设的参与者之一,能大概说一说吗?

周剑曙:命名上主要是博物馆到底是叫"二里头遗址博物馆"还是叫"中国夏都博物馆",或是叫其他名字的问题,说到底就是要不要加"夏"字进去的问题。地方上从名气、旅游业发展考虑,当然希望加上"夏",但许宏等一些学者觉得二里头遗址是不是夏都还没有定论,最好不要加"夏",且不加"夏"完全不影响二里头遗址在中国文明史上的重要地位。最后的结果大家也看到了,就叫"二里头夏都遗址博物馆"。许宏表示支持中央和地方政府的决定,但他保留自己的学术观点。关于选址,偃师市政府为了带

⌃⌃二里头夏都遗址博物馆外景

动当时正在兴建的首阳新区的发展,一度希望把博物馆建在洛河北岸,就是建在首阳新区。然而,以许宏、陈同滨[9]为代表的一些专家学者坚持把博物馆建在古伊洛河南岸,紧靠二里头遗址。他们认为将博物馆放到原有的考古背景和生态环境中,更能让公众理解二里头文化诞生的背景。最后政府采纳了专家们的建议,把博物馆的选址定在了二里头遗址的正南面,我觉得这是对的。

采访者:您在这些年的工作当中,除了做行政管理,还进行了学术工作,能谈谈您为什么在一个行政岗位上坚持进行学术工作?

周剑曙:我的学术工作最主要的成果是编了3本书:《偃师文物集粹》《偃师碑志选粹》《偃师碑志精选》。我除了是偃师文物管理委员会办公室主任、文管所所长外,还是偃师商城博物馆的馆长,作为馆长,我有责任进行一些学术工作。当然更重要的原因是,在配合基本建设的过程中,我们发现了许多古墓葬,出了不少好东西。我们馆里藏了很多文物,我可以自豪地讲,从远古时代的象牙化石、鸵鸟蛋化石,到唐代大书法家颜真卿撰写的碑志,到明清时期的福禄寿三星瓷像,各个时期的重要文物我们馆都有。我们馆的馆藏文物是4万多件,比洛阳市其他县区的总和还要多。俗话说"洛阳十三朝古都半在偃",在县级博物馆里,我们馆馆藏量第一。我觉得其中很多东西如果不发表很可惜,我就把精品、未展出的文物整理出来,陆续出书了。我不知道有多少人看,但只要有一个人看了就有意义,这些东西是人类的瑰宝,不是我们馆的,也不只是偃师的。这些书都是图录,不能算很学术的书,但也算对文物工作作一点贡献吧。

采访者:作为地方文物保护工作者,您亲身参加了一些考古调查与发掘工作,汉魏洛阳城东阳渠、鸿池陂考古勘察简报的署名中有您的名字,您当时参加这些考古调查背景是什么?

周剑曙:是的,确实参加过,这实际上是在平时工作中留心的结果。在配合基本建设项目进行勘探时,我们有意识地仔细记录了不同地点、不同时候的钻探和调查资料,积累到一定程度后把相距较近的遗迹的钻探图纸拼到一起,可以看出这个区域的地下遗迹现象，甚至找到一些非常重要的遗迹。而且，如果勘探有重要发现，我们会在本不是勘探区域的地方进行延伸勘探，尽量把已经发现的重要遗迹补充完整或者多留下些线索。我不能说我们是有心人，但起码这是一种对职业的尊重。

采访者：在这些年的文物保护工作中，您有哪些特别难忘的经历，能分享一二吗？

周剑曙：有一次在偃师的一个砖窑进行考古发掘，白天墓葬清理工作没有结束，晚上要有人巡守工地，防止有盗贼。那天晚上深夜1点半轮到我巡视，我就骑摩托车往工地上去，快4点时我往回走，在路上发生了一件有惊无险的事。在当时的杏园村附近，有个醉汉挡住了我的路，我拿车灯晃了他一下，示意他走开。结果他突然冲到了我跟前，吓了我一大跳。我们两个一对视，发现互相认识，他就放我走了，我还提议送他回家。事后，坐在我车上的同事老陈告诉我，那醉汉当时背在身后的手里拿着一把菜刀。我顿时感到万幸，幸好我认识他，还好意说要送他回家，不然恐怕是要出事的。还有一次，在黄河摩托厂的车库发掘一座唐代墓葬，当时东墓壁的土有些开裂松动了，发掘时我不断提醒民工要小心。到快要下工的时候，我和一个民工准备爬出墓休息，结果我刚好爬出墓口，东墓壁就塌了，我身后的民工就被埋进去了。虽然经过紧急救援，民工的命保住了，但是腿断了。那是我第一次体会到考古发掘的危险，从那以后我更加注重考古工地的安全管理工作。

以前年轻的时候，碰到墓葬的盗洞，只要能容下一个身子，我就往里钻，想看看墓葬被盗的情况。

∧ 2014年，周剑曙（右）在偃师山化镇牙庄村盗墓现场

现在回想真是年轻不怕死，要是盗洞塌了，后果不堪设想。就算盗洞没塌，夏天盗洞深处容易缺氧，必须准备氧气包。现在我们去看盗洞，如果很深的话，就先用火点着纸片往下扔，如果纸片迅速熄灭的话，就代表下面缺氧，那我们就要慎重考虑，做好防护措施。后来我当了局长，就跟单位的年轻人说，任何情况下安全都是第一位的，在确保安全的前提下才能进行考古工作。

采访者：有没有什么让您特别兴奋以至难以忘怀的考古经历？

周剑曙：说实话，这么多年，愤怒的时候多，兴奋的时候挺少的。我们的考古发掘绝大部分针对墓葬，但偃师这个地方盗墓贼太多了，很多墓葬都被破坏了。我发掘过很多唐墓，盗墓贼不仅把随葬品拿走了，还把墓里的壁画破坏了，太混蛋了！有一次在偃师一个中学的操场上发现了一座元代墓葬，墓葬本来非常好，穹隆顶带甬道，雕梁画栋的，被盗之后还出了一件汝瓷的瓷钵。但是盗墓贼太不是东西了，把墓室两侧的壁画都破坏了，关键是那壁画上带有年号，他们居然把年号也破坏了。我现在想起来都觉得好可惜，我工作这么多年，这么好的元墓我再也没有碰到过。

采访者：您在做文物保护工作期间，有段时间被借调到别的岗位上了，当时是什么感受？

⚐ 2007年，周剑曙（左一）陪同国家文物局局长单霁翔（左二）、中国社科院考古所所长王巍（右一），和偃师商城工作队队长谷飞（右二）考察偃师商城西城墙

周剑曙：不是借调，是干部调整。1998年偃师市文物管理局正式挂牌，我是分管业务的副局长，是副科级。2010年组织上进行干部调整，让我去市场发展服务中心领正科级，算是一次提拔。

但我自己内心很不乐意,因为我一直都是做文物保护工作的,我对这个工作有感情。我见证了偃师文物保护事业的蓬勃发展,从最初5个人到后来100多人,这是多么不容易。偃师商城博物馆,也就是现在偃师博物馆的二期,石刻长廊那一部分,以及办公大楼、大遗址保护中心都是经过我的手建成的,我怎么能舍得?可是组织上出于工作需要,对我的职位进行调整,我必须服从。说心里话,我当时宁可不要提拔,我就想做点自己喜欢的事情。尽管如此,我还是到了市场发展服务中心,在那里干了3年。3年之后再次进行干部调整,我去找组织谈话,说了我内心

△ 2019年,周剑曙(左)和家人在一起

的想法,组织上考虑到我的经验和热情就同意了。就这样,我又回到了文物保护的岗位上,一直到现在。

采访者: 您能用简短的几句话总结一下您这几十年的工作生涯吗?

周剑曙: 我从1984年进入文物保护部门,至今快40年时间。我的心思、我的情结一直都在文物保护上,这里面有许多欢乐、许多痛苦。这份事业是我生命的一部分,我希望年轻人能够更加热爱我们祖国悠久而灿烂的文化。

注释

1. 洛阳市文物二队，为洛阳市考古研究院前身之一。洛阳市考古研究院（洛阳市文物保护中心）是集文物调查、考古发掘、科学研究、文物保护与利用为一体的文物科研单位。其前身可以追溯到20世纪50年代的中央联合考古队和河南省第二文物工作队。1958年，洛阳博物馆成立，设立文物保护发掘部。在此基础上，洛阳市文物工作队于1981年正式挂牌成立。1986年，洛阳专区建制撤销后地市合并，在洛阳地区文物工作队的基础上成立了洛阳市第二文物工作队。2011年，洛阳市文物工作队和市第二文物工作队整合为洛阳市文物考古研究院，同时加挂洛阳市文物保护中心牌子。2022年，洛阳市文物考古研究院与文物勘探中心、文物交流中心合并为洛阳市考古研究院。

2. 李伯谦，1937年生，河南郑州人。1961年毕业于北京大学历史系考古专业，留校任教，后任考古系系主任、考古文博院院长、赛克勒考古与艺术博物馆馆长。曾主持或参与河南洛阳二里头、安阳殷墟，山西曲沃晋侯墓地等遗址的发掘工作。1995年出任"夏商周断代工程"项目首席科学家、专家组副组长。代表作有《文明探源与三代考古论集》《中国青铜文化结构体系研究》《从古国到王国：中国早期文明历程散论》等。

3. 徐苹芳（1930—2011），山东招远人。1950年考入燕京大学新闻系，次年转入历史系，1952年院系调整后进入北京大学历史系考古专业学习，1955年毕业。1956年进入中国科学院考古研究所（后隶属中国社会科学院）工作，后任考古所所长。曾主持或参与北京元大都、金中都，浙江杭州南宋临安城，江苏扬州唐宋城等遗址的勘探与发掘工作。代表作有《中国历史考古学分区问题的思考》《居延、敦煌发现的〈塞上蓬火品约〉——兼释汉代的蓬火制度》《中国秦汉魏晋南北朝时代的陵园和茔域》等。

4. 徐光冀，1935年生，安徽歙县人。1959年毕业于北京大学历史系考古专业，同年进入中国科学院考古研究所（后隶属中国社会科学院）工作，后任考古所常务副所长、学术委员会副主任。曾主持或参与内蒙古赤峰夏家店、蜘蛛山、敖汉大甸子，河北临漳邺城等遗址的发掘工作。代表作有《曹魏邺城的平面复原研究》《废墟上的足迹——徐光冀考古与文物保护文集》等。

5. 黄景略（1930—2024），福建惠安人。1956年毕业于北京大学历史系考古专业。先后在中国历史博物馆、国家文物局工作，并任国家文物局文物处处长、副局长。曾参与河南洛阳东周王城，河北燕下都，山东临淄齐故城、曲阜鲁故城、日照两城镇,湖北江陵楚纪南故城、枝城红花套,江西樟树吴城等遗址的发掘工作。代表作有《中国古代墓葬壁画的缩影》《燕下都城址调查报告》等。

6.安金槐(1921—2001),河南郑州人。毕业于河南大学。历任河南省文物工作队副队长,河南省文物考古研究所所长、名誉所长。主要研究方向为史前考古、夏商周考古。曾主持并发掘河南郑州商城、郑韩故城、淅川下王岗、登封王城岗与阳城、密县打虎亭汉墓等遗址。因其突出的贡献,被誉为"新中国河南考古第一人"。代表作有《郑州商城:1953—1985年考古发掘报告》《登封王城岗与阳城》《安金槐考古文集》等。

7.蒋若是(1921—2001),安徽萧县人。齐鲁大学肄业。历任洛阳市文物管理委员会副主任、文化局副局长、洛阳博物馆名誉馆长。曾主持并发掘河南洛阳烧沟汉墓、中州路东工段、西晋墓等遗址。代表作有《洛阳烧沟汉墓》《秦汉半两钱系年举例》《秦汉钱币研究》等。

8.傅永魁,河南省巩县(现巩义市)文化馆原专家,在任期间曾协助多家考古单位对巩县许多重要考古遗址进行发掘。代表作有《河南发现一批汉代铜器》《河南巩县石窟的新发现》等。

9.陈同滨,1953年生,浙江杭州人,毕业于天津大学。中国建筑设计研究院研究员兼总规划师,建筑历史研究所名誉所长,文化遗产保护规划国家文物局重点科研基地主任,中国文物学会副会长。他带领团队成功申报丝绸之路、良渚古城遗址等5项世界文化遗产,承担了长城、故宫、莫高窟等9项世界遗产保护的总体规划,以及百余项国家重大考古遗址的各类专业咨询。

考古队对我很好，
我自然要多出点力

郭万仓

亲历者:郭万仓

采访者:张飞

访谈时间:2021年6月25日上午

访谈地点:洛阳二里头遗址Ⅸ区考古工地

亲历者简介:郭万仓,男,河南洛阳偃师区翟镇镇圪当头村人,1948年8月出生。1958—1963年就读于圪当头学校。1963—1982年在圪当头生产队从事副业,做木工、锻工、瓦工等。1990年代至今为中国社科院考古所二里头工作队民工,并负责夜晚考古工地的安保工作。

第一次到二里头遗址参加田野发掘时,我便认识了郭万仓老伯。他那干瘦干瘦的身躯,黝黑到极致的肤色,炯然有神的眼睛给我留下了深刻的印象。作为刚到二里头发掘的新手,会出现问题是毫无疑问的,很多时候都是郭伯帮我指出来的。那时候我很畏惧他,因为他与我商量事情时基本不笑。在我心里,他是整个工地最严肃的人。

郭伯是一个永不知倦怠的人。在工地的每一天,我都能看到他拿着用菜刀和钢管组装成的"铲锹"奔走于各个发掘地点。郭伯是给探方修壁的高手,经他修理过的探方壁横平竖直,很是美观。整个遗址的探方壁都被他承包了,每次要修理探方壁的时候,技工老师就会来一句"赶紧让老郭过来"。夏天炎热干燥,探方里的土容易干裂,而一旦干裂便很难继续下挖或辨别遗迹,所以每天都要洒水。令人心烦的是,工地的洒水机经常出现各种毛病。每当洒水机出现问题,工地的阿姨就会说"赶紧打电话让老郭过来"。除了考古的活儿干得好之外,郭伯种庄稼也是一把好手。他虽然年纪已经不小了,但依然自己开荒了好几亩地,种上了小麦、玉米。由于他精心的照料,开荒地上的庄稼长势在整个村子里都是数一数二的。不论是民工、技师,还是队里的领队老师们,无不夸郭伯聪明能干,年轻的技师们在郭伯面前总是以学生的姿态自居。

郭伯对工地有着近乎神圣的责任感。只要发现偷懒的人,他都会提醒实习的学生去管一管。如果学生

△2020年,郭万仓在工地修理探方壁

管不了,他一定会自己走上前去说两句,哪怕对方是自己的乡里乡亲。工地的发掘工具,除了大铁锹,都是考古队提供的,这样就会出现一些民工不爱惜工具的情况。郭伯看到有人不正确地使用工具,就会阴着脸过去提醒他按规定操作,减少对工具的损耗。每次下工,他都会提醒大家要带好工具,如果弄丢了工具,要自己赔偿。有时候大家走后,他在工地巡视,如果捡到谁的工具,那么对方第二天一定会被他冷眼相待。工地偶尔会有一些重要的发现,下工时我们都不太放心离开,此时民工大叔必定会说一句"没事的,有老郭在"。在二里头遗址,仿佛只要有郭伯在,就不可能出什么大事。考古队的大门随时为郭伯打开,他一直都来去自如,熟悉队里的每个角落,说郭伯是考古队的专聘监工最合适不过了。

郭伯的聪明能干、认真负责,我刚到工地就看在眼里,但由于他的严肃少语,我在很长一段时间内与他交流很少。直到我第二次来实习,那时我的各项技能已经成长了不少,对遗址的堆积情况也有了一定认识,发掘时开始有自己的见解与安排,和郭伯的交流开始多起来。那时候,碰到发掘方面的问题,他会主动找我过去商量,给我帮忙的时候还会笑呵呵地与我聊天。在遗址公园或村里街道碰见彼此,他会主动停下他的小电驴跟我打招呼,问我喝汤没,要去哪儿。我这才发现,原来郭伯是一个"慢热"的人。和郭伯的交流渐渐多起来后,我发现他是一个内心十分丰富的人,对很多人和事有着自己的看法。

2021年夏天"夏文化考古研究"研修班开班,一大批来自全国各地的青年考古学者来到二里头遗址进行发掘工作。郭伯的主战场开始转到研修班学员的所在区域,那时候他的工作异常繁忙。当我提出要对他进行访谈时,他有些犹豫,害怕耽误工作。当我向他说明这项工作是领队批准的,而且我会尽量控制时间,他才勉强同意。正式的访谈是在我离开二里头的前一天进行的,那天天气异常炎热,无处不是热浪滚滚,远望村里的柏油马路,一串串白烟升起。我们选择在发掘工地的帐篷里聊了起来,为了录音,帐篷里的电扇都没有打开,汗水似雨水般从我们身上滴落。

在访谈的前半段,他的脸上始终带着一丝不好意思的微笑,反复强调自己是农民,容易说错话,也因此,他每次回答问题定要停顿思考一下。我总是鼓励他,告诉他说错了也不要紧,说真话才是最重要的。如此,他才渐渐放松下来,把他想说的那些话一股脑都抛了出来。

访谈结束后,我望着被汗水浸得透湿的郭伯,心中充满歉疚,我实在让老人家受了不少罪。我反复向他道谢,告诉他,我很喜欢他的回答。他只说能帮到我才是最重要的,因为考古队对他有恩。在他看来,我也是考古队的一分子。他坚持要送我离开,挥手时刻,他说道:"二里头是个好地方,一定要再回来啊!"

采访者：郭伯，麻烦您先简要介绍一下自己。

郭万仓：我是1948年出生的，1958年上的小学，小学五年级之后就没再上学了。我去了生产队干农活，那时候我才十几岁，主要的任务是看庄稼，不让鸟吃庄稼，不让小偷偷庄稼。稍微大一点之后，我去生产队的企业里工作了，最开始是做木工，后来还做过打铁的锻工、瓦匠，基本上啥活儿都干过。对了，再之后我还跟老赵(赵芝荃)干过活儿，帮他在洛阳周公庙洗过陶片，也帮许宏挖过土。

采访者：您为什么没有一直跟赵先生干下去？

郭万仓：因为工资太低了，当时洗陶片一天就七八个工分。

采访者：在生产队干其他活儿的村民工资有多少？

郭万仓：那时候是根据劳动强度、劳动量来评分的，大队开会时一起评，一般壮劳力的工分是10分。当时要不是考古队寻人寻得紧，我也不会去干。

采访者：这么说您是考古队的老同志了，20世纪70年代就来考古队工作过。离开考古队之后，您为什么很长一段时间没回过考古队，近些年才回来？

郭万仓：离开考古队之后，我去生产队干了一年队长，事情比较多，就没想过回来。一年多以后，也就是1982年，生产队散了，大家各自找工作，我开始出去打工，搞建筑。2002年我在考古队干过一年，之后又出去干别的活儿。我再回到考古队是这几年，大概是2015年回来的。这次回考古队是因为年龄大了，出去搞建筑，人家不要我了。

采访者：一般情况下，考古队不聘用65岁以上的老人，您已经70多岁了，为什

△2021年，郭万仓(左)在工地修理洒水机

么考古队会坚持聘用您？

郭万仓：是的，一般65岁以上就不要了，干活也干不动，还没法买保险。继续用我主要是因为我有点技术，工地上经常需要套箱提取一些东西，我做过木工，可以帮忙做箱子。工地上的一些机器、工具坏了，我也都能修理，比如电动洒水机坏了，只要不是大毛病，我都可以修好。还有就是我比较勤快，工地上有什么事我都乐意管，比如维护工地的安全与干净，我还很愿帮队里面跑腿。

采访者：您再次回到考古队，感受到考古队发生了哪些变化吗？

郭万仓：过去所有土都靠人挖，然后用小推车推。现在的刮锨、耙子，过去都没有，老赵在的时候就只有铁锨和手铲，工具没有现在多。还有，过去工具都是考古队发的，比方说考古队给每个人发一把铁锨，铁锨上写上各自的名字，锨丢了就扣工资，这样便于管理。现在有些工具也是考古队发，但没有写名字的制度了，一些人不珍惜工具，丢了就丢了，挺浪费的，这一点不好，这叫管理不慎。

采访者：在来考古队之前，您对考古队的印象是怎样的？

郭万仓：我还没来考古队的时候，就经常看到考古队的人挖东西。当年1号宫殿发掘的时候，我看到他们挖出一个个石头，还挺整齐的，可好看了。当时我就在想，这些人都在干啥，挺好奇的。那时候我不懂，后来来了考古队才知道那些石头是盖房子时候的支脚，就是柱础、柱墩，木头柱子底下的墩子。

采访者：您刚到考古队时，队里给您安排了什么工作？

郭万仓：我以前盖过房子，眼神很好，看东西能看出是不是横平竖

△ 2020年，郭万仓（右后）在工地清理探沟

直。来到考古队之后，我就帮他们修理探方边，把探方边修理得很直、很平，探方就很规整、很好看。夏天土干得快，为了让他们看得更清楚，刮面更容易，我就负责给探方洒水。工地上啥东西坏了，我就过去给修一修。我过去在生产队时开了很长时间的柴油机，对机器的性能比较了解，一般的机器难不倒我。

采访者：看来您以前干各种工作学习到的技能，在考古队都用上了。您是考古队的老朋友，您对考古队里的老师们印象如何？

郭万仓：北京来的这些人，都是读书人，典型的知识分子，但人都很随和。

采访者：您是村里的老一辈，跟村民们都比较熟悉，您知道村民们对考古队怎么看吗？

郭万仓：村民们对考古队的看法有好有坏。坏的方面是，由于考古队的存在，挖土不自由了，开荒田地、挖土建房子、埋死人都要向上面报告，很麻烦。现在情况更严重，没经过同意挖了大坑，要抓起来教育。好的方面是，修了公园，建了博物馆，没事的时候有个好地方散散步。

采访者：我听说村民对修建遗址公园和博物馆有一些意见，对吗？

郭万仓：是这样的，主要是赔偿不到位。村民的房子被扒了，地被占了，赔偿却不及时。当然，这跟考古队关系不大，主要是市里面的问题。考古队还是很不错的，每年考古发掘占的地，到了年底都会如数给钱，不拖欠。

采访者：考古队经常为了发掘工作，把长势正好的小麦和玉米都铲掉了，您怎么看？

郭万仓：这没什么，这是人家的工作需要，而且考古队给了合理的赔偿。在铲掉小麦之前，考古队会把要破坏的庄稼地面积量好，按照每亩粮食的产量，以粮食的市场价给赔偿，一分钱不少你的。现在村里人对考古队占地发掘的事情都习以为常了，心里都明白，占地就占地，反正正常给钱，没有闹事的。

采访者：您又回到考古队干了五六年了，您觉得这份工作有意思吗？

郭万仓：有意思，也有意义。我平时看着工地，不让别人破坏遗址，这就很有意义。

现在我体会到了考古的重要性,我在地里刨出个啥东西都会主动送到考古队。前段时间我在家里的菜地挖到了一个完整的石铲子[1],已经交给了海涛。海涛为了奖励我,给我安排了晚上看工地的活儿。

采访者:晚上看工地算是奖励?

郭万仓:算。我年纪大了,一般单位不要,现在我能在考古队寻到一个活儿,赚点钱,挺好的。海涛让我晚上看工地,一天就能拿两份钱,白天是白天的钱,晚上是晚上的钱,晚上的钱比白天还多。

采访者:现在您在二里头考古队干活开心吗?

郭万仓:挺开心,跟大家在一起干活,说说笑笑的,挺好。许宏在队里的时候,经常到工地上跟我们聊天,他挺会聊天的,我感觉跟他聊天挺开心的。

采访者:春天和冬天,二里头考古队一般没有野外发掘任务,队里会给你安排其他活儿吗?

郭万仓:不发掘就没有活儿了,赚不了钱,女的还能在队里帮忙洗陶片、淘淘土,我们这些男的只能回家。不过我除了在考古队干活,还在村东南边开了两亩荒地,种了麦子,也能贴补点家用。

采访者:圪当头村现在还有大片荒地可以开吗?

郭万仓:有,就在村子东南边。原来那片地总面积五六十亩,是准备建工厂的,后来不知为什么,人家投资方不愿在这里建厂了,结果房子盖了一半就撤走了。现在那片地成了荒地。地的底子很好,我就在那里开了两块地种庄稼,很多人都在那里开了荒。

采访者:我看到圪当头村为了宣传二里头文化修建了两座大牌坊,每座牌坊都有许宏老师撰写的对联,这是村民集资修建的吗?您认为这样做有必要吗?

郭万仓:名义上是村里掏钱,没有强求大家掏钱。但是村里人有自愿掏钱作贡献的,主要是一些村里的企业家掏钱比较多,都是为了圪当头村的名声,希望咱们村出个名,把村里搞好点。

采访者: 您觉得博物馆和遗址公园的建成给村民生活带来了哪些变化?

郭万仓: 博物馆比较热闹,周边还有卖东西的,去那里玩儿挺好。公园里可以唱歌、跳舞,天黑了喝完汤可以去散散步。但是有一点特别不好,就是为了建公园、博物馆,把村民的房子扒了,好几年过去了,还没盖起新房子,村民心里不免有怨气。

采访者: 确实不应该这样,听起来挺让人难受的,希望早日解决这个问题。您去参观过二里头夏都遗址博物馆吗?

郭万仓: 我去看过,看着还可以,展览挺漂亮的。

采访者: 您感觉观众能看懂吗?

郭万仓: 怎么说呢,不能说全能看懂,但能看懂不少,展览都有文字介绍,看字也能看懂一些。展出的陶罐子、石器等很多是我们平时挖出来的东西。那些动物骨头,平时我们不认识,展览中都给写明了,有猪、狗、梅花鹿之类的动物。看完我感觉那时候的二里头人很聪明,不比咱们笨,你看那陶器做得多漂亮,还有那骨针,磨得那么细、那么光亮,还有穿线的眼儿,不容易的。挖出来的那些绿松石,就是那些翠珠,磨得多细腻,还钻了眼儿,这都说明原来的二里头人很聪明,技术很高。要知道过去是没有机械的,是完全靠手工的。

采访者: 二里头遗址现在名气很大,国内外都知道这里,您会感到很自豪吧?

⌃ 二里头出土的小件陶器,很有文艺范儿

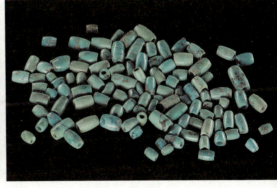

⌃ 二里头贵族墓出土绿松石饰

郭万仓:二里头名气挺大,但这里有很多不公平,外人可能不清楚。我这里有一首诗,不知道是哪个村民写的,我给你读读。这首诗是这样说的:"宫城占地圪当头,紫禁拆迁四角楼;堂堂神州第一都,鼎鼎大名二里头。"诗的意思是,二里头的宫城明明是建在圪当头村的地上,遗址公园就建在圪当头的土地上,修建博物馆拆掉了四角楼村的房子,二里头村没一点损失,但名声全让二里头村给占了,这很不公平。

采访者:您知道为什么名声都让二里头村占了吗?

郭万仓:这还要讲到那个姓徐的老头,对,叫徐旭生。徐旭生从东边的郑州来到偃师,在二里头村拣到一块陶片,知道了这个地方有遗址。他后来要回北京,在渡口乘船的时候问一同乘船的人,拣到陶片的地方属于啥村,人家告诉他是二里头。他记住了这个村名,回去写文章都说二里头。二里头遗址就这么传开了。

采访者:是的,这也是没有办法的事,考古学文化都是以首次发现的小地名命名的。

郭万仓:反正我觉得这不公平,损失最大的村反而没收益。

采访者:好吧,还是谈谈二里头遗址吧。二里头遗址名扬海内外,您觉得它有这么大的名气原因是什么?

郭万仓:因为它的发现很重要,二里头遗址发现的铜鼎、铜爵这些青铜器多好看,这些青铜器一般人造不出来,而且年代应该是目前发现最早的。还有就是那些建筑物,宫殿的房子那么大,宫殿区的墙那么长,建成都要花费很多人工的。

采访者:我在村里听不少人说,二里头遗址的宫殿区一直没

↑2017年,郭万仓(前)在工地清理灰坑

ᨄ远眺二里头考古遗址公园中的井字形大道与宫殿基址

有被破坏,是因为那个地方有鬼怪,大家不敢在那里建房子,有这样的传说吗?

郭万仓:根本没有鬼。这么传的原因是,原先宫殿区那里有一条路叫"鬼路沟",在1号宫殿西边,是一条沟里的路,沟深一米多,人从里面走看不到头。这个路年代很早,不知道具体是啥年代的,应该不是挖土形成的。那时候我们镇上有集会,村里很多人天没亮就去集上卖菜,卖菜要经过这条路。结果有人从这条路刚走到集上,菜就被卖光了,本来是件好事,可等到第二天,那人忽然发现前一天卖菜赚的钱,都变成了上坟用的纸钱,于是卖菜人赶紧往集上跑,想弄明白怎么回事。当他再路过"鬼路沟",发现路两旁都是一小堆一小堆的菜,就是他昨天卖的那些菜。后来这个故事就传开了,大家都挺害怕的,说宫殿区那条路上有鬼。"鬼路沟"的名字恐怕就是这样来的,后来传着传着又变成了"古路沟"。就是这么个故事,一个传说而已,反正我觉得没有鬼。

采访者:您平时在考古队工作,空闲的时候会了解一些考古的知识吗?

郭万仓:我经常在电视上看考古节目,那个《考古新发现》还挺好看的,我最喜欢看发掘古墓了。

⌃⌃二里头一座贵族墓随葬的陶器"全家福"

采访者：您怎么看待二里头考古队的这些技师对二里头遗址的贡献？

郭万仓：那贡献太大了！宏章、淑嫩、丛苗这些人干了多少事情，在认土方面他们最牛，海涛也比不了。尤其是宏章，人家多负责啊，许宏和海涛没有宏章估计干不成这么一大摊子。考古队跟工程方交涉，跟村民打交道，都得宏章出面，宏章很老到。现在宏章、淑嫩、丛苗这些人也上过几次电视了，登过几次报纸，我觉得都是应该的。

采访者：在考古工地，除了技师和民工，您接触最多的就是来这里实习的学生了，您觉得他们怎么样？

郭万仓：大部分都挺好的，虽然刚来的时候都不怎么会，但学生们都很好学。莹莹[2]、楠楠[3]、振祥[4]这些学生都很开朗，对待工作都很认真，也很能吃苦，我都很喜欢。现在他们有些人已经走了，我也不知道他们去哪里了，我有时候还是挺想念他们的。

采访者：您在工地辛苦了，注意休息。

郭万仓：这段时间都是新手上岗，我一天得在工地来回跑十几公里教他们怎么做，确实很累。不过，等过段时间工人们都熟悉了工作流程，我就轻松了。

采访者：嗯嗯，是的。您累了就歇歇，天气实在太热了。

郭万仓：好的，谢谢。

注释

1.此处的石铲子,后经采访者辨认,为一件亚腰形石斧。

2.卜莹莹,1996年生,河南洛阳人。2019年毕业于洛阳师范学院历史系,现为中国社会科学院考古研究所二里头工作队队员,一直在洛阳二里头遗址参加发掘与整理工作。

3.贾楠楠,1997年生,河南洛阳人。2022年毕业于山东大学考古学与博物馆学系,现为山东省文物考古研究院助理研究员。曾参加河南洛阳二里头,山东章丘焦家、邹城邾国故城等遗址的发掘工作。

4.王振祥,1989年生,河北邯郸人。2016年毕业于河北师范大学考古系,现为河北省文物与古建筑保护研究院助理馆员。曾参加河南洛阳二里头、鹤壁大赉店,河北张家口邓槽沟梁、临漳邺城等遗址的发掘工作。

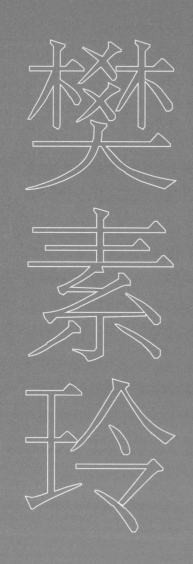

干一行爱一行，
在考古队也一样

樊素玲

亲历者：樊素玲

采访者：张飞

访谈时间：2021年6月22日夜

访谈地点：偃师区翟镇镇樊素玲家中

亲历者简介：樊素玲，女，河南省洛阳市偃师区岳滩镇喂北村人，1962年12月出生。1970—1976年在喂庄学校完成小学与初中学业。1976年起在家务农，兼打零工。2005年起为中国社科院考古研究所二里头工作队民工。

最开始记住樊素玲阿姨是因为那句魔性的口头禅——"我的老天爷!"每当她在清理遗迹获得一些比较重要的发现时,都会大喊一句:"我的老天爷!"每当她听到一些不可思议的小道消息时,也会惊叹一声:"我的老天爷!"她浓重的偃师话句后拖着很长的尾,再加上她丰富的表情,实在太具有感染力了。久而久之,工地的实习学生很多都学会了她这句口头禅并时常挂在嘴边,总能在炎炎夏日或是凛凛寒冬中引得工地上的阿姨和大爷们放声欢笑,包括素玲阿姨本人。

在后来的相处中,我发现素玲阿姨不仅是工地上的开心果,更是工地发掘不可或缺的优秀民工。她清理遗迹的水平,用"又快又好"来形容毫不过分。若是工地发现墓葬,需要清理人骨,技师们总是叫她和苗娥、菊梅三位阿姨去清理。如果工地有大面积的路土与夯土需要刮面拍照,大多数情况下也是她们三位冲锋上阵。更需提及的是,由于素玲阿姨常年待在田野又好琢磨,以至她对很多遗迹现象有着相当准确的判断能力。工地上的一些年轻技师和实习学生在发掘遇到打破关系复杂或性质难以确定的遗迹时,很多时候都要与她进行讨论后才敢下挖。我们经常说,素玲阿姨与王宏章老师一样,都是二里头队的"消防队员",哪里需要就往哪里去。素玲阿姨对于工地的责任感也让我感动。当有下雨的可能或天气过于寒冷时,她在下工后通常会用塑料布或草席对探方中已发掘的部分进行覆盖。而且她总是主动留下来加班的那位,一定要

△2023年冬,樊素玲在二里头工作队小院内

把工地盖好再离开。工地上的遗迹现象基本每个都要进行三维拍照,拍照的时候需要好几个民工拉扯遮光布,所费时间较传统拍照方式多出很多,常常会耽误大家下班。很多民工对此颇有抱怨,但素玲阿姨每次都认真完成任务且少有怨言。

在日常生活中,素玲阿姨是个心肠极好的人,毫不吝啬对他人的善意。她很关心我们这些远离家乡到偃师实习的学生:天冷了总是叮嘱我们多加些衣服;家里做了什么应季的小食品,她一定会带一些到工地让我们尝尝;偶尔我们买了一些雪糕分给工地的阿姨和大爷,她总是跑过来告诉我们,现在还没工作,不要乱花钱。工地上的学生走的时候,她都会非常舍不得,很多次都要请学生们吃饭。那些已经离开二里头的学生,她一直记在心里,她把那些学生的样貌、性格以及与他们相处的趣事记得很清晰,总会有意无意地谈起他们。

素玲阿姨是中国农村勤劳、朴实、善良的人民的代表,这样的人从来都值得被用心记住。2021年夏天的一个晚上,我在工地另一位阿姨的帮助下,找到了素玲阿姨租住的房屋。我去的时候,素玲阿姨恰巧和丈夫去村里的面馆吃晚饭了。我给她打了个电话,告诉她,我想找她聊聊天,不久就看到她坐着摩托车回来了。她家简陋的小院里有一张破旧的小桌,我们在桌前坐下,她摆上了几根黄瓜和几瓶啤酒,我们就这样聊了起来。我原本想着可以进行一场内容丰富的访谈,可素玲阿姨不善言辞,且总是对我采访她感到不好意思,她一直强调自己是个普通人,没有什么精彩的故事。再加上我访谈技巧的不成熟,最终的访谈内容并不丰富。尽管如此,我还是安慰自己,哪怕再少,我也记录了一些故事,一些关于普通人的故事。

访谈结束的时候,已经是晚上10点多了,明月正当空。当我向素玲阿姨告辞,准备回考古队时,她突然说要和我一起走,她要去村里的面馆吃饭。我顿时感到十分愧疚,原来她为了不让我久等,到面馆后并没有吃饭就匆忙赶回来了。于是我坚持要请她吃饭,可当我们到了面馆时,里面已一片漆黑……

采访者: 素玲阿姨,您到二里头考古队当民工之前,做过哪些其他的工作?

樊素玲: 我初中毕业后,先在面粉厂干,后来在大队的砖窑厂做砖坯,再往后去了化工厂。除了这些在外面的活儿,我自己在家做过针织工、种过地,总之干过很多工作。

采访者: 您什么时候来到考古队干活的,原因是什么?

樊素玲: 我记不太清楚了,大概是2005年。我原本是喂北村人,后来嫁到了四角楼村,四角楼村离我以前工作的地方比较远,很不方便。到考古队工作以后,就在家旁边,可以照顾孩子,农忙的时候也可以回家照顾庄稼。

采访者: 第一次到考古队工作,感觉如何?

樊素玲: 刚来考古队的时候,跟你们这些刚来二里头遗址的学生一样,挺迷茫的,啥都干不好,挖坏了不少东西。不过考古队的老师倒是挺好的,比较容易接近,说话比较随和。我来考古队接触的第一个老师就是许宏,他是一个很平易近人的人,没有一点架子。还有海涛,他人比较直率,不会说奉承话,也很好。

^ 这些抬梯子准备照相的民工,正行进在3000多年前宫殿区的大路上

采访者: 您作为本地的村民,会把这些北京过来的老师当作偃师人吗?

樊素玲: 我总觉得偃师是他们的第二故乡,他们把偃师的土话都学得差不多了,你说他们是不是偃师人? 我把他们当作半个村民。

采访者: 您觉得考古队的这些技工老师怎么样?

樊素玲: 挺好的,像宏章、丛苗、淑嫩,他们水平都很高,各有千秋,在田野发掘方面,动手的能力可能比你们许老师、赵老师都高,而且工作认真负责。

采访者：除了这些老师，您接触最多的应该是到考古队实习的学生，能谈谈您对这些学生的看法吗？

樊素玲：我觉得这些到工地的学生都很朴实，都很下劲，都很热爱这一行。别的孩子都去学那些高大上的专业了，他们却来学这个土里来土里去的专业，真的挺能吃苦的，不容易。另外，这些孩子都很随和，对我们民工都很好。我记得有一个叫紫琼的孩子，特别随和，特别实在，和我们特别聊得来。

采访者：要是您孩子来学这个专业，您会支持吗？

樊素玲：我当然支持，只要他自己喜欢。这个专业虽然苦，但是能吃苦是好事，吃得苦中苦，方为人上人。有这个吃苦的精神，以后干啥事都能干好。

采访者：在考古队的15年里，您感觉考古队有什么大的变化吗？

樊素玲：那当然有变化了。以前工地上都是用手铲刮面，现在用宏章发明的刮锨进行刮面，既省力还刮得清楚，看起来美得很。我刚来的时候还没有无人机照相，都是上梯子照相，画图则是手画图，不像现在都用电脑画图。

采访者：赵海涛老师说您、苗娥阿姨、菊梅阿姨是二里头考古队民工当中的佼佼者，是考古队的功臣。您在刮面、清理复杂遗迹方面都非常熟练，现在连辨认古代的夯土、路土也是行家里手，这些技能都是怎么修炼出来的？

樊素玲：干的年数多了，熟能生巧，平时我偶尔也琢磨琢磨，可能还是因为干的时间长了。

采访者：为什么能坚持在考古队干了这么多年？考古队其

刮锨，二里头发掘工地上特有的工具

他民工都不是长期的，很多人是想来就来，想走就走。

樊素玲：我也在想为什么坚持了这么长时间——工资这么低，一天才四五十块钱，夏天晒太阳，冬天吹冷风。我也说不上来我为啥不离开考古队，可能是干顺手了，干一行爱一行，干其他事情不习惯了。

采访者：您除了在考古工地干活，有时候还帮助队里做饭、打扫卫生，这些额外给您加工资吗？

樊素玲：没有额外的工资，我们的工资是固定的。我们在考古队工作就听队里的安排，队里让我们干什么活儿，我们就干什么活儿。

采访者：我听说您丈夫也在二里头考古队干过？

樊素玲：对，他挖过铸铜作坊。当年他是跟郑光、杨国忠他们挖的。我没见过郑光，但我掌柜（指丈夫）跟我说，这个人挺怪的，有点说不上来的怪脾气。杨国忠这个人很随和，经常替农民考虑，农忙的时候会让民工回家收庄稼。郑光比较独断，他不管民工种不种庄稼，在他眼里考古就是最重要的。

采访者：您丈夫后来为什么没继续在考古队干？

樊素玲：他干的时候还是按工分来算的，一天15个工分，比在生产队干其他活儿还要高一些，这工作其实还可以。可是考古队一到冬天就停工了，队长回北京时也会停工，工资不够稳定。还有就是我们农忙的时候，郑光不让民工回去弄庄稼，那时候还没有机械化，种庄稼全靠两双手，不回去哪能行。就因为这些，后来他觉得挺烦的，不想干了。

采访者：您能坚持这么久，确实不容易。您在考古队放假的时候怎么赚

2021年，樊素玲在工地清理水井

钱?

樊素玲:我在家接点针织活儿。偃师这边帽子厂多,在家的时候我就从厂里接帽子的半成品来做,能赚一点是一点。其实我在家做帽子,一天能赚快100块钱了,比在考古队挣得还多。但就算现在冬天我在家干其他活儿,只要队里有活儿找我,比如刷陶片、写编号,我都会去。没办法,我现在对考古队有感情了。

采访者:您觉得二里头遗址为什么如此重要?为什么已经发掘了60多年,还要继续发掘?

樊素玲:其实刚开始我不是很清楚,现在有点明白了。二里头遗址是最早的都城遗址,是最早的"紫禁城",这里面还有最早的大路,最早的绿松石作坊、青铜器作坊,是"最早的中国"。

采访者:您平时会关注一些考古方面的知识吗?

樊素玲:我关注的东西还不少呢。像红山文化、随葬马蹄金的海昏侯墓、出金缕玉衣的梁王墓,这些我都很爱看,我一直坚持看这方面的电视节目。其实我对历史很感兴趣,上学的时候就爱读近代史、古代史,可惜我脑子不行,记不住。

采访者:看来您是真的热爱考古,怪不得能在考古队干这么长时间。您会经常去二里头遗址公园和二里头夏都遗址博物馆参观学习吗?

樊素玲：遗址公园看不太懂，博物馆我去过几次，里面挺好的，有我们挖出来的东西。我记得陈列里有一件玉刀，是我亲手从墓里清理出来的。看完之后，我感觉收获很多，还很荣幸，因为里面有我亲手挖出来的东西。

采访者：您觉得遗址公园和博物馆的建成对提升偃师知名度、宣传偃师的历史文化起到作用没有？

樊素玲：作用肯定是有一点的，公园和博物馆的修建把咱这地方的名气提高了，让村民有了一个可以玩儿的地方，这方面是有好处的。但是最大的问题在于这个公园占了田地，占了我们的房子。本来说一年给我们建好房子，现在三年了，才刚下地基。我们至今还在外面漂泊，租的房子再好也没有家的感觉。

采访者：你们没有向上面反映过吗？

樊素玲：咋没有反映过呢！年前我一个星期往乡里跑一趟，回复就说让我们等。其实我们也理解政府的难处，希望房子的问题能尽早解决。

采访者：当时总共推倒了多少房子？影响了多少人？

樊素玲：如果我没记错的话，应该是400多户。这400多户基本都是四角楼村人，牺牲最大的就是四角楼村，圪当头村、二里头村都占得很少。我到现在都不知道四角楼村人得到了什么实惠，就算你说公园里可以散步、锻炼身体，那也轮不到我们，我们租的房子这么远，怎么去散步？博物馆再好，但对于农民来说，种地和住家才是最重要的。

采访者：考古队经常为了发掘工作把未成熟的庄稼给挖了，您怎么看？

↟2022年，樊素玲（前）、陈苗娥（后）在工地清理墓葬

樊素玲：那咱非常理解,人家考古队是为了验证历史,我总觉得读懂历史是挺有意思的。至于人家破坏庄稼,那确实是工作需要,关键人家照价赔偿。考古队确实是想为老百姓办点好事的,但是好心办坏事。建公园和博物馆是想给村里提高点名气,把周边环境改善改善,顺便让我们住上拆迁后分的新房子,但是结果都不很理想。考古队本来想造福一方,结果到现在看来还是牺牲了很多村民的利益。

采访者：2020年,您在二里头遗址的西北边意外发现了两件非常重要的青铜器,当时啥心情?

樊素玲：我当时脑子里想的唯一一件事就是保护好这两件东西,报告给考古队。我没有一点私念,就想着这东西本来就是国家的,应该交上去。我不发现,别人发现了也会交上去。考古队没有给我任何奖励,我也没向考古队要任何东西,就是觉得这是我应该做的。

采访者：在二里头队工作这么多年,有没有让您非常难忘或者感动的事?

樊素玲：难忘的是我那年发现青铜器的时候,非常激动。当时海涛让我去拾散落在地表的陶片,我突然在土里看到一些绿色,用手一拨,居然真是青铜器,我太吃惊、太激动了! 感动的事情也很多,在工地的时候,实习的学生经常关心我们热不热,要不要休息休息,有时候还给我们带零食,这些我都很感动。

采访者：您以后还会一直在二里头考古队工作下去吗? 还准备干多久?

樊素玲：我也不清楚,走一步看一步吧,等我的孩子有了小孩,我恐怕就干不成了。但是我在考古队干一天,就一定会好好干,要对得起这一天几十块钱的工资。在考古队我挺愉快的,我是挺外向的一个人,好凑热闹,考古工地人多,休息的时候可以聊聊天。另外,工地干活的都是同龄人,虽然没有多高的文化,说话直来直去,但都挺淳朴的,交流起来很舒服。

采访者：希望您在考古队继续愉快地待下去,也希望考古队能给您涨些工资。

樊素玲：好,谢谢你。希望你离开二里头之后不要忘了这里,不要忘了我们。

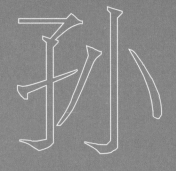

在最美好的时光里，
与二里头相遇

孙颂

亲历者:孙颂

采访者:张飞

访谈时间:2022年11月18日夜

访谈地点:山东省青岛市即墨区山东大学青岛校区凤凰居9号楼(电话访谈)

亲历者简介:孙颂,女,1971年3月生于河南郸城。1987—1991年在驻洛80304部队服役,1992年到洛阳市统计局工作至今,现任机关党委专职副书记兼工会主席。2012年成为洛阳市首批博物馆志愿讲解员,服务于洛阳博物馆、二里头夏都遗址博物馆、洛阳天子驾六博物馆、洛阳古墓博物馆、洛阳汉魏故城遗址等多个博物馆和遗址区。曾荣获洛阳市十佳巾帼志愿者之星、洛阳市"三八红旗手"、洛阳市文明市民标兵、洛阳市2017年优秀志愿者、河南省文明使者志愿服务之星、河南省基层优秀宣讲员等称号。

我见过孙颂老师不超过五次，但对她印象深刻。她每次来二里头，都是看遗址或博物馆，偶尔会旁听一些讲座，表现出极强的求知欲望。她与二里头考古队每位队员都很熟悉，似老朋友一般，一到队里就与大家聊得火热。后来从许宏和赵海涛两位老师的口中我得知，她是洛阳市博物馆的志愿者。许老师曾跟我说，孙老师是他见过的最好学的志愿者，也是洛阳市最优秀的博物馆讲解员。许老师还曾邀请她给他带的社科院研究生上课，并坦言在知识的广博程度上，自己不如她。听完后，我对孙老师更萌生了几分敬意。

后来经过与队里面的老师交流我才知道，孙老师讲解过的展览上至史前，下至明清，地域上更是"南北通吃"。因为讲解的专业性以及对工作的敬业程度，她多次获得市里、省里甚至国家的表彰。尽管如此，在我与她的交流中，她始终表现得极为谦逊。她反复强调自己是业余的，要不断地向考古学家学习。

几次见到孙老师，她都是笑容满面，灿烂而温暖。朋友圈里的她，总是与书籍、自然相伴，每一天都过得很充实。考古、文物、历史是她朋友圈里的高频词，各种关于考古、展览的新闻、讲座以及文章，她都会转发。如

△ 2015年11月12日，孙颂（右一）和朋友蔡嵘（左一）、苏东（左二）第一次到二里头遗址，见到考古队长许宏（右二）

果与她不甚熟悉，一定会以为这是一位文物考古界"职业选手"。在她更新的动态中，二里头遗址会经常出现，一旦二里头遗址有什么新消息，她是妥妥的第一批宣传者。在我实习结束离开二里头遗址后，从朋友圈中得知她又去了二里头好几次。毫不夸张地说，她对二里头遗址的热爱比很多考古专业的学生还要深。

因此，我在这本二里头"非著名"考古人的访谈录中加入了孙老师。我想，相对于成名的考古学家们来说，她满足"非著名"的要求。而"考古"一词的含义在今天的网络世界已经极度宽泛化，只要是对过去的事物进行追忆探讨，都可以称之"考古"。从这个角度看，孙老师对二里头文明的学习、讲解也是一种"考古"。当我联系到她的时候，她非常爽快地答应了，告诉我一定知无不言，言无不尽。正式访谈后，我发现自己之前对孙老师的认识太浅薄了，她的好学程度、自学能力、对所爱的执着，都让我自愧不如。因为她对祖国土地与历史文化的热爱，对大好河山与悠久文明的热爱，都被记录在了她的脚下、眼中和心里。两个小时的访谈，我脑中闪过次数最多的两个词便是"佩服"与"羡慕"。而当我身边的朋友读过访谈稿后，他们的反应与我是一样的。

访谈结束后，我对孙老师说："老师，我需要向您学习，我与您差得太远。"也许她会认为这是客套话，但我是认真的。

采访者：孙老师，您是土生土长的洛阳人吗？

孙颂：应该算是吧。我的老家在河南周口的一个村庄，我五六岁的时候随军到了洛阳市栾川县，那里植被茂密，风景秀丽，空气湿润，我非常喜欢，至今很怀念，在记忆中那里就是我的故乡。大概10岁的时候，因父亲工作变动，我们全家搬到了洛阳市区，之后一直住在洛阳。

采访者：您的童年与少年时光是如何度过的？

孙颂：我的父亲是军人，我从五六岁开始就生活在部队大院，在部队的号角声中长大，可以说无忧无虑，非常快乐。

采访者：您后来也从军了，这应该同您的父亲有着很大关系吧？

孙颂：是的，准确来说是跟成长环境有着很大关系。我小时候其实很喜欢读书，读到高中时，我的成绩也算比较好，家里人都觉得我应该好好考个大学。可到了高三，我身边几乎所有的同龄人都去当兵了，突然之间就没有了朋友，于是我开始犹豫了。那时候征兵，10月就要去部队开始新兵训练了，我和家人一直纠结到12月，最终还是选择去了部队。

采访者：能谈谈您在部队的工作与生活吗？

△ 1990年，孙颂（右）和战友下棋娱乐

孙颂：我在部队待了4年，是一个计算机操作员。当时我学习非常用心，取得了部队计算机操作一级能手的证书。同时，我们那批兵是全国第一批学习五笔字型汉字录入的，整整集中培训了3个月时间，包括指法、拆字、实际操作等，基础打得非常牢。1989年的时候，我们的打字速度达到了每分钟100多个字。我和另外两位小伙伴去北京参加全军五笔字型打字比赛，拿到了优秀奖。至于平时的部队生活跟大多数人知道的差不多，井井有条，非常讲究纪律性、责任心、集体观念等。我和别人不一样的地方在

于到部队第一年我有一点后悔,因为我发现自己还是非常喜欢看书的,觉得应该读完书再来当兵。所以在部队期间,我的空余时间基本都在读书。

采访者:主要读什么书呢?

孙颂:那时候我经常去买杂志和书,有《读者文摘》《演讲与口才》《小说月报》,获茅奖的长篇小说,还有一些其他的中外名著。总体上看,我读的书以文学类为主,比较单一。4年的时光里,我看了很多书,还喜欢把书中精彩的词句摘抄下来。离开部队的时候,我带回了一大箱子书和10本读书笔记。

采访者:从部队回来之后您没有想过继续上学吗?

孙颂:我没有上正规的大学,但充满了对知识的渴望,所以我想着一定要继续学习。当时我已经被分配在政府部门上班了,再去读大学是不可能了。为了学到知识,我报考了河南大学汉语言文学专业的自学考试。按照教学计划,在自学的基础上,河南大学会派老师到洛阳的函授点给我们面对面上课。在这个过程中我接触到不少名师,其中就有后来登上央视《百家讲坛》栏目的王立群教授。王老师一共给我们上4门课,他的课讲得非常好,对学生也特别认真负责,每次来洛阳都非常尽心地辅导,课余会和大家交流学习中遇到的疑问并给予详细解答,我真是获益匪浅。通过两年的学习和一门门课程的考试,我拿到了大专文凭。后来我又报了中央党校函授,通过自己的努力最终获得了中央党校的本科文凭。在这期间,我一直坚持看书,从来没有间断过。

采访者:您在政府部门主要从事哪些工作?喜欢这份工作吗?

孙颂:我虽然花了很多时间读书,但从来没有耽误自己的本职工作。我在洛阳市统计局工作,这是个业务性非常强的单位,一般学习经济学、统计学专业的才能驾驭各种数据的计算与统计。我不是学习这个专业的,在单位主要从事行政方面的工作。我很喜欢我的本职工作,干得很认真,算是我们单位的业务骨干。2007年我担任了单位的人事科科长,后来担任单位机关党委专职副书记一职,从事党建和文明创建工作。工作期间,我所负责的单位党建工作连续10年荣获市直机关先进基层党组织、两次洛阳市先进基层党组织、两次河南省先进基层党组织的称号。

采访者：您在工作上踏实认真，并取得了很好的成绩，是否与您在部队所受到的锻炼有关？

孙颂：关系非常大。在部队受的教育，使我们对交给自己的工作始终保持着认真负责的态度，并一定要圆满完成。在部队的最后一年，我担任了班长、代理排长的职务。当时我们营有100多号人，女兵最多的时候达四五十个，每天我要负责带操、喊口令，处理和协调大家在生活与工作上遇到的各种困难。班长处理不了的事情，都要找我来处理。我当时只是一个刚刚20岁的姑娘，压力很大，可为了不辜负组织上的期望，只能硬着头皮上。但正是在这样一个过程中，我的协调能力、管理能力以及应对各种事务的能力都得到了很大的锻炼。

采访者：如果让您总结当兵4年对您的影响，您觉得主要体现在哪些方面？

孙颂：首先是责任心特别强。由于受过部队教育，所以到了工作岗位上，只要是领导交代的任务，我一定想方设法把事情圆满完成。其次，部队是个秩序性与规则性很强的地方，在那里受过的训练让我无论在生活中还是在工作上，都井然有序。我从来不睡懒觉，也能够很好地处理工作、家庭与学习之间的时间冲突。虽然我工作很忙，但我的孩子在18岁上大学之前从来没住过校，一日三餐我基本都能保证按时做好。最后，我觉得军人的经历以及军人家庭的背景培育了我的家国情怀，让我成为一个有正能量的人。我的父亲、哥哥、我，包括我的爱人、我的姐夫都是军人，再加上从小生活在部队大院，我从小就十分热爱我们这个国家，并且始终对自己生长于这样一个伟大的国家有着强烈的自豪感。后来我去博物馆当志愿者，宣传我们国家深厚的历史、灿烂的文明，特别自豪和开心，潜意识里有这种家国情怀的影响吧。

采访者：是什么机缘促使您成为一名博物馆志愿者？

孙颂：说来话长。我一直很喜欢历史文化，在当志愿者之前就去洛阳博物馆参观过，不过说句实话，当时我基本上什么都看不懂，加上照顾孩子比较忙，渐渐地就去得少了。2011年洛阳博物馆新馆建成开放，新馆位置离我住的地方比较近，我开始有了更多参观的机会，重新燃起了学习的热情。第一次去新馆，我就对青铜器产生了浓厚的兴趣。当时看到了一些鼎、簋、觚、甗等，我发现自己连其中一些器物的名字都不认识，更别提了解它们的功能了。我十分好奇，迫切地想知道关于它们的一切。于是我把这些器物的名称全都抄下来，并给每一件器物都拍了照，回家之后通过书籍和网络一点一点地查资料，慢慢地认识了它们。通过学习我才知道原来鼎、爵、觚的数量可以代表等级，甗原来是个蒸锅，真是太有意思了。后来有几年，洛阳市进行"公务员应知应会考试"，有一次考试中的两个题目给了我很大的刺激。第一个是问历史上的斟鄩[1]是指今天的哪里，第二个是列出历史上哪十三个王朝曾定都洛阳。这两题我居然都不会，我作为一个洛阳人，对洛阳的历史文化如此无知，我感到很羞愧。考试之后，我便更加努力地学习历史文化，不敢松懈。2012年我偶然在报纸上看到了洛阳博物馆招募讲解志愿者的公告，我特别兴奋，当即决定报名。当时我人在北京出差，很不方便，于是电话联系单位的同事帮忙准备材料、送交表格，几经波折后，终于成功报上了名。

采访者：报名之后的筛选过程是怎样的？

孙颂：我们是洛阳博物馆招的第一批讲解志愿者，也是洛阳市第一批讲解志愿者，当时将近500人报名，面试之后还剩100多人。面试通过的人员集中开会，发给大家讲解词，之后开始自己学习、展厅练习和讲解考核，最终只有27人通过了考核，过程还是很难的。

采访者：考核是什么形式？

孙颂：就是现场讲解。从拿到讲解词到考核是两个月时间，在这两个月的时间里，要熟悉讲解词、了解涉及文物的基本信息和特点，还要琢磨讲解的路线，要熟练而准确地将每个展厅流畅地串联起来。可以多次考核，但是如果两个月内考核不达标，就被淘汰了，只能第二年博物馆再招志愿

△ 2019年8月，孙颂（右）在洛阳博物馆给孩子们讲解

者时重新报名。

采访者:您觉得您能够胜出,优势在哪里?

孙颂:第一,我的普通话相对还算比较标准,这个是有要求的,如果普通话不行,面试时就被淘汰了。第二,我一直坚持看书学习,有一定的语言表达能力和文字功底。另外,我对做志愿讲解员非常认真、非常用心,讲解词发下来之后,我发现讲解词应该不是一个人写的,文风区别很大,对不同文物介绍的详略程度区别也很大,还存在一些语法和用词错误。在征求博物馆宣教部人员同意的前提下,我回去查阅了大量资料对讲解词进行了修改和补充。考核时只有我一个人的讲解词是认真修改了的,给馆方的考官留下了很深的印象。

采访者:最开始您对博物馆讲解志愿者这份工作有怎样的认知?

孙颂:我一开始觉得做博物馆讲解志愿者是一个很好的学习机会,是一个提升自己文化素养的有效途径,也是一个洛阳人深入了解洛阳的好机会,更是宣传洛阳的一个最佳方式。我虽然读了不少书,但读得比较杂乱,而且是盲目的,博物馆志愿者这份工作可以促使我更有目标、更有方向地学习。

采访者:在成为一名志愿讲解员的路上,您是怎样不断提高自己的讲解水平的?

孙颂:最重要的是不断更新和扩充自己的知识。一方面,当我拿到一份讲解词后,我会从网络和书籍中查阅大量相关的资料,补充或更正讲解词。因为我在市直机关工作,认识了不少文化单位的人,所以在查阅资料方面有着很多便利。比如我查到某件文物在某本考古报告或地方志里有详细介绍,就会联系文物局或档案馆的朋友帮我查找,并及时补充在我的讲解词中。所以,我的讲解词永远和别人的不一样,今天讲的跟昨天讲的也不一样。

采访者:除了网络和书本的学习,您会通过实地考察来提升自己的讲解水平吗?

孙颂:这是必须的,我经常去全国各地的博物馆和遗址实地参观学习,开阔自己的眼界,增加知识储备。我们志愿者可能比你们考古人更加疯狂,在我们行业有个名词叫"追展",就是好的展览到哪儿,我们就跟到哪儿。比如2017年3月我们几个志愿者坐飞机奔赴成都，专门打卡成都博物馆新馆正式开放的敦煌特展，不仅把敦煌特展看了，还把四川博物院、金沙遗址博物馆、三星堆博物馆都看了一遍。疫情之前，我每年要去北京四趟，首博、国博、世纪坛等是每次都要打卡的地方。我记得最清楚的是2014年12月，当时丝绸之路文物特展在北京国家博物馆举办，那是我看过的规格最高的一个丝绸之路方面的文物展，展品中一

≈ 2017年3月，孙颂打卡四川博物院

级文物达到了1/3，当时我连续看了3天。2018年11月辽宁省博物馆新馆开放，要办一个非常大的书画展。辽博的书画藏品在全国排名前三，我们几个志愿者都特别激动，一商议直接买机票飞到了沈阳。在那次展览上，我看到了《瑞鹤图》《洛神赋图》《簪花仕女图》等众多真迹，我们一行5人整整看了5天才恋恋不舍地离开。这只是简单举几个例子，全国大多数省级博物馆我都参观过，一些重要的古建筑、古遗址我也都去过，就不一一说了。我一直觉得，只有我知道得越多，才能把更多的知识讲给观众，才能在比较的视野下更好地理解我们的河洛文明和黄河文化。

采访者: 您了解的地域如此广阔，时间线如此之长，让我们这些专业的学生感到十分汗颜。

孙颂: 我们志愿讲解员跟你们学者不一样，学者要专，而我们要博。

采访者: 您的家人支持您这份工作吗？毕竟日常讲解、四处参观学习要花费不少时间和金钱。

孙颂: 他们非常支持。我们一家人去新疆自驾旅游，他们都要留出时间陪我看新疆博物馆、高昌故城等。我们去甘肃旅游，家人陪我一起去敦煌，不仅看莫高窟，周边

其他石窟如西千佛洞、东千佛洞等也都去看，还有麦积山石窟、炳灵寺石窟、拉梢寺摩崖造像、马蹄寺石窟、金塔寺石窟等，有些位置非常偏远，但家人都会陪我去看。在我的影响下，现在家里人也都非常喜欢历史。

采访者：您觉得博物馆和考古遗址的参观感受有什么不一样吗？

孙颂：太不一样了。举个例子，洛阳的周王城天子驾六博物馆、古墓博物馆和汉魏故城遗址，都是考古遗址的现场展示。当你站在车马坑和一个完整墓室以及雄伟的阊阖门遗址面前，宏大的气势、精心建造的墓室和森严有序的礼制给你带来强烈的冲击感，是你在书本上看100遍都体会不到的。正是因为参观考古遗址后感触非常大，我开始喜欢看考古报告。考古报告简直太好了，会告诉你每一件器物发现时的具体位置，不同器物之间有什么关联，遗址或墓室是如何被发现的，周边环境、叠压关系、扰乱情况等。读懂考古报告后，你就能根据描述在一定程度上回到考古现场。

采访者：在您的志愿者生涯中，您讲过哪些类别的展览？

孙颂：太多了，有些已经记不清了。除了讲解洛阳本地各博物馆的基本陈列"河洛文明""天子驾六车马坑""赫赫夏都""历代典型墓葬"和专题陈列"洛阳珍宝""唐三彩""宫廷文物""洛阳石刻"等展览，还先后讲解过"宝鸡青铜文明展""中国河南青铜文明展""从洛阳到河西走廊""鼎盛中华——中国鼎文化展""丝绸之路音乐文物展""融和之路""张大千精品书画展""从地中海到中国——平山郁夫藏丝路文物展""故宫博物院藏牡丹题材文物特展""敦煌、大同、龙门三大石窟联展""洛镜铜华""上洛"等所有在洛阳博物馆举办过的大型临时展览。

采访者：除了讲解展览，您去考古现

△2020年11月，孙颂（左）在洛阳博物馆讲解"敦煌、大同、龙门三大石窟联展"

场讲解过吗?

孙颂:考古遗址一般都是考古队的老师们讲解,他们肯定是最专业的。但是如果考古遗址已经建成了遗址公园,我们就可以去讲解,比如汉魏洛阳城遗址我们可以讲,我也多次去讲。对了,我想起来了,我还给外地的朋友讲过几次西朱村曹魏大墓以及曹休墓,当然我事先征得了考古院老师的同意。

采访者:谈到考古遗址,让我们把话题转向二里头遗址。孙老师,您第一次接触到二里头遗址是什么时候?

孙颂:这个要先说我是如何认识许宏老师的。2015年10月3日上午,这个日期我记得非常清楚,当时我和另外几名志愿者去洛阳古墓博物馆参观,碰到了古博宣教部的郭老师,她告诉我,许宏老师一会儿也要来古博参观,问我们想不想和许宏老师见面,她可以帮忙引见。我们当然想见了,我早就读过许老师写的《最早的中国》,非常崇拜他。于是,我们就在古博入口处等待,过了一会儿许老师和夫人安老师来了,经郭老

⚲ 2015年10月3日,在洛阳古墓博物馆,许宏(左三)和孙颂(右四)等志愿者交流

师介绍,许老师和安老师知道我们是博物馆志愿者后,说特别敬佩我们这种无私传播文化的精神。大家当时就向许老师请教了很多关于二里头的问题,那次聊得特别开心,还互加了微信。

2015年11月12日,这一天我也记得特别清楚,我发信息给许老师,问能不能去二里头遗址参观。许老师很爽快地答应了,还说邓聪先生此时也在二里头工作,可以一起见面聊聊天。邓先生是著名的考古学家,能见到他,我肯定是求之不得。就这样,我们几个志愿者说走就走,开车很快就到了二里头。这是我们第一次来到二里头遗址。那天发掘现场正好出了一件铜铃,邓聪先生正拿着照相机小心翼翼地拍照记录。二里头文化时期出铜器是很不容易的,工地的老师们都说我们太幸运了。我们也没想到,第一次去就碰见出了铜器,这片土地简直太神奇了。

采访者:您前前后后一共去了多少次二里头遗址?

§2015年11月12日,孙颂(左)第一次到二里头遗址,遇见正在进行遗迹摄影的著名学者邓聪(中)

孙颂:30多次吧。考古队的小院、考古实验室我都很熟悉,在队里吃过好多次饭,考古队的老师们我基本都认识了。

采访者:每次去都是为了参观发掘现场或遗址博物馆吗?

孙颂:也不全是,有时候是去考古队蹭课。我记得有一次许宏老师在考古队的小院里给他带的研究生上课,要连上4天。我们几个志愿者专门请了公休假去听课,早上出发去二里头,上午听课,中午在考古队稍作休息,下午接着听课,晚上再回市区。一连4天,天天如此。那次收获特别大,可以说是我成为志愿者后在学习过程中一次质的飞跃。

采访者：听说许老师还邀请您给他的学生上过课？

孙颂：是的，有这个事儿。2017年秋，许知远[2]先生去二里头采访许老师，许老师欢迎我们也去瞧个热闹，同时我们可以现场学知识。这次二里头之行，许老师告诉我，他不久还要给研究生上课，听说我对青铜器了解得挺深入，并多次给志愿者讲课，就让我给他的研究生也讲一节课。我当时以为他是开玩笑，没想到，2018年5月18日，许老师真的打来电话，让我第二天去二里头小院听课加上课。我真的紧张得不行，因为那次不仅有他的研究生，还有到二里头采访他的《三联生活周刊》的3位记者，都是有学问的人。不过许老师点名了，我只能硬着头皮上。那天，许老师先上完一节课，休息10分钟后让我讲第二节课。我本来以为许老师讲完课就回房间休息了，没想到我上讲台后，他竟然坐到了我听课时的位置上，跟我面对面。我怯怯地问："许老师，你不回房间休息吗？"他很平静地说："我也听你讲啊，不用紧张。"那一瞬间，我的心提到了嗓子眼。就这样，在许老师的"命令"下，我忐忑不安地上了一节课。虽然我煎熬着上完了课，但结果还是蛮好的。下课之后，《三联生活周刊》记者刘周岩[3]主动过来加我的微信，许老师的学生司媛[4]也跑过来加我微信，许老师还让我把上课的PPT留给他。当时我真是松了一口气，感觉我的课应该是得到了大家的认可吧。

采访者：您当时讲课的内容是什么？

孙颂：我讲课的题目叫《初识青铜器》，内容挺丰富的。我平时给志愿者们讲，需要讲整整3个小时。因为这次听课的人都比较专业，所以我把时间压缩到了50分钟，讲课内容包括铜矿是如何被发现的，铜矿如何进行冶炼，中国青铜器为什么以铜锡铅合金为主，青铜器如何铸造，铜锈的种类与产生原因，青铜器的分类

△ 2018年5月，孙颂（右二）应邀在二里头工作队会议室讲课，队长许宏（左二）为听众之一

等。

采访者：孙老师,您学习得太深入了,已经完全超出了一般讲解员了解的范畴。

孙颂：可能这就是真正热爱的力量吧。

采访者：您去过那么多次二里头遗址,觉得二里头遗址与您去过的其他遗址有何不同?

孙颂：我只能粗浅地说说我的看法,不一定对。二里头遗址有很多的中国之最,包括最早的宫城、最早的井字形大道、最早的青铜礼器群等,它在中国文明史上的地位是不言而喻的。更重要的是,二里头遗址已经发掘快65年了,还在继续发掘,还有那么多未解之谜,二里头遗址一直是现在进行时,总有新发现,就像海涛老师说的那样,二里头遗址的进度条刚刚走到2%。我去过的很多遗址都已经停止发掘了,就算已有的东西很震撼,但很难再有新东西了,少了一些期待和神秘感。

采访者：在您看来,二里头遗址这些重要的发现中哪一项最为重要?

孙颂：二里头遗址是东亚最早的广域王权国家的都城遗址,二里头文化是中华文明总进程的核心与引领者。在二里头之前,中华大地上没有一个核心,陶寺、良渚、石峁这些遗址在它们所在的历史时期都非常厉害,但都只是区域性的中心,并且最终都中断了。直到二里头文化时期,二里头遗址成为独一无二的核心,其开创的礼制文明影响了此后几千年的王朝文明。如果要说遗址上哪一项具体发现最为重要,我觉得是与布局有关的道路网,道路网确立整个二里头都邑的布局,体现出王国严整的规划性与强大的控制力。只有布局确定了,才能对整个城市的功能区进行划分,这里面有一个宏观的理念。

采访者：从个人角度出发,您怎么看待学术界关于二里头遗址是不是夏朝都城的激烈争论?

孙颂：我觉得二里头遗址就是夏都,这并不是因为我是洛阳人才这么说的。首先,1959年的时候,徐旭生先生通过古文献中的记载去豫西和晋南寻找夏文化遗存,结果在豫西发现了二里头遗址。二里头遗址不是做基建时偶然发现的,也不是大规模区域调查发现的,而是通过文献研究和推理找到的,有根有据。其次,二里头遗址的年代测定表明,它大约是在公元前1750年到公元前1550年之间,恰好属于文献中记载的夏王朝时期,时间是能够卡上的。这么大一个高规格的都城放在这儿,时间对得上,它不是夏又是什么?

采访者:您刚刚提到二里头遗址是广域王权国家,您觉得二里头遗址的国家性质表现在哪些方面?

孙颂:平时当志愿者的时候,也有观众问我这个问题,我可以从两个方面来回答这个问题。首先,二里头遗址是当时黄河流域最大的也是唯一的中心,面积达到了300万平方米。二里头遗址周边分布着许多不同等级的聚落,它们都拱卫着二里头遗址,承担着军事和经济上的各种功能。如果不是国家都城,不会形成这样的聚落布局。其次,二里头遗址内大规模建筑基址的建成,表明二里头遗址的统治者有强大的掌控能力。就拿1号宫殿基址来说,面积达1万平方米,如果是200个人参加建设,要连续干1000天。在那个生产技术不发达、人口不多的时期,如果不是国家权力,怎么可能动员如此多的人力长时间承担一项工作,并给予物力财力的支持。

采访者:对于学术界一直在二里头遗址努力寻找文字这件事,您怎么看?

孙颂:我想说的是,目前二里头遗址确实没有发现文字,但我认为二里头遗址应该是有文字的。殷墟虽然发现了甲骨文,但甲骨文只是一种占卜活动的记

俯瞰二里头1号宫殿基址(李文博摄)

录,商人日常使用的文字应该写在其他载体上,比如竹简、木牍。晚商时期有一件青铜器叫"作册般"青铜鼋[6],上铸有"王令寝馗兄(贶)于作册般",这里的"册"就是竹简,证明商代日常使用的文字是记录在竹简上的。可是我们现在并没有发现商代的竹简文字,说明在中原这个地方,竹、木类的书写载体无法保存下来。如果这样看,甲骨文的发现其实很偶然,归根到底是因为商人有这样的占卜习俗。商周时期的金文情况也差不多,倘若商周时期没有形成刻铭记人记事的传统,那也发现不了金文。那么二里头遗址的文字会不会是书写在了竹简、木牍、布帛之类的载体上,且没有形成商人、周人这种占卜、记事的传统,导致二里头的文字和商周时期书写在除甲骨、铜器之外的其他载体上的文字一样,都消失了?再说,文字在那个时期本来就是稀缺的东西,只有统治阶层、贵族才有资格学文化,掌握文字,可能也不是那么容易发现。

采访者:考古学家最喜欢说"透物见人",在了解了二里头遗址上这些伟大的历史成就之后,您觉得3700多年前的二里头人是怎样的一群人?

孙颂:许宏老师这几年一直在讲二里头遗址是最早的广域王权国家,二里头遗址为什么"广",我觉得最重要的原因是二里头人的包容和开放。因为这份包容和开放,他们能够广泛地吸收外来的文明,凡能为我所用的,来者不拒。你看二里头遗址的小麦种植、绵羊饲养、铸铜技术,哪一项不是从域外传入和学来的? 也因为二里头人的包容开放,他们才会把自己的伟大创造向各地传播,在内蒙古能看到二里头的陶礼器,在甘肃、四川能看到二里头文化的镶嵌铜牌饰,在我国香港和越南能看到二里头式的牙璋等。

采访者:通过长时间对于二里头遗址和文化的学习,您目前最迫切想知道二里头遗址哪些谜团的答案?

孙颂:我最想知道关于二里头人的故事。许宏老师常跟我们说二里头遗址是最早的移民城市,我很好奇,二里头人究竟是从哪里来的。虽然考古队发掘出的一些遗物能够提供线索,比如遗址出土了有东方色彩的陶质礼器,学者们推测可能有山东人过来。但我想知道,能不能从人骨上找到更直接、更有力的证据。安阳殷墟遗址通过对人骨的DNA分析、同位素检测,已经找到了从西北地区、长江流域过来的人群,二里头遗址有没有可能获得这样的结论。我问过海涛老师,他说二里头遗址的人骨已经送出去一些进行DNA检测了,但结果暂且还没有出来。另外,我还想知道,那时候的贵族为什么要把墓埋在宫殿区? 他们的这种习俗是自己创造的,还是有源头的? 这样做又代表着什么? 这些都是我非常想了解清楚的。

采访者:孙老师,您思考得非常深入。您的问题也是我非常想解答的问题,期待会有更多的新材料出现,帮助我们答疑解惑。接下来,让我们把话题转向当下的二里头村吧。二里头考古遗址公园和二里头夏都遗址博物馆两项文化惠民工程已于2019年投入使用,您也参观过多次,我想听听您对于这两个工程的评价。

孙颂:我先说博物馆吧。我觉得博物馆还是挺不错的。但要真正了解它,你才能够体会到它的好。就拿第一展厅来说,陈列能把目前发掘的遗址点与文献中夏王朝有关的记载去对应,这就很用心。虽然图板上有一些小瑕疵,但当时为了赶工期,迎接二里头考古60年,有些瑕疵在所难免。之前没有二里头夏都遗址博物馆的时候,相关的文物只能在洛阳博物馆、偃师商城博物馆零星地看到。现在有了这个博物馆,有5个展厅来展示二里头遗址相关的文物,内容非常丰富。而且展厅不仅展示了二里头遗址自己的文物,还有与二里头遗址同一时期的其他遗址的文物,这使得比较有了可能。

⌃二里头夏都遗址博物馆的夏天(左图)和秋天(右图)(宋功、焦潇翔摄)

另外,我觉得博物馆的整体设计非常好,建筑很好地与周边环境融合,建筑本身是铜与土的结合,很好地点明了二里头文化的特点——最早的青铜铸造作坊、最早的青铜礼器群、早期的夯土建筑等,二里头出土的众多器物以及代表性建筑基址的特点,都很好地融入博物馆的外形及内部设计。博物馆周边种满高高的芒草,夏天满眼青翠的绿色,秋天满目浪漫的白色,风一吹更是格外的美,现在也成了全国知名的网红打卡地。

采访者: 关于博物馆周边的芒草,我之前听到许多人对它进行诟病,比如易招蚊虫、枯萎后非常难看等,您怎么看?

孙颂: 周边的芒草景观是二里头夏都遗址博物馆的设计者——同济大学建筑与城市规划学院教授李立设计的,我认为他的设计理念挺好的。中国是一个以农为本的国家,农业在国家经济中占据重要地位,二里头遗址又是个五谷齐备的都城。在大众的认知中,南方以水稻为主食,北方以小麦为主食,种植象征小麦的芒草来展现当时二里头发达的农业,在我看来是一种历史与现代的结合,同时添了一种浪漫和艺术在里面。

采访者: 原来如此。可就目前的发现而言,二里头遗址的先民是以粟和水稻为主食的,这样看来,李老师的认识稍微有些偏差。

孙颂: 我曾经也有此疑问,可能设计者还有其他方面的考虑吧。

采访者: 谈谈您对考古遗址公园的看法吧。

孙颂: 遗址公园里可看的东西就相对少了一些。我去金沙遗址参观时看到,真正的遗迹在玻璃地板之下,可以看到遗址原貌。二里头遗址的遗迹则都是在地面上复建的,当游览者想知道遗迹距离地表多深的时候,就无法形成直观的感受。实际上,很多历史爱好者来二里头遗址是怀着朝圣的心而来,来了之后看不到真实的东西,会很失望。遗址公园里的图板也少了一些,尤其那种展示遗迹立体面貌的图板更是缺乏。1、2号宫殿基址虽然花了很大的代价复建,但因为只有下半部分的墙体,站在宫殿前面还是很难想象它的整体面目。我觉得应该在宫殿的不同位置多加一些展示图板,当游客走到某个地点的时候,能够通过图板知道该地点在整个宫殿的什么位置,承担着什么样的功能。另外,遗址公园里缺乏植被和遮阳设备,也没有可以休息的地方,夏天天气炎热的时候，游客参观的体验感会很不好，甚至望而却步。

采访者：您对二里头考古队这样一个群体有着怎样的印象？

孙颂：二里头考古队这个群体特别好，我特别喜欢和队里面的老师相处。许宏老师和海涛老师都是大学者，在我们志愿者眼里非常高大上，但是他们没有一点架子，非常支持我们志愿者的工作，对我们提出的问题都会给予详细的回答。考古队里的技师，像宏章大哥、丛苗大姐、淑嫩大姐等，待人都非常热情、真挚，说话从来不拐弯抹角，特别愿意教我们辨别各种陶器器型及年代。他们都是身怀绝技的人，随便捡起一块陶片，就能说出器型和年代，我佩服得要命。考古人还有一个共同的特点，就是务实，考古来不得半点虚假，挖到什么就说什么，挖到多少就说多少，这一点我特别欣赏。如果我们在各种工作中都能做到务实求真，那么社会上就会少很多造假卖假、偷奸耍滑的现象。总之，在我们志愿者的眼里，考古学家真的很厉害，我们对于考古学家的尊敬之心和崇拜之心，可能是你们想象不到的。

采访者：您对现今二里头村的整体印象如何？

孙颂：由于遗址公园和博物馆的建设，政府投入不少人力改善周边环境，二里头村明显比其他村要干净整洁并具有文化氛围。同时，由于我对二里头考古队技工老师的固有印象，我总觉得二里头村的所有村民都和宏章大哥、丛苗大姐他们差不多，一样的朴实、勤劳、真挚。他们生活在遗址上，与专家学者们都是老熟人、好朋友，天天受历史文化的熏陶，也会是更有见识、更有礼貌的人。

采访者：谢谢您对二里头遗址的关注，对考古人如此高的评价。

孙颂：我要谢谢二里头遗址，作为志愿者，能与这么伟大的遗址相遇，幸运的是我们。我的志愿者小伙伴们有时候要迎接国博、首博或其他省市的优秀志愿者参观洛阳的博物馆，每当这时大家往往会发怵，怕人家懂得更多，怕讲不好丢洛阳的人。我就告诉大家，完全不用紧张，只要我们能把二里头遗址、二里头文化讲好讲透，谁都不会小瞧我们。二里头遗址只有我们洛阳有，960万平方公里的土地上目前只有一个二里头遗址具有广域王权国家性质，而且是年代最早的。我们生活在这片土地上，其他地方的志愿者不可能比我们更了解这片土地,这就是我们的文化自信。

采访者:在您当志愿者的10年里,一定有许多令你感动和难忘的瞬间,能不能分享一些?

孙颂:太多太多了,我可以举两个例子。有一次,我在博物馆给一群大学生做讲解,他们听得特别认真,大家互动交流、讨论,一场非常好的讲解体验。讲解结束后,他们说,老师您讲得太好了,我们不知道如何表达感谢,我们给您鞠个躬吧。随后七八个身高都在一米八以上的大小伙子一起给我深深鞠躬表示感谢,我当时真的非常感动,他们的鞠躬是对我们的深厚历史的尊重和敬意。还有一次,成都师范大学的两位老师带着几个小学五六年级的孩子来参观天子驾六博物馆。其中一位老师特别有意思,她说她到任何一个博物馆都会联系博物馆的宣教部要求找最好的讲解员,费用高点没关系。她的目的是让孩子们听到最好的讲解,学到更多更真实的历史知识。那一次她也联系了天子驾六博物馆的宣教部,但宣教部的老师告诉她讲解员都是有序排班的,不能选。几经周折,博物馆安排我给他们讲,而且因为我是志愿者,讲解还是免费的。得知了她这个要求,第二天我讲得特别用心,2700平方米的博物馆,我讲了整整两个半小时,一下子把他们征服了。听完之后,他们说我讲得太好了,是他们听过的最好的讲解。当天下午我要给提前约好的朋友做一场洛阳博物馆的讲解,他们硬是跟过去听了一下午。这位老师后来告诉我,之前一直觉得洛阳跟西安没办法比,这次听完我的讲解才知道洛阳的伟大和厚重。她说回成都后要把在洛阳的所见所闻做成PPT讲给学生听,那一刻我真的觉得自

︿2020年6月,孙颂(左)在二里头夏都遗址博物馆讲解

己做了一件很有意义的事。作为一个洛阳人，我感觉自己为家乡做出了贡献。再后来她和我成了很好的朋友，她回到成都之后经常通过微信请教我各种关于洛阳历史的问题，也经常给我寄一些四川特产。我去成都的时候，她专门邀请我一起吃饭聊天。每每想起这件事，我都觉得这是一次奇妙的、美好的相遇。

采访者：在二里头遗址有类似难忘的瞬间吗？

孙颂：有一件事是前两个月刚刚发生的，令我很难忘。当时我在二里头夏都遗址博物馆给几个留学生做讲解，他们都是第一次来二里头遗址，但我讲的他们都能听明白。当我带着他们站在博物馆三楼的观景平台上遥看二里头遗址，把宫殿基址、铸铜作坊、祭祀区等远远地指给他们看、讲给他们听时，其中一个学生的反应让我很惊讶。这个从澳大利亚留学回来的孩子告诉我，在我的讲解和遥指中，他能够感受到宫殿的宏伟，井字形大道的宽窄和方向，作坊区、祭祀区的样子等，在他眼前这个城市已经展现出来了。当我讲二里头遗址周边有不同等级的聚落拱卫着它时，他突然告诉我，他觉得现在博物馆周边高高的、迎风飘动的芒草，像在拱卫着藏有二里头都邑重器的博物馆。我当时觉得特别神奇，这难道就是今人与古人的精神感应？

采访者：也许因为我们都是生长在这片土地上的华夏儿女，对祖先的文化有着某种程度上的共鸣。

孙颂：是的，文化是最绵长、最永恒的，中国文化更是如此，几千年从未间断。

采访者：您觉得这10年的志愿者工作给您的人生带来了怎样的变化？

孙颂：这个问题我思考过。第一，让我的生活更加充实。我一直都很喜欢学习，这份志愿者的工作促使我一有闲暇时间就尽量学习，而且是有目标有成就感地学习。

⇧ 2020年7月13日，在二里头夏都遗址博物馆听完李伯谦先生讲座后，孙颂（左）向先生请教

我是在儿子上中学时开始当志愿者的,从那时起我每天晚上都跟他一起学习,他晚上学到10点,我可能要学到11点,这对他也有一个潜移默化的影响吧。第二,人生更有幸福感。志愿者的讲解工作让我懂的知识越来越多,而且能够将自己所学传达给身边的亲人朋友,以及全国各地素不相识的人。除了把我们的河洛文明宣传出去,我也对其他地方的文明有了更多了解。

有一次,我和姐姐去吉林省博物馆参观,当时馆里有个张伯驹捐赠书画展厅,挺受欢迎的。馆里的正常讲解不包含这个展,而姐姐又特别想看,于是我就运用我之前学习"张大千书画展"时所学到的相关知识给姐姐讲。紧接着我又给姐姐讲了吉林省博物馆的一个考古新发现展,在讲的过程中还跟了很多不认识的观众。当时姐姐特别高兴和自豪,我也感觉非常幸福和开心。虽然我是第一次到吉林省博物馆,但因为有多年的学习和积累,我轻松地讲下来了。有时候我去讲一个展览,开始的时候可能只有六七个人跟着听,讲着讲着就变成四五十人甚至六七十人跟着听。大家伙把我围在中间,听完讲解给我热烈地鼓掌,争相告诉我他们从这个展中学到了什么,那一刻我的成就感和幸福感爆棚。第三,我对很多事情看得更淡然了。志愿者毕竟是学历史、讲历史的,长长的历史上什么事情没有发生过呢,但一切最终都消失在了谈笑间。明白了这一点,就不会纠结生活中很多琐碎的小事,生活质量也会大幅提升。

采访者:您的人生太丰富精彩了,让人羡慕,谢谢您的分享。

孙颂:不客气。我希望随着年龄的增长,我的知识能够继续增长,以后我想成为一个知识特别丰富的专家型志愿者。

采访者:一定会的,有志者事竟成。

孙颂:谢谢鼓励。

注释

1. 斟鄩，史书中记载的夏代都邑之一。《竹书纪年》记载"太康居斟鄩，羿又居之，桀亦居之"，指出斟鄩曾在很长一段时间作为夏朝首都。《尚书》则提到"太康失邦，昆弟五人须于洛汭"，后《战国策》及《周书·度邑》论及夏桀居于伊洛一带，因此有学者推测斟鄩在河南近洛地区。近代学者以文献或古文字资料对上述说法加以补充论证，或根据杜预注《左传》昭公二十三年处记载，考证出巩县西南有地名鄩中，其附近有鄩水、鄩谷、鄩城等地名，认为夏代斟鄩应在曾经的洛阳巩县（今巩义市，已划归郑州市管辖）境内。

2. 许知远，1976年生。作家，单向空间创始人，《东方历史评论》主编，谈话节目《十三邀》主持人。代表作有《那些忧伤的年轻人》《青年变革者：梁启超（1873—1898）》等。

3. 刘周岩，北京大学中文系毕业，《三联生活周刊》资深记者、主笔。

4. 司媛，1984年生，河北唐山人。中国社会科学院大学考古系博士研究生。曾参加河南洛阳二里头、安阳殷墟等遗址的发掘工作。代表作有《二里头、二里岗时代青铜礼容器的空间分布及意义》等。

5. "作册般"青铜鼋，为晚商时期一件造型奇特的青铜器，现藏于国家博物馆，与之成对的另一件散落台湾。这里指的是国博所藏青铜鼋，其造型为被射入4支箭的爬行鼋，长214毫米、宽160毫米、高100毫米，重1605.6克。器甲背中间纵布4行铭文，经考证，铭文为：丙申，王逝（游）于洹，获。王一射，赞射三，率无废矢。王令寝馗兄（贶）于作册般，曰：奏于庸，作母宝。

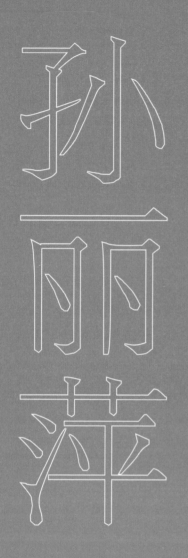

第二次选择二里头，
在那里我很快乐

亲历者:孙丽萍

采访者:张飞

访谈时间:2021 年 10 月 21 日夜

访谈地点:山东省青岛市即墨区山东大学青岛校区凤凰居 9 号楼(电话访谈)

亲历者简介:孙丽萍,河南新乡人,1994 年 9 月出生。2018 年本科毕业于重庆师范大学考古文博系,2021 年硕士毕业于南京大学考古文物系。现为河南省文物考古研究院助理研究员。曾参加云南耿马佛洞地、河南洛阳二里头、安阳殷墟、浙江杭州白家弄等遗址的发掘工作。

孙丽萍来自南京大学考古系，是科班出身。我第一次见到她正是在二里头遗址Ⅶ区的发掘工地上，当时她正管理着一条长探沟的发掘，复杂的遗迹现象让她的脸上愁云密布。那时王宏章老师同时负责着几个发掘区，不能时时顾及每一个地点，有时候需要实习的学生自己抉择。我看见她一个人默默地用手铲刮面，不敢下手挖，她旁边的民工靠在探方壁上不知所措。我主动走过去询问情况，然后与她一起刮面，和她谈了我的看法，但她回应很少，似乎不太爱说话。不过，有人和她一起探讨，她的状态好了很多，很快便开始了进一步的发掘。这是我初次与她相识，对她第一印象是文静且内向。

因为我每天都要去各个发掘区域记录当天的发掘情况，因而有了更多与她接触的机会。不过一开始我们的话题只与工作有关，讨论遗迹的发掘，遗址的以往研究等。没过几天，我们便熟悉了，她开始显露出"庐山真面目"，社会新闻、职业规划、明星八卦等无所不聊。我这才发现，原来她是个性格开朗，喜欢与人交流的人，只是慢热而已。同时，她是一个很善于倾听的人，大家彼此熟悉后，我经常看到工地的其他学生找她吐槽说笑，她总是很安静地听着。工地的同学们多有向她敞露心扉、毫无保留者。再后来，夏天到了，她几乎每晚都拉着同学去遗址公园里散步，逛夜市。

△ 2020年，孙丽萍在工地实习

一起出去吃饭时,众多同学中数她最欢乐,有时候竟高兴地坐在三轮车后大叫或是唱歌。这时候我才知道,她是一个很容易快乐的人。

她对考古一直保持着热爱与执着,平时只要稍有闲暇,便可看到她拿着书在翻阅。那段时间线上讲座频繁,我们常常因时间琐碎或工地太忙而放弃旁听,丽萍却抓住每分每秒的空闲聆听学习,很让人佩服。她很爱读书,经常带着一本书到工地去,在工地休息期间,坐在小马扎上认真地翻书。她总说自己读的书不多,需要随时补课,因而经常请队里面的其他同学推荐书或找他们借书。每当看到书中的精彩之处,她会迫不及待地找人讨论。那时,她经常与别人交流自己的研究方向,也经常为别人研究的有趣之处而欢呼、惊叹。我常想,以她的热爱,她一定会成为一名优秀的考古人。

在二里头的第一次实习结束后,丽萍回到学校准备她的毕业论文,我们便再也没见过,也基本没有联系过。到第二年夏天,有天她突然告诉我,她又回到了二里头。那时候我刚离开二里头不久,没能与她见一面,实属遗憾。这次她已经毕业了,但还未找到工作,就想着在二里头再提高一下自己的田野水平。当时我感到奇怪的是,她之前跟我说过,她的梦想是去江浙地区从事田野考古的发掘工作。她是个中原人,因见识过江南水乡的温婉美好,便希望留在那边工作。我问她,全国考古工地这么多,你又那么喜欢南方,为什么要再回二里头实习?我以为她会列出很多的理由,比如二里头的遗迹现象复杂,对于提升田野考古的水平有很大帮助;二里头的技工老师们技术水平高,我可以学到更多等。然而,令我没有想到的是,她的回答很简单,"在那里我很快乐"。

又过了一年,当我再次与丽萍联系的时候,她已经在浙江绍兴参加田野发掘了。当我与她聊起在二里头的实习经历时,她滔滔不绝,那里的遗迹与遗物,那里的美景与美食,那里的老师与朋友,依旧是她最美好的记忆。我想"江南有红花、桃花,有燕子、金鱼","那都是很好很好的",可在中原大地留下的快乐终归是独一无二的。

最新消息,丽萍于2023年入职河南省文物考古研究院了。

采访者:丽萍,请问你是从本科开始学习考古专业吗?

孙丽萍:我本科是在重庆师范大学读的文物与博物馆学专业,属于大考古学的范畴,研究生期间在南京大学读的考古学专业,研究方向是夏商周考古。

采访者:本科时的专业是你自己选择的吗?

孙丽萍:不是。我当时报考的前两个专业是汉语言文学、英语,我那时候想做个文学青年或者英语教师。我还报了历史学专业,因为我高中的时候是历史课代表,对历史还是挺有兴趣的。可是我高考分数不够,被调剂到了文物与博物馆学这个专业。我当时第一次听到这个专业,去网上查了一下,感觉挺有意思的。

采访者:学了这专业之后你感觉怎么样?

孙丽萍:感觉还是挺不错的。本科的时候,教博物馆学的刘渝[1]老师给我印象特别深刻,她讲课很生动,图文并茂,还经常给我们放一些国外博物馆的视频,开阔我们的眼界。在她的课上,我第一次知道了日本有泡面博物馆,真的很新奇。本科时其他老师会带我们去各个博物馆进行调研,重庆大大小小的博物馆我们几乎都去参观过,可以说在博物馆里熏陶了4年。还有一个对我影响很大的老师是蒋刚[2]老师,他教的课是青铜器研究,他做的PPT条理清晰,文字简洁准确。我上课的时候把他所有的PPT都用手机拍了下来,全部保存起来。临近期末考试的时候,我把他的PPT打印成了一本书,每天都翻。后来青铜器研究这门课我考了99分,当时我可激动了。也是因为蒋老师的课,我开始对考古产生了浓厚的兴趣,这是我后来报考考古学专业研究生的一个重要原因。

采访者:你第一次来二里头实习是什么时候,当时怎么想到选择二里头遗址作为实习地点?

孙丽萍:第一次来二里头实习大概是2020年5月中旬。当时受疫情影响,我一直待在家,开学遥遥无期,我不愿一直待在家里当"咸鱼",所以想出去找点事干。我是学考古的,但参加考古发掘的次数并不是很多,于是决定找一个工地锻炼一下。随后我联系了我的导师,他把我推荐到了二里头遗址。当时听到导师的安排,我既激动又忐忐,因为二里头是考古圣地,而我还是个新手。

采访者:来之前,二里头遗址在你的脑海中是怎样的存在?

孙丽萍:来之前我只在书上看过二里头遗址,印象比较简单,只知道它是最早的中国所在地,知道它有宫殿区、作坊区、祭祀区等,应该跟大多数刚学考古的学生知道的差不多。

采访者:准备来二里头的时候没有恶补一下相关知识?

孙丽萍:当然恶补了,我把二里头的发掘历史大致看了一遍,对徐旭生先生、赵芝荃先生、郑光先生、许宏老师所取得的成就都有了一定的了解。许老师的那几本比较畅销的书,像《最早的中国》《何以中国》《大都无城》我基本都看了,虽不敢说全部吸收了,但重要观点都记在心里了。

采访者:你来二里头以后,对这个村庄的第一印象怎么样?

孙丽萍:第一印象是这个村子比较富裕。刚来的时候,莹莹、陈凯他们带我去逛集市,我觉得还挺繁华的。来之前我以为考古遗址都在很偏僻的地方,来到二里头之后,我发现这个地方配套设施还挺齐全的,超市、衣服店、理发店、大排档什么的都有,晚上十一二点还可以吃烧烤。除此之外,这个地方到处都有考古的气息,不光是村里的墙上画着二里头出土的遗物和文物保护的宣传标语,一些店名一看也很"考古",像二里头大排档、夏商周酒坊、夏都面馆等,文化渗透力太强了,我还没有去过这样的村子。

采访者:你对村民的第一感觉如何?

孙丽萍:非常好,跟我以往去的基建工地的村民完全不一样,他们一听我是考古队的队员就很热情地和我打招呼。他们非常理解考古工作,很支持考古工作,所以赵海涛老师说他们是"全中国最好的村民"。二里头遗址能取得这么多突破,跟二里头队坚实的群众基础密不可分。

采访者:你还记得你第一次下田野做考古是什么时候,在哪里?

孙丽萍:大概是2018年夏天,在云南的一个新旧石器过渡期的遗址。

采访者:这个遗址跟你在二里头遗址的发掘有什么不一样?

孙丽萍：在云南的时候探方是4米×5米的，而学生每个人负责的是1米×1米的小格子。我们挖得特别细致，一层一层、一点一点往下清理，发现重要遗物就插上小红旗，然后拍照记录。当时我觉得挺好玩儿，那次发掘不复杂，遗迹很少，这与旧石器时代人类的活动强度有关。到二里头之后，探方是10米×10米的，面积很大，我感觉自己管不过来。遗迹特别多，水井、灰坑、墓葬、道路啥都有，打破关系特别复杂，遗物也特别多，一开始我挺怕自己挖不好的。

采访者：你发掘的旧石器遗址在哪些方面做得比二里头遗址要好？

孙丽萍：我感觉科技考古方面做得更好一些，这可能跟旧石器遗址的性质有关，毕竟遗迹遗物很少，想要提取到更多的信息，必须安排各种科技手段。当时中科院古脊椎所的老师来取碳样测年，采集植物种子分析食谱与环境，还测了磁化率。二里头遗址也做科技考古，植物浮选、土壤微形态、体质人类学的样品都会采集，希望这些东西之后能够得到很好的研究。

采访者：刚来二里头发掘的时候能适应吗？作息时间能接受吗？

孙丽萍：冬天和夏天作息时间不一样。冬天一般是早上7点半到中午11点半，下午2点到5点；夏天是早上7点到11点，下午因为温度太高，一般3点半上工，6点半下工。晚上整理完白天的发掘资料之后，就可以做自己的事情了。总体来说，这样的作息时间我是能够接受的。

2020年，王飞、孙丽萍、张飞（从前往后）在工地清理遗迹

采访者：白天上工结束之后，晚上是不是得阅读很多文献？

孙丽萍：因为白天太累，晚上不会看特别多，但肯定会读，毕竟我希望自己在专业能力上有所提升。现在我已经毕业了，晚上读书、做题的时间比以前多了。

采访者：没有不太习惯的地方？

孙丽萍：说实话还是有的。最大的问题在于不下雨就不休息，没有时间让自己充充电，睡个懒觉，或者出去吃个火锅放松一下。不过这是考古行业的老习惯了，我希望以后考古工作在休假制度方面调整或改进一下，哪怕半个月放假一天也好，总得有个盼头。

采访者：每天白天上完工，晚上吃完饭可以进行一些娱乐活动吧？

孙丽萍：最大的娱乐休闲活动是吃完饭去遗址公园里遛弯，偶尔会打篮球或玩滑板。去年公园里有大型的露天KTV，虽然我不怎么会唱，但是其他同学过去唱，我都会跟着他们一起去听歌。去年公园里还有夜市，很有烟火气。夜市上卖好多东西，有烤串、炒酸奶、冰粉等许多小吃，还有蹦蹦床、玩具车这些玩儿的。夜市上的耳环和绑头发的头花也很好看，当时我和莹莹都买了一些。不过后来也许是因为害怕夜市破坏公园的环境卫生，公园管理方不让他们摆摊了，现在想想还挺遗憾的，我很怀念夜市。夜市没了之后，我们去镇上买零食的次数会多一些。今天我在镇上发现了一家特别好吃的糕点店，尤其是他家的核桃酥和泡芙，实在太好吃了，有机会你一定要去尝尝。

采访者：二里头工作队的住宿和饮食条件你还满意吗？

孙丽萍：住宿条件我觉得还是不错的，站里有空调、热水、冰箱，还有洗衣机。只要有冰箱，我就知足了，冰箱对我来说太重要了，夏天的时候可以放一些酸奶、雪糕，很不错。至于饮食，总体来说挺好的，我很满意。二里头队的主食每隔一两天会换一次，有馒头、菜饼、鸡蛋饼、米饭、焖面、捞面，偶尔还有包子、饺子、胡辣汤配油饼。现在正是吃红薯的时候，我们每天都有红薯吃，超级甜。不过，最主要的主食还是馒头和面条，毕竟这里大多数人是北方人，如果有南方同学来实习，做米饭会频繁一些。至于下饭菜，中午相对简单，但一定会有凉拌菜，如果做米饭的话，就会有炖排骨、土豆鸡块之类的菜。晚上的菜很丰富，我比较喜欢，经常会有红烧肉、红烧鸡块或者红烧排骨。可能因为下午时间长一点,王姐能多准备点菜。对了,我想说王姐做的红烧鸡块真是绝了,我每次都忍不住吃好多。

采访者: 你刚到二里头遗址发掘的时候,遇到特别复杂的遗迹怎么解决?

孙丽萍: 解决不了的时候确实好让人崩溃,遇到这种时候我只能求教于技师和师兄了。我记得我在二里头遗址Ⅷ区发掘的时候,碰到了一个灰坑,刚清理的时候出了一些陶片,我就把它们都采集了,结果继续往下一挖,旁边又出了好多陶片,一个陶片堆积赫然出现在我面前。当时我整个人都好紧张,因为遇到陶片堆积的时候,陶片是不可以立马采集的,要等把整个陶片堆积都清理出来,拍照记录之后再采集。我那时候的感觉是自己破坏了历史,心里难受极了。幸好王宏章老师和师兄过来告诉我还可以补救,我心里才好受了一些。然后他们帮我刮面,重新划定灰坑的范围,指导我清理,最终把这个坑解决了。

采访者: 你第一次在二里头的田野发掘大概多长时间? 其间有没有让你特别激动的发现?

孙丽萍: 从5月份到8月份,大概3个多月。要说最让我激动的发现,应该是在Ⅸ区发现的随葬青铜器的大墓,那是我第一次看见时代如此之早的青铜器大墓,里面还有大量朱砂。现在想想,那墓简直是太壮观、太令人印象深刻了。

∧2020年,李雨芹、卜莹莹、孙丽萍、贾楠楠、陈凯、张飞、张良鹏、赵海峰(左起)在二里头工作队食堂聚餐

采访者: 你对二里头队的技工

老师印象如何?

孙丽萍:我受了老师们很多指导,他们的业务水平太高了,用"技艺精湛"来形容毫不为过。我主要是跟王宏章老师学习的,我谈一谈王老师。在工地,不管我遇到任何困难,宏章老师都能在谈笑间解决。有时候一大片土,我完全看不出来有什么区别,但王老师一来,三下五除二就把灰坑、路、墓葬划分出来了。每每这个时候,我只能是目瞪口呆。另外,我觉得宏章老师虽然年龄比我们大很多,但非常有活力,精气神比我都好。宏章老师在工作之余特别喜欢唱歌,人称"二里头歌神",我想他年轻的时候肯定是文艺青年。

采访者:二里头队也有年轻的技师,他们给你留下的印象如何?

孙丽萍:也非常棒。像飞哥,他啥都会,开车、摄影、跑三维都是他自己一个人来。晓真姐在用PS、CorelDRAW、GIS等软件制图方面绝对是一等一的高手,没有她,二里头队的很多工作都开展不下去。静玉姐的制图水平也很好,而且静玉姐在实验室考古方面的水平也是一流的。还有朝鹏哥、晨光哥、靖凡姐、步云哥,他们都各有专长。除了专业技术之外,可能因为年龄差距比较小的原因,我觉得跟他们特别聊得来。除了工作,我们还可以聊美食,聊美景,聊八卦,聊对未来的憧憬。

采访者:田野发掘很多体力活要依靠民工阿姨和民工大叔,你和他们相处得如何?

孙丽萍:我把他们当作我的长辈,就像我的爷

△ 2020年夏,实习生们和心中的"导师"王宏章在工地,右起:孙丽萍、陈凯、张飞、王宏章、李怡晓、贾楠楠、卜莹莹、段绮梦

爷奶奶、叔叔阿姨,和他们相处我感觉很轻松。他们人都很好,很淳朴,可能因为我年龄比较小,他们对我特别照顾,很关心我。每次吃完饭,我去街上或者公园里散步,阿姨们看到我都会热情地跟我打招呼,我感觉特别温暖。我印象最深的是小昌伯伯,他对我特别好,每次下工他总会喊我去坐他的电动三轮车,把我送回工作队。天气特别冷的时候,他会帮我带保暖的东西。发掘的时候,如果我趴在地上工作太久,他会给我拿来小板凳,让我坐着休息一会儿。虽然这都是一些小事情,但这些细节让我很感动,我能感觉到他把我放在心上。

采访者: 在工地上还有一些和你一样的实习学生,你们是不是早已打成一片了?

孙丽萍: 说到这个,我特别感动。首先,他们在考古方面对我的帮助很大。发掘遗迹的时候,我经常遇到困难,有时候我真的快急哭了,觉得自己无法进行下一步了。这时候师兄都会来安慰我,告诉我怎么一点点找边,怎么清理。在师兄的帮助下,我才一点点恢复了自信心,我觉得信心对我真的很重要。其次,跟大家的日常相处是非常愉快和难忘的回忆。那时候我们一起遛弯,一起去吃火锅,一起读书、听讲座。我记得去年有一天晚上,我和同学们借阿姨的电动三轮去庄上吃烧烤,当时突然下起了小雨,但我们一群人还是冒着雨去了烧烤摊。在路旁的烧烤摊上,我们一起聊着以后的事情,都希望以后还能见到对方,还拍了许多可爱的照片。我觉得这都是很触动人心的事情,我想我会记很久很久。

采访者: 你觉得二里头考古队的领队老师容易相处吗?

孙丽萍: 很好相处。我在这边接触最多的就是赵海涛老师。刚来的时候,我觉得赵老师很严肃,话也不多,但相处久了就知道了,赵老师是个性格很温和的人。赵老师养了一只猫,叫小橘子,他很爱猫,对猫特别好,是一个很有爱心的人。他不抽烟不喝酒,很喜欢跑步、打羽毛球,是一个生活习惯很好的人。最重要的是,赵老师很热爱他的工作,他基本驻扎在工地了,很少回家。另外我要补充一句,赵老师真的挺帅的,年轻的时候肯定有不少粉丝。至于许宏老师,我接触比较少,不过从有限的几次接触来看,许老师是一个非常热情、非常爽朗的人。

采访者：二里头的田野考古经历是否让你坚定了以后继续从事考古工作的信心和决心？

孙丽萍：二里头遗址的考古实习，是我最系统的一次田野考古发掘。在二里头，我第一次对考古工作有了清晰的认识。我是一个女生，可能多数女性都希望自己白白净净、漂漂亮亮的，但考古确实艰苦，风吹日晒、冻手冻脚是难免的。不过排除艰苦，考古有它的乐趣，是发现与思辨的乐趣。在二里头的发掘，使我明白了自己能忍受什么，想要什么，所以我暂时不打算改行。

采访者：你现在找工作报考的是什么岗位？

孙丽萍：主要是一些考古所、研究院的田野技术岗，我还是挺喜欢做田野的。

采访者：你的父母支持你的选择吗？

孙丽萍：我父母比较尊重我的想法，让我跟着自己的兴趣走，对我不会有过多的干涉。只要我过得开心，他们就支持。我现在担心的不是我父母支不支持，而是自己能不能考上。一方面，报考的人比较多，竞争压力挺大的。另一方面，因为要出野外，有

⋀2020年夏，收工前的合影，前排左起：赵静玉、王延朋、郭淑嫩、郭晓真、卜莹莹、孙丽萍、贾楠楠、程朝旭、李雨晴、王飞；后排左起：王丛苗、郭晨光、张良鹏、陈凯、赵海涛、郭朝鹏、王宏章、张飞

些单位明确要求只招男生。

采访者：你觉得二里头夏都遗址博物馆和二里头遗址公园建设得如何？

孙丽萍：我觉得博物馆外形还不错，很古典。至于遗址公园，我觉得逊色一些。首先，公园里缺少一些原始遗迹的展示。比如制骨作坊，除了一个牌子，啥也没有。一个牌子放在那里，我们考古专业的人还能看明白，普通民众很难想象那个场景。从这点来说，保留更多原始的发掘地点、地层剖面才能吸引更多民众，让他们有更直观的理解。这方面二里头可以向其他遗址公园学习，比如良渚遗址的城墙展示，可以看到原始的铺石墙基，让人有种身临其境的感觉。

其次，遗址公园里缺少全局性、立体性的介绍。我觉得可以在遗址公园内搭建一个临时的观影篷，对遗址公园的整个布局和每个部分进行视频展示，让大家在参观时有一个整体的框架，不至于一头雾水。再次，公园的基础设置很不完善，而且设施质量太差，损坏严重。公园的厕所经常不开，夜晚照明灯从来没有开过，感觉就是个摆设。遗址公园里路面损坏严重，一看就是质量不好，可能当初修的时候没有做好充足的准备。关键是路面已经坏成那样了，还没有人去修，让人看着很不舒服。

此外，我觉得夜间的遗址公园可以利用起来，可以定期举办夜游遗址公园的活动，也会很有意思。灯光下的二里头遗址公园肯定会给人别样的体验，一定可以吸引更多的人来休闲和学习。

采访者：你觉得二里头遗址公园给附近村民带来了哪些好处？

孙丽萍：最大的好处是给了村民一个休闲娱乐的场所，村民们晚上可以到这里跳跳广场舞，散散步。

2022年春，二里头夏都遗址博物馆外，小女孩在放风筝（宋功摄）

采访者：你参观过二里头夏都遗址博物馆吗？作为一个本科学习文物与博物馆专业的学生，你觉得它的布展如何？

孙丽萍：我去参观过好几次。博物馆的陈列给我的总体感觉是比较有条理。整个博物馆分为基本陈列展和临时展，不同展区之间路线规划得很清晰，参观的时候不会给人迷失的感觉。场馆里面的灯光设置得比较科学，欣赏

🔺二里头夏都遗址博物馆入口前的檐廊

文物或给文物拍照的时候不会有特别大的阴影。展牌上的文字大小比较合适，不存在看不清楚的情况。在基本文物陈列展之前设置有一个夏代历史展，介绍了夏代的文化背景、年代序列以及同时期中国各地的重要考古发现，这样的做法非常值得称赞，因为它让观众在正式了解二里头遗址之前，已经在脑海中形成了一个大的时空框架与文化背景。

如果要说布展方面的不足，我觉得可能有以下几个方面。首先，藏品不足，一些重要的藏品没有进行展示，比如绿松石牌饰没有全部展出，超级国宝绿松石龙形器是复制品，总之藏品展出力度不是很够。其次，缺少临时展，现在的展览主要集中于二里头遗址本身，我觉得博物馆应该举办一些与二里头遗址相关的遗址文物展览，比如陶寺文物展、殷墟文物展，有比较才会显示出二里头遗址的特别之处。最后，我觉得博物馆里的重要遗迹展示做得不太好，比如展示几座重要的墓葬，其中有些墓葬已经干裂了，却没有采取一定的保护措施。

采访者：关于二里头遗址是不是夏都这个争议颇大的问题，你怎么看？

孙丽萍：是的，作为考古专业的学生，我们都知道这是个悬而未决的问题。我觉得

这个问题还有很大的探讨空间,二里头遗址是夏都还需要更多的证据来支持。许老师所说的文字证据当然是最重要的,有了文字二里头遗址才能自证。从年代学上来说,二里头遗址的年代几经变更,从目前的数据来看只能对应到文献中夏代的中晚期。未来二里头遗址的年代数据是否还会随着更多的发掘材料的出现而有所变化,我也不敢说。如果只依靠我们目前所发现的考古材料来推断二里头遗址是不是夏都,我觉得可以尝试,但难度非常大。我们发现的遗迹、遗物是构成考古学文化的基本要素,而要证明二里头遗址是夏都就必须证明二里头文化是夏人创造的,可惜考古学文化能不能对应族群、如何对应族群的问题尚未解决。所以我感觉关于二里头遗址是不是夏都的探索还有很长的路要走,"路漫漫其修远兮"。

采访者:所以你是保持谨慎的态度,如果没有发现能证明二里头遗址是夏都的文字材料,还是不要称二里头遗址为夏都?

孙丽萍:当前情况下,我觉得还是保持严谨的态度去探索吧,以后也许会有更好的方法、更先进的技术去证明这个问题。目前除了文字,我们还有很多东西需要去研究,二里头的青铜器、墓葬、宫殿建筑、人群、聚落等,每一项都需要花费大量的精力与心血去探索。

↗2021年,田宁宇、孙丽萍、许余亮(左起)在二里头遗址一起实习

采访者:你认为二里头遗址,或者说二里头人最伟大的创造是什么?

孙丽萍:宽阔笔直的井字形大道与宫城城墙将二里头遗址分为宫殿区、手工业作坊区、贵族居住区、祭祀区,规划严整而清晰。我觉得二里头遗址这种对城市极强的规划性,以及这种规划背后所体现的礼制秩序是二里头人最伟大的创造。二里头遗址是"最早中国"的都城是没有任何问题的。

采访者：你的硕士毕业论文和二里头文化有关吗？

孙丽萍：没有太多关系。我的硕士论文题目在我来二里头遗址之前就已经确定了，我写的是巴蜀地区的錞于，一种乐器，主要研究它的分期与分布。选择这个题目是因为我本科在重庆读书，对那个地方有比较浓厚的感情。二里头文化对我来说是一个全新的领域，具有一定的挑战性，关于二里头文化我还处于学习阶段。

采访者：你现在已经毕业了，这是你第二次来二里头遗址，这次为什么又选择了来二里头遗址参加实习？

孙丽萍：首先是因为去年我在二里头遗址确实学到了不少东西，所以想趁着还没考上编制的时候再来提升一下自己。另外，去年在二里头我非常快乐，收获了很多朋友，收获了很多感动，我很喜欢这个地方。

采访者：第二次来实习的感受和第一次有什么不一样吗？

孙丽萍：因为去年已经实习过一次了，所以这次来我感觉轻松了不少。去年大家除了一起下田野，还会一起听讲座，互相推荐书阅读。当时就算我不想学习也会被带动着一起学习，大家一起学习是件很开心的事。今年实习中玩耍的时间少了很多，我下工之后通常会在办公室看书，偶尔会看个剧放松一下，因为我面临着毕业找工作的压力。

采访者：这次实习预计会待多久？

孙丽萍：我已经在田野上发掘快半年了，接下来我想学习一下资料整理。等到冬天，野外的土会冻

△ 2021年，孙丽萍第二次来到二里头遗址实习，正是芦苇摇曳的季节

住,大家都要回到室内整理资料,我可以跟着老师们学习辨认陶器、分期断代、撰写发掘记录。因此,我还会在这里待一段时间,具体什么时候离开暂时还不确定。另外,我现在在准备考编,二里头遗址作为中国考古学的圣地,学术氛围很浓厚,而且这里有志同道合的小伙伴,很适合备考学习。

采访者:在二里头遗址的实习经历对你找工作会有很大帮助,毕竟在这里你得到了全方位的锻炼。

孙丽萍:是的,在二里头的实习对我提升田野能力帮助很大。未来进了相关的考古单位后,这段经历会是我的宝贵财富。不过,现在很多考古所的编制属于统招,笔试的内容大都和公务员考试差不多,面试属于结构化面试,根本不涉及我们考古学的专业知识。这让我感觉在二里头遗址的田野考古经历对找工作没有发挥太大作用,挺遗憾的。

采访者:这样的考试确实有很大的弊端,希望未来会有所改进。

孙丽萍:是的,不过我不悲观,毕竟现在考古学还挺热门的,中国考古学百年大会上,习近平总书记给我们考古工作者写了信,可见国家非常重视考古。既然国家这么重视考古,以后考古的岗位会越来越多,我的机会也会越来越多。

采访者:说到习近平总书记的贺信,最近各个高校都在学习,很多老师、同学都发表了感言,我想听听你的想法。

孙丽萍:习总书记的贺信给了我们考古人很大的鼓舞和感动。习总书记说文化自信是事关国运兴衰、文化安全、民族精神独立性的大问题,认识历史离不开考古学。中国考古不仅对中华文明起源的研究有重大意义,也会为世界文明演进模式的探索做出独特的贡献。正因为考古学有着如此重要的作用,我想对自己以后的考古工作说八个字,"不怕困难,勇于探索"。

采访者:你觉得站在中国考古学诞生100周年这个新的起点上,二里头遗址未来还有哪些问题亟待解决?

孙丽萍:二里头遗址的布局问题肯定是需要继续探索的,道路网、聚落分区目前还不是很清楚。更重要的是,我觉得二里头遗址未来的研究要走综合性研究的道路,古代社会是一个互动的大系统,所以要全方面、多角度地研究二里头都邑政治、经济、文化、环境的具体情况以及它们之间的互动模式。不过这只是我个人的想法,二里头遗址未来怎么研究,领队老师们肯定考虑得比我成熟多了。

采访者:你说得很好。我的问题问完了,谢谢你的回答。最后我要祝你早日找到自己喜欢的工作。

孙丽萍:谢谢,我努力!

注释

1.刘渝,1978年生,重庆江津人。2007年毕业于四川大学历史文化学院考古与博物馆学系,现为重庆师范大学历史与社会学院副教授。主要研究方向为美术考古、西南考古、博物馆与文化遗产保护。代表作有《中国生态博物馆现状分析》《巴蜀兵器虎图形性质新说》等。

2.蒋刚,1977年生,重庆梁平人。2006年毕业于吉林大学边疆考古研究中心,现为重庆师范大学历史与社会学院教授。主要研究方向为先秦考古、田野考古、文化遗产保护。代表作有《盘龙城遗址群出土商代遗存的几个问题》《冀西北、京津唐地区夏商西周北方青铜文化的演进》等。

大遗址的首次田野体验，

我成长了很多

陈凯

亲历者：陈凯

采访者：张飞

访谈时间：2021年11月10日夜

访谈地点：山东省青岛市即墨区山东大学青岛校区凤凰
居9号楼（电话访谈）

亲历者简介：陈凯，四川成都人，1997年7月出生。2018
年本科毕业于四川大学考古系，2021年硕士毕业于山东
大学考古与博物馆学系，现为山东大学考古学院博士研
究生在读。在学期间参加了云南剑川海门口、青海民和
喇家、山东邹城邾国故城等遗址的发掘与整理工作。

陈凯与我虽在同一学校山东大学求学，但由于处于不同校区，相隔千里，在来二里头之前我们均未听说过对方。2020年夏天我到二里头进行田野实习，那是我第一次见到陈凯。我和陈凯是工地实习学生中"唯二"的男生，我们都属于喜欢聊天吹牛的人。在三个多月的田野实习中，我们朝夕相处，成了很好的朋友。

陈凯活泼外向，善于与人相处，他的幽默风趣总能带给大家很多欢乐，他常常几句话就能把工地的老师、阿姨与同学们逗得捧腹大笑，素有工地"交际花"之称。夏天的夜晚，二里头考古遗址公园里几乎每晚都有好几套露天KTV设备，有些是免费供大家唱的，其他的即便收费也就两三块钱一首。陈凯很喜欢唱歌，每次队里面有人出去唱歌，其中必然有他。有些歌他其实不会唱，但看到有同学唱，他便也拿起话筒跟着模仿。有一次队里面组织大家一起去KTV唱歌，他积极响应，带头冲向KTV。在包间里，他点了一首《我要跳舞》，此歌大部分人都没听过，但歌词跳脱、旋律简单且易上头，导致几乎所有人都跟着哼唱了起来。奇葩如他，竟在包间里一边唱一边跳起舞来，舞蹈虽毫无章法，却滑稽好玩儿，引得大家哈哈大笑。除了唱歌，陈凯喜欢的东西还有很多，滑板、

2020年，陈凯在二里头发掘工地刮面

篮球、羽毛球这些运动都是他每天下工之后的活动选项,我的滑板就是在工地时他教会的。我很佩服他超强的社交能力,也羡慕他丰富多彩的生活,感觉他总是很快乐。

在发掘期间,每次到陈凯的发掘区域,他总会主动给我讲解他的发掘收获。他不是简单地介绍发掘到了哪些遗迹,而是结合遗址谈他对很多问题的认识,包括器物来源与传播、遗迹布局结构、古人意识形态等。他的发掘技术进步很快,刚来的时候,他跟我一样对二里头的遗迹堆积情况脑中一片空白。不过,实习没多久,他已经能够独自看管二三十米长的大探沟,对大家都犯怵的路土和夯土,他也基本具备了辨识能力。工地的几位老师对他的进步赞不绝口,都夸他非常聪明。

我很喜欢与陈凯聊天,除了学术,时事政治、影视娱乐、基金理财、奇闻逸事都是我们聊天的话题,我们明明都是一知半解,却聊得浑身是戏,仿佛大家都是"江湖百晓生"。记得一天傍晚,我和他一起去洛河看夕阳,在洛河岸旁我们聊到夜幕已深才往回走,回到工作队后,又坐在院里花坛旁继续聊,最后被成群结队的蚊子"赶"回了各自的房间,其时已星罗棋布。陈凯是钟情学术的人,他虽然才结束本科学习,却已读了很多书,且阅读面很广,除考古学的书之外,尤爱人类学、图像学、神话学的书。在工地发掘的时候,他常常会在包里带上一本书,发掘间隙便拿出来阅读,有时候就在烈日之下。他的好学常常让我感到羞愧,我与他年纪相仿时哪里读过如此多的书,与他的差距不可追也。与他谈论学术问题,我虽为师兄,但常怀求教之心,因而总有收获。

2020年那次田野实习之后,我和陈凯便未再见过,后来陈凯毕业,留在学校继续读博。我想他这样的人,确实很适合做学问,他的选择是对的。2021年冬天,在有了对二里头遗址实习学生进行访谈的想法后,我第一时间便想到了他,他给我留下的印象实在太深了。他的热情、活泼与快乐曾给我很深的感染。

采访者：陈凯你好，请简要介绍一下自己。

陈凯：我是四川成都人，本科就读于四川大学考古学专业，目前是山东大学考古专业在读博士。

采访者：当时读考古学专业是自己的选择，还是服从调剂的？

陈凯：是我自己的选择。高中的时候我历史比较好，又经常在电视上看类似"探索与发现"之类的节目，很向往探索和发现未知的过程。另外，我读高中时百度贴吧比较流行，我也喜欢逛，当时我知道吉大考古比较厉害，于是关注了吉大考古吧。在贴吧里，我经常和一些学考古的、喜欢考古的人互动，很有意思，这也促使我后来选择学考古。

采访者：为什么没有选择去吉林大学读考古？

陈凯：真正到填报志愿时我有些犹豫了，因为吉林离四川实在太远了。后来我了解到四川大学也有考古学专业，而且也很不错，于是就报了川大考古专业。

采访者：你的父母怎么看你的专业选择？

陈凯：填报志愿的时候，我没跟父母商量，直接填了考古专业。我爸知道后让我哥劝我选择经济方面的专业，说是未来更好就业。不过我的性格比较倔强，我告诉父母我喜欢这个专业，如果就业不好也是我自己的事。父母看我态度比较坚决，最后就选择了支持。

采访者：大学学习考古后，考古跟你的想象有什么不一样吗？

陈凯：大一的时候我在历史学基地班学习，大二的时候进行专业分流，我选择了考古专业。经过系统的专业学习之后，我感觉还是很不一样的。一开始我不了解这个专业，觉得考古基本上是与古代墓葬打交道，主要工作就是挖墓。通过上课和田野实习之后我才知道，田野考古不仅需要清理墓葬，还有各类遗址，与古人生活息息相关的各类遗存都需要研究。尤其参与本科田野实习之后，我才真正深入了解了自己所学的专业，并产生了浓厚的兴趣。

采访者：你第一次来二里头实习大概是什么时候？为什么会想到来二里头？

陈凯：来二里头的时间，我记得应该是2020年4月15日。当时因为疫情我被困在家里很长一段时间，有些烦躁，而学校也没法正常开学。于是等到疫情没那么严重的时候，我从成都跑到西安和洛阳去逛博物馆以及参观考古遗址。中途我接到学校通知，告知我们会继续延迟开学。然后我问导师王青[1]老师有没有一些工作任务安排，老师说并没有。于是我告诉老师，如果没有什么任务，我想找个考古工地去实习。王老师一开始推荐我去小清河那边的一个基建考古工地，但我个人不想去基建工地，而想去大遗址见见世面，我就请老师帮我推荐到二里头遗址实习。王老师跟领队赵海涛老师关系不错，相互很熟悉，于是在王老师推荐下，我4月中旬来到了二里头遗址，随后便参与了田野发掘，算是很幸运的。

采访者：你一开始就想到二里头遗址发掘吗？没有考虑过其他大遗址？比如殷墟遗址、丰镐遗址。

陈凯：选择来二里头有好几个原因。首先，我当时正好在洛阳参观龙门石窟，想着疫情期间不能再乱跑了，就打算在洛阳选择一个遗址来实习。其次，我听说我的同班同学贾楠楠在二里头，有熟人在，发掘起来不会那么孤独，也能更快融入考古队。再者，二里头遗址神灵考古是我的导师王青老师的研究领域，去二里头遗址可以借机看看实物，以便熟悉老师的研究方向，更好地寻找自己的研究兴趣。最后，我本科时就很崇拜许宏老师，读过许老师的好几本书，对书里描述的二里头遗址一直心向往之。

采访者：在来偃师之前，你对于二里头遗址有着怎样的想象？

陈凯：我首先想到的是二里头遗址作为"考古中国"的重点项目，工作

△ 2022年，陈凯（左）和导师王青

队的生活与工作条件应该是相当不错的。另外二里头遗址有夏都之称,地下埋藏的遗迹与遗物一定不可胜数,可以帮助我们解开历史谜团。而且来遗址之前,我已经看了二里头的两本考古报告,恶补了一下相关知识,对二里头的重要性与神秘性还是有一定了解的。

采访者:刚到二里头时心情如何?

陈凯:初到时我的心情是难以抑制的激动兴奋,因为终于到了考古圣地。但同时我想到二里头遗址是一个大型都邑遗址,遗迹肯定特别复杂,我担心自己田野水平不够,可能会拖考古队的后腿,内心十分惶恐。总之,心情很复杂。

采访者:来到了二里头遗址后,你对二里头村的第一印象如何?

陈凯:巧的是,我到二里头的第三天就赶上了村上大集,大集人很多,周边其他村的人也会来赶集,售卖的商品很丰富。二里头村里有很多超市,购买食品和生活用品都比较方便。我们南方的村庄都比较小,一般的集市不会像二里头村这样热闹,像这样规模的集会,只有镇上才有。总的感觉是二里头村人丁兴旺,挺繁华的。来到二里头村一段时间后,跟工地的民工大叔和阿姨们相处久了,我感觉他们特别朴实热情。

采访者:在来二里头遗址发掘之前,你参加过哪些遗址的发掘? 你觉得二里头遗址的发掘同你以往的发掘相比有什么不一样?

陈凯:在来二里头遗址之前,我其实并没有参加过太多遗址的发掘工作。本科期间我只参加过云南剑川海门口和青海民和喇家遗址的发掘和整理工作。这两次田野实习之前,我对田野发掘没有什么概念,本科实习时候是在老师的指导下进行发掘,经手的遗迹类别比较单一,基本只有灰坑。以往发掘我只顾着自己探方的发掘工作,基本没有什么整体意识。总体来说,我的田野发掘经验比较欠缺,来二里头遗址发掘属于"摸着石头过河"。

采访者:不过,你在其他遗址的发掘和整理经历,对你在二里头遗址的实习肯定有很大帮助吧?

陈凯:确实有很大的帮助。在此前两次发掘和整理工作中,我上手拼对了不少陶片,对这些遗物的器型、年代与所属文化相对比较熟悉。另外,通过手绘器物图,我对器物的整体感知增强了不少,能关注到器物的很多细节。因此,来到二里头遗址后,我在辨识陶器器型与断定年代方面上手比较快。

采访者:你感觉二里头遗址的发掘工作与你去过的其他遗址有何不同?

陈凯:首先,二里头考古队的人才队伍比较完整且强大,发掘、钻探、摄影、绘图、修复等各项工作都有专门的人负责,负责发掘的人员只需要专心地进行遗迹的辨识、发掘与记录就可以了。因此,不仅发掘工作相对轻松,发掘的质量也能够得到保证。其次,二里头遗址的发掘工作做得比较细致,科技考古的含量比较高,基本上所有的遗迹都实现了三维建模,遗迹图不用现场手绘,而是有专门人员用软件绘制,这样能够记录和保存下来的田野资料信息更全面,遗迹图数据和线图也相对准确。我记得我第一次参加田野实习时,由于是初学者,在最后整理资料时发现不少遗迹都忘记了拍开口照,显然这样的问题在二里头根本不会出现。二里头考古队的特点是在发掘过程中做到最好,绝对不把问题留到整理时。

还有一个比较大的不同是探方布设,我过去实习发掘都是负责一个5米×5米的小探方,来到二里头之后,赵海涛老师给我分配的是个长20多米、宽2米的长探沟。我一开始搞不明白为什么要设置长探沟,后来问了海涛老师,才知晓其中缘由。原来海涛老师的发掘目的是搞清楚二里头遗址的聚落布局,而长探沟是最容易通过最少的发掘量实现这个目标的。一个长探沟很容易囊括很多个遗迹类型,尤其有利于把墙垣、道路这类大型遗

△ 2020年夏,陈凯(右二)和其他实习生一起在工地跟赵海涛队长(画线者)学习判断遗迹

迹框进去,效果绝对是立竿见影的。

采访者: 挖长探沟感受如何?

陈凯: 由于长探沟很窄,只有2米,所以发掘过程中我基本上很少能够清理出一个完整的遗迹,每次挖到的都是遗迹的一小部分。这样的话,要想搞清楚遗迹的分布、走向、打破关系就十分困难,我在发掘期间时刻提醒自己要平剖面结合。二里头遗址长探沟的发掘经历对我的田野发掘能力提升特别大,对我以后的成长也会有很大帮助。

采访者: 遇到困难,一般怎么解决?

陈凯: 刚来队里的半个月,我在田野上几乎是蒙的。起初面对探沟,我完全画不出遗迹线,勉强画出后也感觉不对劲。幸好那段时间王宏章老师在我附近负责另一个长探沟的发掘工作,于是我每天找他帮忙,每天都要问好多问题。王老师有问必答,他的田野功力是真的深厚。记得有一次我发现了一个遗迹的小角,形状近方形,我怀疑是一座汉墓,王老师肯定了这一看法,让我继续向下清理。可是清理着清理着,遗迹剖面变成了袋状,我感到很疑惑,不敢向下做,王老师刮了剖面后,认为这应是一个穹隆顶的墓葬,已经初步坍塌,让我大胆往下清理,等我清理到遗迹底部,发现它果然是一个已坍塌的穹隆顶墓葬。那次之后,我对王老师的田野工作能力佩服有加。

采访者: 你本科实习的遗址在发掘与整理方面,有没有比二里头遗址做得好的地方?

陈凯: 当然也有一些。我本科实习的遗址基本都是学生在发掘,老师全程跟着指导,学生们发掘比较细致、谨慎,对遗物的出土场景记录得非常仔细,用来进行科技检测的土样提取也非常多。参与二里头遗址发掘的学生相对较少,在记录方面相对差了一些,不够详细。另外,二里头考古队缺乏文物保护方面的技术人员,在考古现场对一些脆弱文物的保护有待提升,比如漆器的提取与保护。而我本科时的实习工地有专门做文物保护的老师,这方面做得要好一些。

不过话说回来,这跟遗址所处的自然地理环境有很大关系,我本科实习的遗址在云南,那里地下水位比较高,很多遗物都处于饱水环境中,保存得比较好,提取与保护相对容易些。相反,二里头遗址处于黄土地带,一些有机质文物保存得不是很好,保护难度大了不少。

采访者: 科技考古方面能具体说说差别在哪儿吗?

陈凯: 我们本科实习的时候,土样是学生自己取的,取的时候有侧重点,具体位置会重点记录和测绘。而二里头遗址由于人手不足,多数情况下都是让民工取,相对不那么严谨,记录也不那么详细。

ᚚ 2017年,陈凯在云南剑川海门口遗址做测绘

采访者: 来到二里头之后,你对二里头考古队的工作和生活安排习惯吗?

陈凯: 在二里头遗址实习最大的好处,莫过于晚上只需完成白天的发掘日记就可以了,剩下的时间可以自己支配,没有其他工地那些相对繁多的喝酒和应酬。因此,我经常在晚上和队里的同学们一起打篮球、唱歌,也有不少时间看自己喜欢的书。整体而言,在队里的日子比较安逸放松。

采访者: 有没有不太习惯的地方?

陈凯: 当然也有不少。第一个就是北方夏天下雨实在太少,有时候一两个月都不下一场雨,空气又干又热,鼻子会不舒服。其次,我是个南方人,从小吃米饭长大,而二里头所在的河南吃米饭很少,基本上一个星期才有一次米饭,经常是喝汤吃饼。但我喝汤吃饼总感觉吃不饱,每次吃完中饭,到下午三四点钟我就饿了。二里头队伙食虽不错,但很少吃鱼,我待了几个月也没吃上几次鱼,当时特别想念家乡的各种鱼。

采访者: 对二里头队的住宿条件还满意吗?

陈凯: 非常满意。我来得比较早,所以分到了一个单人间,有卧室,有独立卫浴,还有一个小客厅。毫不夸张地说,这是我迄今为止在考古工地住过最好的宿舍。

采访者：你在二里头的休闲娱乐活动通常会怎么安排？

陈凯：一般情况下，队里每天下午6点15分吃晚饭，饭后我一般会去工作队驻地对面的广场打篮球，或者去遗址公园散步、滑滑板。夏天的夜晚，遗址公园里有露天卡拉OK，而且有的是免费的，队里的学生经常和技师们一起去那里听歌、唱歌。起初遗址公园里还有夜市，有各种好吃的、好玩儿的，我们也常去逛。后来，大概是为了保护公园里的环境，不允许摆摊了，夜市就消失了，我们也少了不少乐趣，想想还挺遗憾的。

采访者：能谈谈你对二里头队几位技师的印象吗？

陈凯：二里头队的技师们可以说是个个身怀绝技。我到工地之后主要是跟着王宏章老师，对他相对比较熟悉，我特别佩服王老师的田野能力。我曾经跟导师王青聊起过宏章老师，王青老师说宏章老师是他见过的技师里面比较厉害的，在山东很少能找到田野考古能力如此出众的技师。宏章老师平时话不多，喜欢身体力行，我在田野发掘时天天请教宏章老师，他多是从整个发掘区的情况来分析遗迹，并指导教我刮面、画遗迹线，没有大话、空话。

王丛苗老师在我来实习的时候主要负责钻探，所以接触得少一些。丛苗老师是绘图大神，二里头报告中大部分的器物图都是丛苗老师绘制的，我跟她学了不少器物绘图的知识。丛苗老师跟宏章老师最大的不同点是她比较喜欢与人交流，我平时会拿着陶片去问她类型、期别的问题，她总是跟我讲得很细致，会把某一类器物各期的特征都跟我说一遍。

郭淑嫩老师我接触得更少，但是后来我整理发掘记录时参考的就是郭老师以往的记录，郭老师的发掘记录非常准确、简练，让

二里头工作队驻地对面的"地标"（晓尘摄）

△ 2020年夏，二里头工作队"全家福"

我收获颇丰。

剩下几位年轻的技师，比如朝鹏哥、静玉姐、晓真姐，都给了我很多帮助，我的AI制图、三维建模技术就是从他们那里学的。二里头考古队虽然人不算多，但各有绝技，配合起来绝对是无敌的。

采访者：你对考古工地的民工阿姨、民工大叔们的印象如何？

陈凯：工地上90%是阿姨，大叔比较少。工地上的阿姨们说的都是洛阳本地话，起初我根本听不懂，完全处于蒙圈状态，大概半个月后，她们说的话我就基本能理解个大半了。二里头的民工阿姨在工地的表现可以用"专业"二字来形容，因为长期在考古队工作，她们在工地会自己取土样，而且刮面刮得也特别好，挖到了小件都能辨识出来。有些阿姨特别神，甚至能帮我画遗迹线，在挖土的时候会自觉提醒我土质、土色、包含物已经发生了变化。如果不是在二里头这样长期进行考古工作的遗址，我们基本碰不见这样一群相对专业的民工阿姨。她们还特别热情，休息的时候总是笑呵呵地跟我聊天，她们会跟我谈二里头遗址的某个区域以往有过什么样的发现，谈她们对二里头考古意义的看法,也会聊一些家长里短。总之我们之间相处得非常融洽。

采访者:有没有一些令你非常难忘的事?

陈凯:有不少。在工地发掘的时候我认识了一位阿姨,有一次我跟她聊到二里头发掘史的问题,她告诉我,她小时候住在圪当头村,就经常看见考古队发掘;80年代她上初中时,曾去大冢那里看了考古队发现的贵族墓;2002年她来二里头队参加发掘工作,一直坚持到现在。据说她家的田地里也挖出过一座非常重要的贵族墓。她说起这些事很稀松平常,从她出生到上学,到工作、成家,再到退休、老去,她的一生与二里头遗址相伴。对于这件事,我当时感触很深,她自己可能并没有意识到她与二里头考古队有如此深的联系。

采访者:有没有让你感觉特别温暖的事情?

陈凯:有许多,我就说一件吧。我来到二里头遗址之后不久,田里的小麦快熟了,那时候我看到很多阿姨会带着一个塑料袋,在上工之前或者下工之后去田里摘麦穗,然后用手把麦穗揉碎,吹去秕壳。我家乡那边只种水稻,很少见到小麦,我对阿姨们的行为感到很好奇。阿姨解释说,这种发青的麦子拿回家炒一下,就可以直接吃。我第一次知道麦子居然可以不用磨成粉就直接吃,不禁满脸的疑惑。可让我没想到的是,下午上工时,一位阿姨就带了一大袋子炒麦子送给我吃。我至今还记得那袋炒麦子的味道,很清香,糯糯的且很有嚼劲,很好吃。我其实就是随口一问,没想到阿姨却记在了心上,让我感觉特别温暖。

︿难得的放松。2020年夏,赵海涛、孙丽萍、陈凯、张飞、李怡晓(左起)在洛阳新安龙潭大峡谷

采访者：你同考古队里其他的实习学生相处得如何？有什么难忘的事吗？

陈凯：同学之间相处得十分融洽。白天发掘的时候，由于发掘区很分散，大家都见不到面，但一到晚上我们就聚在一块儿活动起来了。有时候，我们会在队里交流各自发掘区的重要发现，谈谈自己的认识；疫情期间学校会线上授课，网络上的公开讲座也很多，所以我们在这方面交流很多。休息放假时，我们会组织一起出去吃饭、撸串、爬山之类的。至于难忘的事，我记得是7月中旬，工地出了一些非常重要的文物，当时队里的同学都非常自觉地守在工地，中午都是轮流替换着回去吃午饭的，吃完饭又都回到工地守着。那时候天气很热，大中午又容易犯困，但大家都有一股自发的责任感和一颗同甘共苦的心，说好一起守护文物便一块儿守着。

采访者：队里的两位领队老师对你有什么影响吗？

陈凯：我去实习的时候，因为疫情许宏老师不在队里，我和赵海涛老师接触比较多。赵老师是一个不善言辞的人，平时比较严肃，偶尔会透露出一些幽默感。赵老师很喜欢逗猫，队里的同学们都觉得他比较有爱心。另外，赵老师作为田野领队，非常负责，每天按点去各个发掘区查询发掘进度与质量，并给一些重要的遗迹现象提出合适的发掘方案。赵老师还会抽时间将二里头遗址历年的重要发现、未来的发掘目标与思路，以及与二里头遗址有关的重要学术问题传授给我们，不让我们打无准备、无目的之战。赵老师对学生提的问题可以说是知无不言，言无不尽。总之他对学生特别好。

采访者：赵老师会在田野发掘方法上指导你吗？

陈凯：指导了很多。举个例子来说，初到二里头遗址发掘的时候，我根本辨识不出来路土。一次我问赵老师路土怎么辨识，老师当时没有说话，只是随手在我们踩过的土路上挖了一块土，掰碎了让我看，告诉我那种类似千层饼、非常致密的堆积就是路土。赵老师曾经把一块夯土掰碎，让我看夯土的剖面特征，体会夯土与路土的区别。后来我每次碰到那种非常致密的土，都会学习赵老师的方法，找一块掰开来仔细看，然后断定它是路土还是夯土。这一方法非常实用，让我受益匪浅。

采访者：在二里头的田野发掘过程中，有没有令你激动且难忘的瞬间？

△埋藏在泥土中的绿松石碎片(李文博摄)

陈凯:我想起了两件事。第一件是在我负责的探方的一个灰坑中发现了几片绿松石片。绿松石片打磨得非常光滑,方方正正的,切割得非常薄,跟镶嵌绿松石铜牌饰上的绿松石片基本上一模一样。我的导师王青就是研究镶嵌绿松石铜牌饰的,所以我对绿松石也非常感兴趣,在这样一个普普通通的灰坑中居然发现了这么珍贵的绿松石片,简直让我激动不已。还有一件是目睹了一座二里头贵族墓的发掘,那是我第一次见到二里头文化时期的青铜爵、青铜盉,也是我第一次在田野中看到青铜器出土。我抱着提取出来的青铜器回工作队的时候,一直提醒自己,这可是中国最早的青铜礼器啊,我的双手都在发抖,生怕出现任何意外。对我来说,这两段经历是终生难忘的。

采访者:在二里头遗址的田野发掘经历,是否坚定了你以后继续从事考古工作的信心与决心?

陈凯:毫无疑问是的。我在二里头遗址遇到了海涛老师、宏章老师、丛苗老师这些优秀的考古人,并得到了他们的指导,我感到非常幸运。他们从20多岁开始扎根田野,数十年如一日耕耘在黄土地上,把二里头都邑的本来面貌一点一点地揭示给社会大众。他们这种坚毅的精神给了我很大鼓舞,坚定了我以后继续从事考古工作的决心。

采访者:这段经历,对你日后的研究会产生怎样的影响?

陈凯:二里头遗址是我国大遗址发掘的典范和标杆,这次在二里头遗址的实习让我受益匪浅。在田野发掘时我就在想,如果以后我有幸当了考古领队,面对一个大遗址,我该怎么去发掘。二里头遗址的发掘经历,让我明白了大遗址在考古发掘前,应该怎样规划、怎样做,才能搞清楚遗址年代、遗址布局,获得最多的历史信息。

采访者: 这段实习经历,对你的研究方向选择是否会产生影响?

陈凯: 我硕士论文写的是后石家河文化玉器。来二里头之前,我在二里头考古报告中发现了一件鹰形玉笄,有学者说它受到了南方后石家河文化影响,当时我对这个点很感兴趣,并准备深入研究。到二里头后,我经常去参观二里头夏都遗址博物馆,展厅中的一座贵族墓引起了我的注意,那座墓出土有一件类似的玉笄。回去后,我问了赵海涛老师这件玉器出土时的情形,他透露近些年发掘的贵族墓中这类玉器十分常见。那么问题来了,这类玉笄是后石家河人带过去的,还是对中央王朝的纳贡,或者是二里头的玉器工匠自己制作的? 这是一个值得讨论的点。这段实习经历让我对二里头文化与南方文化的关系产生了更大的兴趣,所以敲定了后石家河文化玉器作为硕士论文的选题,希望能在这个问题上形成自己的认识。可以说,在二里头遗址的发掘经历,对我的研究兴趣及论文选题有着很大影响。

采访者: 谈谈你对博物馆的评价。

⌃二里头夏都遗址博物馆展出的陶器

陈凯：实习期间，我曾多次去二里头夏都遗址博物馆参观。总体感觉是这座博物馆真是考古研究人员的天堂，但它实在是太过于学术了，可能对普通观众不太友好。它的第一展厅展出的是比二里头遗址更早的龙山时期遗址的考古发现，比如瓦店遗址、王城岗遗址、禹会村遗址，目的在于说明二里头文化的来源，而且展览列出来文献中关于夏王朝的记载，暗示二里头遗址是夏都的可能性。第二展厅主要展示二里头遗址的考古发现，以此说明二里头遗址以往的辉煌以及二里头文化的特征。第三展厅展出的是与二里头遗址同时期的一些遗址，可能是借此说明二里头遗址的影响力以及与其他遗址之间的关系。第四展厅展示的是二里头遗址多学科的研究成果，包括植物考古、动物考古、环境考古、玉石器考古等，为了让我们理解二里头遗址形成的自然环境背景。最后一个展厅展示的是二里头遗址的发掘史，对二里头遗址做出重大贡献的考古学家，并且详细地介绍了夏商周断代工程的背景、历程与成果。

我感觉，参观二里头夏都遗址博物馆，就像在看《二里头（1999—2006）》这本大报告，作为一个考古专业的学生，我都觉得这个展览设计太学术化了。另外，我想说展览中关于二里头遗址与夏都关系的介绍有一点大胆，我认为是不是应该更保守一些？毕竟还缺少证据。不过，博物馆的文创、观众互动环节的设置都做得特别好，值得推荐。

采访者：你认为博物馆的布展专业性太强，普通观众可能看不太懂。

陈凯：我感觉这个展览更像是一个考古学家做的，其实展览应该做得更加大众化一些。另外，展览不应该让观众形成一种固定的认识：二里头遗址就是夏都，这里展示的东西就是夏王朝的遗物。我觉得这样不太好。这个博物馆应该告诉观众二里头遗址丰富多彩的考古发现及其学术意义，至于二里头是不是夏都，应该由观众自己去思考。

采访者：既然谈到了二里头遗址是不是夏都的问题，请你再详细说说你的看法吧。

陈凯：如果结合文献记载来看，二里头遗址无论从年代还是地理位置上来说最有可能是夏都的遗址。二里头遗址是当时整个伊洛河之间面积最大、等级最高的遗址，二里头文化是同期中国大地上最发达的文明之一。二里头遗址出土了中国最早的青

▲ 二里头出土青铜礼器：鼎、爵、斝、盉（从左至右）

铜礼器群、最大的绿松石器，还有令人叹为观止的都邑布局模式。但是真正要说二里头遗址是夏都，我感觉还没到时候，或者说这是个仁者见仁智者见智的问题，主要看个人对于文献的理解和信任程度。就目前的发掘情况而言，考古学家应该是没有绝对的把握的。二里头遗址只能说是最有可能，或是最接近夏代晚期的都城遗址，但由于缺少文字，也未发现王族墓地，所以还不能确定，还有待继续探索。

采访者：二里头遗址这些重大发现中，你觉得哪一项是二里头人最伟大的创造？

陈凯：我个人认为最重要的是青铜铸造技术的出现，即二里头人成功铸造出了青铜礼器。二里头人创造出来的鼎、爵、斝、盉等成套青铜礼器影响实在太深远了，是后来商、周王朝青铜礼器的核心器物，直至明清时期，我们的孔庙里还供奉有鼎、爵等青铜器。而这类青铜礼器在二里头文化之前是完全不存在的，二里头文化时期才真正奠定了中国青铜礼制的基础。

采访者：那么它的都城布局模式呢？

陈凯：二里头遗址宫殿布局，比如九宫格的布局，1、2号宫殿所在宫殿区的居中，一门三道的设置，也具有很大创造性，对于我国后来的城市布局具有比较深远的影响。

采访者：在你看来，未来二里头遗址的考古工作亟待解决的问题有哪些？

陈凯：我希望尽早地推动二里头遗址的申遗工作，如果二里头遗址申遗成功，肯定有利于将来的发掘与研究。至于亟待解决的问题，我觉得第一个是二里头遗址的面积到底是多少。这一问题现在还未解决，二里头遗址的边界还不清晰，现在所说的300万平方米的面积只是初步勘探的结果。第二个问题是二里头遗址边缘区的情况，人群构成情况，内部布局、生产生活等具体是什么样子的。现在我们的考古工作主要是在宫殿区及其周边，对于遗址边缘区所做的工作不多，我认为只有把边缘搞清楚了，才能真正理解位于中心的宫殿区。第三个问题是二里头遗址考古资料发布的问题，二里头队的资料发布还是比较慢的。虽然二里头遗址1999—2006年的发掘资料已经全面公布了，但此后历年二里头遗址都有考古发掘工作，公布资料的年份还有些少，无论是简报和大报告都应该加快出版进度。第四个问题是二里头工作队缺少文物保护方面的人员，未来应该引进这样的人才，加强考古发掘的现场保护，提高实验室清理的质量。最后，遗址的安全问题要重视起来，加强遗址的巡逻工作。

采访者： 你觉得二里头考古遗址公园设计得如何？

陈凯： 在我所去的遗址公园中，我最喜欢的是良渚遗址公园，有山有水，也有重要遗迹的展示，整体体验特别棒。至于二里头考古遗址公园，整体的设计不错，不过我总觉得它缺少一些东西。比如缺少一些能够给游客带来现场感的设计，没有通过展示让游客了解到考古学家是如何从土中找出宫殿、城墙、道路、车辙的。它的展示实际上挺难让人想象当时的遗址布局是怎样的，或许只有考古学家能够看明白。另外，青铜器作坊、绿松石作坊实际就放了一个牌子，没有展示出什么东西。我的总体感觉是，二里头考古遗

⚐二里头考古遗址公园一角（晓尘摄）

址公园地面上能够给游客看的东西不多。我觉得可以参考良渚遗址公园，那里有展示莫角山的建筑，对贵族墓地进行了复原，二里头遗址公园也可以学习和借鉴啊。

采访者：你马上要毕业了，之后有什么打算？

陈凯：我应该会留在山东大学继续跟导师王青老师攻读博士，未来的研究方向应该是神灵考古或盐业考古。不过神灵考古比较难，我做盐业考古的可能性更大。

采访者：你以后还会再来二里头吗？

陈凯：一定会。我跟二里头工作队的老师们以及民工叔叔阿姨们相处得都很好，和他们在一起，我感觉很快乐，我很想念他们。另外，我上次去二里头侧重于田野能力的学习，对学术问题思考比较少，下次再去二里头，我希望带着问题去，如果能在二里头遗址思考出一两个问题，形成一篇小文章，自然是最好的。

采访者：希望接下来你的学业计划顺利完成。谢谢你的回答，辛苦了。

陈凯：不客气。谢谢师兄。

注释

1. 王青，1967年生，山东威海人。1990年毕业于山东大学历史系考古专业，1990－1996年在吉林省文物考古研究所工作，1996－1999年在吉林大学考古系获得博士学位。2000年至今任教于山东大学考古学院。主要研究方向为夏商周考古、盐业考古、神灵考古、环境考古。曾主持或参与河南博爱西金城、鹤壁刘庄，山东邹城邾国故城等遗址的发掘。代表作有《海岱地区周代墓葬与文化分区研究》《环境考古与盐业考古探索》《远方图物：早期中国神灵考古探索》等。

≪俯瞰二里头遗址

1959 年

● 中国科学院考古研究所徐旭生一行在豫西调查"夏墟"时发现二里头遗址。徐旭生撰写《1959年夏豫西调查"夏墟"的初步报告》一文,拉开了以考古学探索夏文化的序幕。

● 中国科学院考古研究所洛阳发掘队赵芝荃、高天麟对遗址进行复查。

● 洛阳发掘队首次对遗址进行试掘,找到了从龙山晚期到商代早期连续发展的文化堆积。

● 赵芝荃任中国科学院考古研究所二里头工作队队长。

1963 年

● 洛阳发掘队在二里头遗址进行发掘,发现了坩埚残块、铜渣、残陶范及陶窑等遗存。

● 徐旭生考察二里头遗址。

● 二里头遗址成为省级文物保护单位。

1964 年

● 洛阳发掘队队员参加"四清"运动,二里头遗址的田野工作中断。

1967 年

● 圪当头大队第十四生产队在其村北挖出一组玉器,这是二里头遗址首次出土成组玉器。

1973 年

● 圪当头村村民郭振亚发现二里头遗址首件青铜礼器——铜爵,随即上交二里头工作队。

1975 年

● 二里头遗址出土1件七孔玉刀。

1976 年

● 在二里头遗址1号基址以东,发现长度逾200米的大路,为此后宫殿区井字形大道的发现提供了最初的线索。

1977 年

● 中国社会科学院成立,该院考古研究所二里头工作队继续发掘二里头遗址。1号宫殿基址已全部发掘完毕,2号宫殿基址轮廓已基本显露。

1980 年

● 郑光任中国社会科学院考古研究所二里头工作队队长。

● 二里头遗址出土2件玉牙璋。

1981 年

● 二里头遗址首次发现镶嵌绿松石兽面纹铜牌饰。

1983 年

● 在二里头遗址发现并发掘了3处属于二里头文化的铸铜作坊。

1987 年

● 在二里头遗址发现可能出自墓葬的铜鼎、铜斝等青铜礼器。

● 二里头工作队开始在二里头村建设驻地。

1988 年

● 二里头遗址成为全国重点文物保护单位。

1989 年

● 二里头工作队为时任二里头村支书、全国人大代表王中岳代笔了《建设二里头博物苑建议书》。该方案后成为正式提案提交全国人民代表大会。

1995 年

● 郑光主编的《二里头陶器集粹》出版，公布了二里头遗址出土陶器500余件。

1999 年

● 许宏任中国社会科学院考古研究所二里头工作队队长。

● 二里头遗址首部考古报告《偃师二里头（1959年—1978年考古发掘报告）》出版，对研究夏代文明、国家起源、早期都城有重要的参考价值。

2001 年

● 时任河南省省长李克强考察二里头遗址。

● 在二里头遗址宫殿区发现3条垂直相交大道,遗址中心区道路网络系统初步探明。

● 二里头遗址被评为"中国20世纪百项考古大发现"之一。

2002 年

● 二里头遗址贵族墓出土绿松石龙形器。

2003 年

● 二里头遗址发现宫城东北角,确认了宫城的存在。

2004 年

● 二里头遗址的考古发掘与研究工作,正式纳入"中华文明探源工程"。

● 二里头遗址宫城以南发现更早的夯土围垣,确认了大型围垣作坊区的存在。

● "二里头遗址宫殿区"入选"2004年度全国十大考古新发现"。

2005 年

● "中国·二里头遗址和二里头文化国际学术研讨会"在河南偃师举办。

● 杜金鹏、许宏主编的《偃师二里头遗址研究》出版。

2006 年

● 杜金鹏、许宏主编的《二里头遗址与二里头文化研究》出版。该书收录了"中国·二里头遗址和二里头文化国际学术研讨会"数十篇论文或提要。

2008 年

● 《赵芝荃考古文集》出版。该书选编了赵芝荃关于二里头遗址与二里头文化研究的主要论文。

● 第一任队长赵芝荃被授予"偃师市荣誉市民"称号。

2009 年

● 许宏著《最早的中国：二里头文明的崛起》出版。该书以二里头遗址为切入点，系统地阐述了东亚历史上最早的广域王权国家的形成与发展等问题。

2010 年

● 在二里头遗址宫殿区北部发现1号巨型坑。该坑曾在二里头文化早期作为取土坑与祭祀坑，对于认识二里头都邑的营建历程与祭祀制度具有重要意义。

2013 年

● 赵海涛任中国社会科学院考古研究所二里头工作队副队长。

2014 年

● "纪念二里头遗址发现55周年学术研讨会"在北京举行。

● 《二里头（1999—2006）》出版。该书创下当时国内考古学界遗址类考古报告规模最大、参与编写者人数最多、参与学科最为齐全的历史纪录，并入选"中国社会科学院创新工程2014年度重大科研成果"。

2017 年

● 二里头遗址博物馆开工建设。

2018 年

● 国务院新闻办在"中华文明探源工程"成果发布会上指出,"以二里头遗址为代表的二里头文化,是中华文明总进程的核心与引领者,开启了夏商周三代文明",充分肯定了二里头遗址的历史地位。

● 二里头考古遗址公园开工建设。

2019 年

● 二里头夏都遗址博物馆、二里头考古遗址公园建成开放。

● "纪念二里头遗址科学发掘60周年国际学术研讨会"在河南偃师召开。

● 许宏、袁靖主编的《二里头考古六十年》出版。

2021 年

● 第三任队长许宏被授予"偃师区荣誉市民"称号。

● 赵海涛任中国社会科学院考古研究所二里头工作队队长。

2022 年

● "二里头都邑多网格式布局"入选"2022年度全国十大考古新发现"。

● 二里头考古遗址公园入选第四批国家考古遗址公园。

2023年

● 国家文物局在"中华文明探源工程(第五阶段)"最新成果发布会上指出,二里头遗址中心区的网格区域布局,"是二里头进入王朝国家的最重要标志"。这一表述,成为对二里头遗址历史价值的最新定义。

2024年

● 国家主席习近平在新年贺词中讲道:"良渚、二里头的文明曙光,殷墟甲骨的文字传承,三星堆的文化瑰宝,国家版本馆的文脉赓续……泱泱中华,历史何其悠久,文明何其博大,这是我们的自信之基、力量之源。"再一次肯定了二里头文化的重要性。

● 现任队长赵海涛被授予"偃师区荣誉市民"称号。

● 曹慧奇任中国社会科学院考古研究所二里头工作队副队长。

后记

2019年秋天我第一次来到"最早的中国"二里头遗址，当时恰是"纪念二里头遗址科学发掘60周年国际学术研讨会"即将召开之际。躬逢盛会，内心自是无比的欢喜与期待。

来到二里头的第一天，在考古队小院一层的整理室里，我见到了许宏与赵海涛两位老师。当时他们正在谈论二里头遗址考古发掘与研究的学术史，那些在中国考古学史上赫赫有名的老先生的名字再次回荡在我的耳边，如此熟悉。正在此时，赵老师突然感叹二里头考古队留下的影像与文字资料太少，尤其缺少关于"人"的材料。那些曾经主持或参与二里头遗址发掘与研究工作的考古学家，在口耳相传中，在各种纪念文集与文章中，总归还是留下了一些故事的，让我们可以想象他们的个性与风采。然而，那些为二里头遗址发掘做出过不可磨灭贡献的技师、民工、村民却几乎未留下只言片语。这使二里头遗址考古史显得有些残缺。许老师也有同感，他随即谈起了石璋如先生，并说自己真的很佩服石先生，在动荡不安的社会中，在繁重不堪的发掘任务之余，石先生竟以常人难以想象的毅力完成了400余页的《殷墟发掘员工传》。自1931年到1937年抗日战争全面爆发，石先生一共在殷墟遗址参与15次发掘，在这段时间里，他与当时的挖土工人们朝夕相处，结下了深厚的、可以信赖的感情。在日常的交谈中，工人们把自己的故事坦诚地告诉了石先生，而有心的石先生便利用公余时间，将这些发掘员工的故事记录了下来，由此形成了这样一本员工传。许老师说石璋如先生是了不起的人物，为殷墟留下了一部鲜活的、更加真实与完整的考古学史，而二里头则没有这般幸运。巧合的是，当时的我也正在读这本《殷墟发掘员工传》，听到此处感触颇深，对二里头遗址缺少这样一本传记感到很是失落。

也是在这间陶片整理室，许老师满怀遗憾地告诉我们，很多年前他曾经有过牵头组织为二里头考古队的技师、民工、村民立传的想法,后来因无人响应且当时他的工作过于繁忙而放弃了。多年过去了,许老师一直没有忘记此事,总想找个人来完成这本传记,为二里头考古队留下一些历史,为他的老朋友们留下一些故事。听完许老师的话,那一刻我心中萌生了一个念头,便是帮许老师完成他的念想,可随即我赶紧浇灭了这个念头。一来,我害怕此事费时费力,会耽搁自己的学业;二来也是更重要的,当时的我对二里头遗址与考古队基本一无所知,怎敢谈帮二里头考古队的队员与朋友们立传。参加完60周年纪念大会后不久,我便离开了二里头,此念在我心中只激起了一时的涟漪,随即作罢。

　　2020年春末,我再次来到二里头遗址,这次来的目的是参加遗址的发掘工作。本来一切如我想象的那样进行着,我重复着发掘、记录、整理的流程。直到一天晚上,二里头工作队的食堂里来了一位老人,打破了我原有的规划。这位老人便是郭振亚先生,二里头第一件青铜爵的发现者。在饭桌上,郭先生满怀深情地与我们谈起他与二里头考古队第一任队长赵芝荃先生之间如父子般的情感,与第二任考古队长郑光先生交往的种种往事。这些都是我从未听过的故事,让我第一次了解两位先生除了做学问之外的故事,对两位先生的印象也由此生动、亲切了许多。许宏老师再一次在饭桌上感叹,这些鲜活的故事随着时间的流逝,终将不会留下半点痕迹,二里头考古队那些优秀的技师、淳朴的民工以及那些与考古队息息相关的普通人也都会被渐渐遗忘。听到此处,我的内心受到了很大的触动,我当即举起桌上的酒杯向郭先生敬了一杯酒,感谢他让我听到了这样珍贵的故事。放下酒杯后,我跟许老师说,我愿意对这些人进行访谈,记录下他们与二里头的故事。就这样,一时冲动,我为自己接下了这项任务,而当时的我完全不知道这项工作会有多么麻烦。

　　2020年是我正式接触二里头遗址第一年,对于二里头的许多事情都茫然无知,每天都在忙着补习功课,访谈的事情暂时搁置。直到2021年夏天第三次来到二里头遗址,我下定决心要完成此项任务。这年夏天依然有着繁重的发掘任务,大多数情况下我只能利用晚上的时间编写访谈大纲,进行采访。我非常感谢这些"二里头队员",他们为了让我完成访谈的任务，放弃了休息的时间和我交谈至深夜。对于我所提的问题，他们总是知无不言，言无不尽，并且宽恕我一些具有冒犯性的提问。在访谈中，他们勤劳、坚韧、直率、善良、好学等美好的品质给我留下深刻的印象。他们每个人都有儿时的嬉闹、青年的迷茫、中年的沉淀、老年的平淡，也都在考古中留下了各自的"高光时"与"不朽事"。那些他们口中平凡且不值一提的故事，常常让我惊叹，让我感动。正因如此，在第一批9位老师访谈结束后，我在回校之后马不停蹄地开始了我的第二批访谈，最终完成这本小小的访谈录。

这本访谈录中所访谈的对象是与二里头遗址考古相关的"非著名考古人"，包括考古技师、基层文物干部、乡绅、民工。至于两位实习学生，则是在许宏老师的建议下加入的。许老师认为实习学生是考古界的一个特殊群体，他们或许来去匆匆，但也在遗址上留下了自己的汗水与奉献。或许多年以后，这些学生并未成名成家，甚至离开了考古这个领域，但他们曾经来过，就应该被记录，从而让"非著名考古人"这一群像更加完整。

我们这个学科对于物的关注向来远超过对人的关注，更何况是那些在考古工地上随处可见的技师与民工。他们在大部分人眼中只是普通人，是最容易被遗忘的群体。可没有普通人的历史是残缺的、是缺少力量的。而且，每一个叙事个体都生活在特定的社会中，当这些个体组成一个共同群体时，他们林林总总的人生经历一定会彼此相关，从而构建出关于一个领域的集体记忆。这些集体记忆何尝不是历史，何尝不是我们这些研究历史的人应该记录的内容！我想这便是编著这本书的一点意义所在。

在访谈录的编写过程中，我要感谢许宏老师、赵海涛老师的全程指导，最初的想法与许多重要信息都是由他们提供的。感谢二里头工作队的延朋姐、晓真姐、晨光哥、靖凡姐，在实习过程中，他们无私地帮助我，并为访谈问题的设计提供了许多灵感。由于毕业论文、家庭等种种原因，我不能对他们一一进行访谈，在此向他们说一声抱歉。感谢实习以来遇到的所有村民，他们给我带来了数不清的温暖与欢笑。他们淳朴、善良，正如赵海涛老师所说，他们是"全中国最好的村民"。感谢山东大学陈雪香老师，正是因为陈老师"听从己心,无问西东"的教育理念,我才有机会在读书期间寻出时间完成这样一本"闲书"。感谢爱人李文娟对采访与写作细节提出的建议。感谢翁昕、鲁紫璇、丁煜晖、孙慧琴、陈胤龙、云晓旭等师弟师妹在文稿校正过程中提供的无私帮助。感谢中国社会科学院考古研究所谷飞、朱岩石、吴海燕、卢亚辉,河南省文物考古研究院梁法伟,天津博物馆徐春苓,山西省考古研究院赵辉,武汉大学宋海超,宁夏回族自治区博物馆马越,二里头夏都遗址博物馆杨硕等老师,四川大学考古学院黄磊、山东大学文化遗产研究院赵孟坤、郑州大学考古与文化遗产学院王钧湛等好友,他们帮忙搜集了书中许多人物的生平信息。因为他们的帮助,许多曾为二里头遗址考古事业做出贡献的老师得以留下几行人生的足迹,而不至于被遗忘在历史的天空中。

2024 年 1 月 6 日

图书在版编目（CIP）数据

我在二里头考古／张飞编著. --郑州:河南文艺出版社,
2024.10

ISBN 978-7-5559-1690-1

Ⅰ.①我… Ⅱ.①张… Ⅲ.①考古工作-人物-列传-中国
Ⅳ.①K825.89

中国国家版本馆 CIP 数据核字（2024）第 099344 号

选题策划	陈　静
责任编辑	陈　静　张静祎
责任校对	殷现堂
书籍设计	刘婉君

出版发行	河南文艺出版社
社　　址	郑州市郑东新区祥盛街 27 号 C 座 5 楼
承印单位	河南瑞之光印刷股份有限公司
经销单位	新华书店
开　　本	700 毫米 × 1000 毫米　1/16
印　　张	21
字　　数	308 000
版　　次	2024 年 10 月第 1 版
印　　次	2024 年 10 月第 1 次印刷
定　　价	86.00 元